Märchenkinder – Kindermärchen

Forschungsberichte aus der Welt der Märchen

Diederichs

In memoriam
Charlotte Oberfeld
(1914–1998)

Die Deutsche Bibliothek – CIP-Einheitsaufnahme
Märchenkinder – Kindermärchen : Forschungsberichte aus der Welt
der Märchen / im Auftr. der Europäischen Märchengesellschaft hrsg.
von Thomas Bücksteeg und Heinrich Dickerhoff. – Kreuzlingen / München :
Hugendubel, 1999 (Diederichs)
(Veröffentlichungen der Europäischen Märchengesellschaft ; Bd. 24)
ISBN 3-424-01504-0

Umschlaggestaltung: Ute Dissmann, München
Produktion: Tillmann Roeder, München
Satz und Repro: SatzTeam Berger, Ellenberg
Druck und Bindung: Huber, Dießen
Printed in Germany

ISBN 3-424-01504-0

Inhalt

Heinrich Dickerhoff

Vorwort

Märchenkinder – Kindermärchen: so lautet das Thema dieses Jahresbandes. Kindermärchen, obwohl, wie jeder weiß, der sich etwas intensiver mit Märchen befaßt hat, Kinder keineswegs die ursprünglichen Adressaten der Märchen waren. Denn wohl erst nach 1800, als die (bürgerliche) Kleinfamilie zum vorherrschenden Familienmodell wurde, kam es häufiger vor, daß Eltern ihren Kindern Märchen vorlasen, und die zunächst mit wissenschaftlicher bzw. patriotischer Absicht zusammengestellte Märchensammlung der Brüder Grimm wurde als »Kinder- und Hausmärchen« zum Bestseller. Doch ursprünglich wie heute noch in östlichen oder sogenannten primitiven Kulturen war und ist das Märchen nicht »Kinderliteratur«, sondern »Sprachkunst«, die immer auch von »professionell« Erzählenden gepflegt wird. Kinder sind also nicht die ursprünglichen Adressaten der Märchen, und viele Märchen sind offenkundig nicht zuerst für Kinder erzählt worden. Und dennoch gibt es Märchen, die in Form und Inhalt Kinder besonders ansprechen und ihnen besonders entsprechen.

Allerdings wird in diesem Band nicht mit pädagogisch-didaktischem Interesse gefragt; um diese Frage kreist ja der Jahresband 1997 »Märchen in Erziehung und Unterricht«. Nicht was wir Erwachsenen mit Märchen bei Kindern bewirken wollen, wird in einem Teil der Beiträge dieses Bandes bedacht, sondern warum Kindern Märchen lieb und welche Märchen wirklich kindgerecht – und nicht eltern- oder erziehergerecht – sind. Denn daß Märchen, wenn auch ursprünglich nicht für Kinder erzählt, den Kindern, die unsre Zukunft sind, guttun beim Weg in das Abenteuer Leben und sie ermutigen, über sich hinauszugehen und hinauszuwachsen in die fremde Welt, das erlebt gewiß jeder, der Kinder und Märchen liebt. Es sind wohl auch bestimmte formale und inhaltliche Eigenheiten, die ein Märchen in dieser Weise »kindgerecht« erscheinen lassen – wenn es etwa um »einfache Formen« geht und ganz elementare Wünsche und Ängste. Aber vielleicht sind die Märchen gerade darum »kindgerecht«, weil sie in allen Menschen-Kindern, den jungen wie den alten, das Kind ansprechen, das wir sind oder waren.

Heinrich Dickerhoff

Und so ist mir noch wichtiger als die Frage nach den Kindermärchen die nach den Märchenkindern: Ich jedenfalls spüre mit jedem Jahr mehr, daß das Kind nicht nur meine Zukunft ist, sondern auch meine Vergangenheit. Darum möchte ich nicht nur achten auf meine Kinder, auf die Kinder vor mir, sondern auch achtsam werden und bleiben für das Kind, das ich einmal war und das in mir noch immer lebt, als das ich meinen Lebensweg begonnen habe, als das ich gelernt habe, was Leben bedeutet. Märchenkinder sind dabei wie ein Spiegel: nicht schönes Trugbild einer nostalgisch verklärten weit zurück liegenden Lebensphase, sondern als Erinnerung an lebensbegründende Erfahrungen, die in uns noch immer lebendig sind, die in dem älter gewordenen Menschen hoffentlich noch zuhause, manchmal aber auch gefangen sind. Denn nur wenn und weil das Kind in uns lebt, darum lesen, hören und erzählen wir, doch längst den Kinderschuhen entwachsen, oft und gern Märchen, deren Helden nicht reife Frauen und gestandene Männer sind, sondern Kinder.

Wenn wir über Kinder und über Märchen nachdenken, so fragen wir im Grunde nach uns selbst. Wir alle sind Menschen und Kinder der Erde, vielleicht sind wir, wie manche meinen, nur Waisenkinder einer Welt, die uns stiefmütterlich behandelt, vielleicht aber sind wir auch, was die Märchen erzählen: Kinder des Himmels, Sonnenkinder, Königskinder.

Daß wir unseren Kindern, den eigenen und jenen, welchen wir begegnen, etwas von diesem Kinder-Glauben der Märchen erhalten können, ist, so scheint mir, nicht der unwichtigste Auftrag für Märchenfreunde in dieser Zeit. Aber glaubhaft erinnern können wir diesen Kinder-Glauben nur, wenn wir ihn selbst nicht ganz verloren haben: wenn wir, wo ein Schlüssel ist, auch ein Schatzkästlein suchen; wenn wir noch ein Stühlchen mit uns nehmen auf die lange lange Lebensreise, auf dem wir ruhen können, wenn wir müde geworden sind; wenn wir noch an die lebensrettende Macht des geteilten Knäckebrots glauben und die Sterne noch sehen, die vor uns zur Erde gefallen sind.

8

Otto Betz

Hoffnungsträger Menschenkind

»Ich gehe weit in meine Kindheit zurück. In die Kindheit, jenes weite
Land, von dem jeder herkommt! Woher stamme ich? Ich stamme aus
meiner Kindheit. Ich stamme aus meiner Kindheit, wie aus einem
Land.«[1] Diese Sätze hat Antoine de Saint Exupéry geschrieben, und
wenn wir sie hören, wird uns ganz selbstverständlich das »Land« unserer Kindheit einfallen. Und dieses Land ist bevölkert mit vielen Gestalten, geheimnisvollen Wesen, freundlichen und unheimlichen. Vertraute Räume werden auftauchen, verwunschene Gärten, aber auch
dunkle Höhlen und lockende Wälder. – Ich frage mich manchmal,
welche Erinnerungsbilder auftauchen werden, wenn sich die heutigen
Kinder einmal auf ihre frühen Jahre besinnen. Wird es eine buntschil-
lernde Werbewelt sein? Stellen sich die glückverheißenden Tempel
des Konsums ein, die dröhnende Welt allgegenwärtiger Musik, die
vorfabrizierte Traumwelt der Videofilme? Ich weiß es nicht, aber ich
möchte etwas tun, damit auch kommende Generationen noch eine
Kindheitswelt behalten, in der das Geheimnis wohnt, in der die
großen prägenden Bilder zuhause sind, die helfen können, das Dasein
zu deuten und die Wirklichkeit zu verstehen.

Immer wieder hören wir von Ereignissen wie den Verbrechen an
Kindern durch Kinderschänder einerseits und von Straftaten Jugend-
licher, die noch nicht »strafmündig« sind und deshalb für ihre Vergehen nicht belangt werden können, andererseits – Kinder als Opfer,
Kinder als Täter; wie kann man Kinder vor verbrecherischen Erwachsenen schützen – und: wie kann man die Gesellschaft vor hemmungs-
losen Kindern schützen? Haben beide Phänomene etwas miteinander
zu tun? Führt das »Verschwinden der Kindheit« dazu, daß Kinder
wie Erwachsene in eine chaotische Welt hineintreiben und orientie-
rungslos werden?

Es wäre sicher naiv, anzunehmen, die Beschäftigung mit Märchen
wäre ein Allheilmittel für unsere Probleme. Aber es lohnt sich, darüber nachzudenken, auf welche Weise und in welcher Variations-
breite das Kind zum Thema wird im Märchen. Und wir fragen uns, ob
die Beschäftigung mit den Volksmärchen uns als Erwachsenen und als
Erziehern Hilfen und Anregungen gibt, einfühlsamer mit Kindern

umzugehen, ihnen besser gerecht zu werden, damit wir das Unsere dazu beitragen können, ihnen den Weg zu erleichtern.

Es ist etwas Merkwürdiges um das Kind: Es kommt »von weit her«, es ist nicht einfach das Produkt seiner Eltern: bei aller Ähnlichkeit und Verwandtschaft bleibt eine seltsame Fremdheit; ein »Mehr an Bedeutung und Verheißung« kommt mit jedem Kind zur Welt. Immer wieder stehen wir überrascht da wegen dieses Unberechenbaren und Geheimnisvollen, das im Gesicht eines Neugeborenen aufleuchtet.

> »Dies ist der Engel Fest, die oft bei Nacht erschienen,
> Die führen dich ins Licht, mit diesen sollst du dienen
> Dem, welcher dich aus Nacht hat in den Tag gebracht.
> Die Engel kommen mit! O daß sie dich begleiten!
> O daß sie durch die Welt, durch die gesetzten Zeiten
> Dich führen, wo ihr Heer um deinen Schöpfer wacht!«

Auf die Geburt seines ältesten Sohnes hat Andreas Gryphius[2] diese Verse geschrieben. Man spürt noch die Ehrfurcht vor dem Geheimnis Kind. In den Zeiten der geplanten Schwangerschaft und der Geburtenkontrolle ist uns diese Sprache fremd geworden. Und doch berichten auch heute immer wieder junge Eltern davon, daß sie sprachlos vor dem »Wunder Kind« stehen und spüren, was das für eine Verantwortung ist, Kinder auf ihrem Weg zu begleiten.

Es ist auffällig, wie viele Märchen anfangen mit der Sehnsucht eines Ehepaares nach einem Kind. »In einer Stadt lebte einmal ein vornehmer und frommer Kaufmann. Dank der Güte Gottes war er sehr reich. Sein Handel blühte. Nur etwas fehlte ihm: Er hatte keine Kinder. Der Arme betete deswegen Tag und Nacht zu Gott«, so beginnt ein indisches Märchen.[3] Und ein griechisches Inselmärchen hebt an: »Es ist schon lange her, da waren einmal ein Fischer und seine Frau, die hatten keine Kinder. Und als der Fischer älter wurde, da beklagte er einmal sein Schicksal, als er gerade beim Fischen ist: ›Ach, hätte ich doch Kinder, so könnten sie mir beim Fischen helfen, und alles wäre leichter!‹«[4] – Und ein dänisches Märchen beginnt folgendermaßen: »Es war einmal ein König, der hatte eine wunderschöne Königin. Als sie Hochzeit hatten und in der ersten Nacht zu Bett gingen, war nichts auf ihrem Bett geschrieben; aber als sie aufstanden, war darauf zu lesen, daß sie keine Kinder haben würden. Darüber war der König sehr traurig, aber die Königin noch viel mehr; sie dachte, es sei doch gar zu schlimm, daß sie gar keinen Erben für ihr Reich haben sollten.«[5] Kinderlosigkeit wurde offenbar als derart schweres Schicksal empfunden, als würde sich damit das ganze Leben als sinnlos erweisen und wie eine Handvoll Staub im Winde verwehen. Es scheint zu den zentralen Aufgaben im menschlichen Dasein zu gehören, Kindern das Leben zu schenken, damit die Geschichte der Menschheit weitergehen kann.

Aber es ist wohl auch so, daß mit der Ankunft eines Kindes auch eine neue Hoffnung geboren wird. Es gibt nicht nur das Altern und Vergehen, das Müdewerden und Vertrocknen, sondern immer wieder eine Neugeburt, den Beginn eines unverbrauchten Lebens: Es wird ein Anfang gesetzt und mit ihm der Beginn einer neuen Zeit. Und wenn die Alten noch so resigniert und desillusioniert sind, die Jungen schauen wieder erwartungsvoll in die Zukunft, haben noch große Ziele und sind von ihren Sehnsuchtsbildern bestimmt.

Wenn in den Märchen von der Kinderlosigkeit erzählt wird, dann ahnen wir schon, daß doch noch ein Weg gefunden wird, zu Kindern zu kommen. Es muß einen Ausweg geben, ein Retter oder Helfer muß erscheinen, um den Eheleuten ein Mittel zu bieten: ein Apfel soll geteilt und gegessen werden, ein Fisch wird verzehrt, das Wasser aus einem Brunnen soll getrunken werden. – Es versteht sich also nicht von selbst, daß die Not gewendet wird, aber es gibt immer einen Kenner geheimer Hilfsmittel, der den Ausweg findet.

Wie es dann weitergeht, überrascht und erschreckt die Eltern: Statt eines »normalen« Kindes wird etwa ein Igel geboren, dessen Stacheln abstoßend wirken. Oder das Kind ist so winzig, daß man es kaum bemerkt: Ein »Daumesdick« ist es, und es will nicht einmal weiterwachsen. »Der kleine Sohn war nur anderthalb Handspanne groß, deshalb nannten ihn die Leute ›Winzling‹«, heißt es in einem indischen Märchen.[6] In vielen südeuropäischen Märchen ist das Mädchen zunächst eine Pflanze, ein Oleanderbusch oder ein Myrthenstrauch. Die Hoffnung scheint also enttäuscht worden zu sein. Jeder hat eine mehr oder weniger klare Vorstellung von einem Kind, wie es »zu sein hat«, und dann kommt etwas anderes zur Welt, ein Eselein, ein Dummkopf, von dem der Vater sagt: »Höre, mein Sohn, ich bringe nichts in deinen Kopf, ich mag es anfangen, wie ich will.«[7] Kinder scheinen zunächst einmal Enttäuschungen zu bereiten, die Erwartungen müssen zurückgestellt werden. Und je genauer die Vorstellungen waren, desto niederschmetternder ist dann die Wirklichkeit. Kinder sind immer anders, als unsere Phantasie und Wunschbilder sie uns vorgespiegelt haben.

Aber selbst dann, wenn das Kind so schön und so liebreizend ist, wie es unser Wunschdenken vorgezeichnet hat, kommt irgendwann einmal ein Bruch und ein Konflikt. Kinder werden selbständige Wesen, sie haben eigene Gedanken, gewinnen neue Erkenntnisse und Einsichten, sie wachsen den Eltern über den Kopf. Auch das muß ausgehalten werden: Die Tochter ist schöner als die Mutter, der Sohn mutiger und findiger als der Vater. Können wir es ertragen, daß eine neue Generation weiter vorankommt als wir, daß sie Neuland entdecken und die Welt ein Stück voranbringen? Die Henne kann es nicht mit ansehen, daß die Entenküken, die sie ausgebrütet hat, sich in den Teich hineintrauen, in das fremde Element, und sich dort gleich heimisch fühlen.

Davon weiß das Märchen viele Geschichten zu erzählen: Kinder müssen ersehnt und erwartet werden, sie brauchen ein vorbereitetes Nest, das sie birgt und liebevoll hütet. Aber es kommt auch die Zeit, wo die Kinder flügge werden und ihren eigenen Weg finden müssen. Das Behüten hat seine Zeit, und das Loslassen hat seine Zeit. Solange die Kinder als ein »Besitz« der Eltern angesehen werden konnten, konnten sie noch als Figuren im Planspiel der Familie fungieren, aber dann entpuppen sie sich als eigenständige Wesen, die ihre eigenen Wege gehen und ihre eigene Welt aufbauen wollen. Erst jetzt muß sich erweisen, ob die elterliche Liebe so stark ist, daß sie auch den Vorgang der Ablösung akzeptiert.

»Es war einmal ein kleines Kind, dem gab seine Mutter jeden Nachmittag ein Schüsselchen mit Milch und Weckbrocken, und das Kind setzte sich damit hinaus in den Hof. Wenn es aber anfing zu essen, so kam die Hausunke aus einer Mauerritze hervorgekrochen, senkte ihr Köpfchen in die Milch und aß mit. Das Kind hatte seine Freude daran, und wenn es mit seinem Schüsselchen da saß und die Unke kam nicht gleich herbei, so rief es ihr zu:

»Unke, Unke, komm geschwind,
komm herbei, du kleines Ding,
sollst dein Bröckchen haben,
an der Milch dich laben.«

Alle Märchenfreunde kennen diesen Anfang des »Märchens von der Unke« (KHM 105). Ein scheinbar ganz idyllischer Beginn: Ein Kind freundet sich mit einem Tier an, teilt seine Speise mit ihm, baut – vielleicht zum ersten Mal – selbst eine Beziehung auf, es scheint sich eine Gefährtenschaft anzubahnen. Wenn die Unke nicht da ist, mag auch das Kind nicht essen, erst ihr Auftauchen weckt im Kind den Appetit. Und weil offenbar keine Geschwister da sind, ist die Unke zur Gefährtin und Freundin geworden. Zur Freundschaft gehört nicht nur das Geben, sondern auch das Nehmen, ein Austausch im Miteinander, deshalb ist das Kind auch ein Empfangender. Das Märchen geht ja weiter: »Da kam die Unke gelaufen und ließ es sich gut schmecken. Sie zeigte sich auch dankbar, denn sie brachte dem Kind aus ihrem heimlichen Schatz allerlei schöne Dinge, glänzende Steine, Perlen und goldene Spielsachen.« Es scheint sich ein harmonischer Austausch einzuspielen, Mensch und Tier sind im Einverständnis, sie respektieren sich und haben aneinander Freude.

So harmonisch geht die Geschichte natürlich nicht weiter; der Konflikt entwickelt sich jedoch nicht zwischen dem Kind und dem Tier – da ist nur eine spielerische Rivalität spürbar. »Die Unke trank aber nur Milch und ließ die Brocken liegen. Da nahm das Kind einmal sein Löffelchen, schlug ihr damit sanft auf den Kopf und sagte: ›Ding, iß auch Brocken.‹ Die Mutter, die in der Küche stand, hörte, daß das Kind mit jemand sprach, und als sie sah, daß es mit seinem Löffelchen nach der Unke schlug, so lief sie mit einem Scheit Holz heraus und tötete das gute Tier.« – Was ist der Grund für diesen spontanen aggressiven Akt der Mutter? Natürlich, es ist ein Schutzreflex, sie vermutet, daß ihr Kind in Gefahr ist und glaubt, schnell eingreifen zu müssen. Eltern haben ihre Kinder vor Gefahren zu bewahren, sie sind für das Wohl und Wehe verantwortlich.

Aber vielleicht ist doch noch ein anderes Element diesem Gefühl des Beistands beigemengt: Eifersucht. Bisher war das Kind noch ganz auf die Mutter fixiert, sie war sein ein und alles. Und nun redet es mit einem anderen Wesen, wird mit einem Außenstehenden vertraut. Wenn sich das Kind also verselbständigt, wenn es ein eigenes Beziehungsgeflecht aufbaut, von dem die Mutter nichts weiß, dann ist Gefahr angesagt, und man muß eingreifen. Der Eindringling muß beseitigt werden. – Aber der Schutzreflex löst eine Katastrophe aus. Unerbittlich wie in einer griechischen Tragödie wird der Schluß der Geschichte vorgetragen:

»Von der Zeit an ging eine Veränderung in dem Kinde vor. Es war, solange die Unke mit ihm gegessen hatte, groß und stark geworden, jetzt aber verlor es seine schönen roten Backen und magerte ab. Nicht lange, so fing in der Nacht der Totenvogel an zu schreien, und das Rotkehlchen sammelte Zweiglein und Blätter zu einem Totenkranz, und bald hernach lag das Kind auf der Bahre.«

Man sagt, die Eltern seien das Schicksal ihrer Kinder: Sie bereiten ihnen den Weg ins Leben, aber sie können auch den Weg verstellen. Was für ein Unheil kann sich ereignen, wenn Mutter und Vater mit scheinbar bestem Wissen und Gewissen in das Leben ihrer Kinder eingreifen, es reglementieren, Beziehungen zerstören, Entwicklungen verhindern. Die Grundlagen des Lebens können zerstört werden, der Lebensmut wird gemindert und eine Ausweglosigkeit stellt sich ein, die wie ein seelischer Tod erfahren wird (oder wirklich zum Tode führt). Jeder von uns kann sich wahrscheinlich daran erinnern, daß irgendwann brutal und rücksichtslos in unser Leben eingegriffen wurde, gerade in unserer Kindheit, als wir noch besonders verletzlich waren und die Wunden sich unauslöschlich eingebrannt haben. Aber vermutlich tauchen auch andere Bilder in uns auf; daß wir nämlich selbst gefühllos und unbedacht ins Leben von Kindern eingegriffen haben und damit Verletzungen verursacht haben, die weitreichende Folgen hatten. Und manchmal ist es eine brennende Scham, die in uns selbst zurückbleibt. Und diese psychische Reaktion ist vielleicht das Hoffnungsvollste, weil wir dadurch zu einem veränderten Verhalten geführt werden. Vielleicht greifen wir das nächste Mal nicht mehr zum Holzscheit und töten das gute Tier.

Bei der Konfrontation mit dem Widerstand erwachen erst wirklich die eigenen Kräfte. Wird ein Kind nur geschützt und vor allen Unbilden bewahrt, besteht die Gefahr, daß es die Fähigkeit eigener Initiative und mutiger Selbstbehauptung gar nicht entwickelt. Die Märchen erzählen uns keine harmlosen Geschichten, es geht meist ziemlich abenteuerlich zu. Die Not ist es, die auch die List und die kluge Findigkeit wachruft. Gerade die plötzlich eintretende Schutzlosigkeit erzwingt eine Eigenständigkeit, die zum ›taktischen‹ Verhalten führt. Die Mutter ist gestorben, die Stiefmutter wird zur Bedrohung. Der Vater sieht tatenlos zu, wie die Kinder bedrängt und bedroht werden. Meistens ist es eines der Kinder (oft das jüngste), das hellwach ist, die Gefahr verspürt und die Rettung in Gang setzt.

Aber in manchen Geschichten wird auch von Kindern erzählt, die vom Schicksal begünstigt sind, mit einer ›Glückshaut‹ geboren, wie es dann heißt.[8] Auch sie geraten in die Lebensbedrohung, doch sie haben eine geheimnisvolle Schutzschicht, so daß alle Gefahren an ihnen abprallen und sie nicht treffen. Auch wenn sie in einem Kästchen ins Wasser geworfen werden, gehen sie nicht unter, auch wenn sie einen todbringenden Brief zu überbringen haben, wird daraus ein heilbringendes Schreiben. Wenn das Schicksal mit einem Menschen etwas vorhat, dann muß er für diese Aufgabe bewahrt werden. Und gerade die auserwählten Kinder müssen durch die Gefährdung hindurch, die Bewahrung vor Unglück läßt ihre Berufung erkennen.

Wird aber das Glückskind wirklich erwartet? Vielleicht wird es sogar gefürchtet, erscheint als Gefahr für den herrschenden König, der sich angegriffen und in seiner Herrschaft bedroht fühlt. Das Kind ist der Repräsentant des Neuen und Kommenden, da fühlen sich die Repräsentanten des Überkommenen verunsichert. Ihr natürlicher Reflex ist, sich zur Wehr zu setzen und den Emporkömmling abzuweisen. Das Kind wird den Vater jedoch vom Thron stürzen und eine neue Ära einleiten. Aber es wird selbst beizeiten alt werden und sich vom Nachwachsenden bedroht fühlen. Schon der griechische Mythos kennt das Motiv der Entmachtung des Vatergottes Uranos durch Kronos, des Kronos durch Zeus. Es nützt dem Kronos nichts, daß er seine eigenen Kinder frißt: einer wird überleben und die Macht an sich reißen.

In der Verfolgung bewährt sich der Berufene, in der Not entwickelt er seine Anlagen und Talente. Und wie häufig ist es gerade das Kind, das den rettenden Ausweg weiß, wo alle »Menschenweisheit« ratlos dasteht. Im Märchen vom »Süßen Brei« ist es das Kind, das die erlösende Formel weiß, das Kennwort, um den wuchernden Brei zum Stillstand zu bringen.[9] Das unbefangene Kind, unverdorben von allem Eingelernten, findet schlafwandlerisch die Lösung. Es ist so, als wollte das Märchen uns Erwachsene darauf aufmerksam machen, daß wir vom Kind zu lernen haben. Peter Handke schrieb in seiner »Kindergeschichte«, das Kind scheine ihm ein großes Gesetz zu verkörpern, »welches er selber entweder vergessen oder nie gehabt hatte. War es ihm denn nicht im ersten Moment schon erschienen als sein persönlicher Lehrherr?«[10]

Was macht aus dem Kind den beispielhaften Menschen? Wieso kann Jesus auf das Kind weisen und sagen, wir sollen werden wie diese Kinder? Es geht ja nicht darum, immer nur Kind zu bleiben, die Reifung und das Heranwachsen darf nicht verweigert werden. Aber das Kind scheint ein Typus Mensch zu sein, der in sich Kräfte hat, die ins Künftige weisen. Ein Anfang ist gesetzt, alles ist noch offen, spielerisch können die verschiedenen Möglichkeiten erprobt werden. Gerade die Spielfähigkeit ist ja ein Zeichen der inneren Beweglichkeit. Das Kind macht sich auf den Weg, freut sich über die Entdeckungen, die ihm gelingen. Es ist ein immer weiter fragendes Wesen, das sich nicht leicht abwimmeln läßt. Auch wenn es enttäuscht wird, wenn ihm etwas mißlingt, fängt es wieder neu an, benutzt seine Sinne, übt sich in die unterschiedlichsten Rollenspiele ein, weil es noch nicht auf eine feste Rolle festgelegt ist. Seine Kreativität drängt darauf, immer Neues zu schaffen, deshalb ist es auch bereit, seine bisherigen

»Werke« wieder zu zerstören. Weil sich nichts von selbst versteht, kann es noch vorbehaltlos staunen, sich über alles Vorhandene wundern.

Ich gebe es zu: Das ist ein viel zu vereinfachendes und pauschales Bild vom Kind. Wir brauchen nur heutigen Kindern in den Familien, den Kindergärten oder Schulen zuzuschauen, da werden wir auf ganz andere Phänomene aufmerksam: Kinder sitzen stumpf da, sind spielunfähig, igeln sich ein, werden aggressiv, lassen sich als Prinzen und Prinzessinnen behandeln, haben überzogene Ansprüche, möchten sich verwöhnen lassen, verlieren schnell die Lust an einem Spiel usw.

Es nützt uns aber nichts, Trübsal zu blasen und uns anstecken zu lassen von einer resignativen Stimmung. Es gibt sie nämlich noch: Kinder, in denen die Kräfte des Künftigen sichtbar werden. Vielleicht müssen wir »Alten« aber erst einmal entdecken, daß es auch in uns noch das Ungeborene gibt, ein Kind, das ans Licht will, damit wir den Kindern zu ihrem Leben verhelfen können.

Bei Meister Eckhart findet sich folgender Gedanke: »Alle Kräfte, die der Seele zugehören, altern nicht ... Das ist jung, was seinem Ursprung nahe ist.«[11] Vielleicht hat schon Lao-tse diesem Gedanken Ausdruck gegeben: »Das Feste und Starke ist des Todes Begleiter; Das Weiche und Schwache ist des Lebens Begleiter.«[12] Wenn sich nichts mehr in uns findet, das geboren werden möchte, wenn wir nicht mehr ausschauen nach dem Unerschienenen, dann hat der Tod schon in unser Dasein eingegriffen, dann können wir sterben. Aber es ist da noch ein verborgenes Kind, das neugierig ist und Entdeckerlust hat, um die unbelebten Landschaften ausfindig zu machen.

Wenn eine Zeit »alt« geworden ist, wenn sie ihren Schwung und ihre Gestaltungskraft eingebüßt hat, dann wartet sie auf ein »Kind«, auf das Heraufkommen eines neuen Elans, auf neue Ideen. Wie man im ausgehenden Winter auf die ersten Frühlingstage wartet, auf das Stärkerwerden der Sonne, so wächst in den Zeiten der Mutlosigkeit und einer um sich greifenden Resignation die Sehnsucht nach einem Wesen, das einen Anfang setzen kann und die Stagnation überwindet. Vielleicht war die Krisenzeit eine Art der Schwangerschaft, damit das erwartete Kind geboren werden konnte.

Wir sprechen von notwendiger »Initiative«. Dieses Wort hängt mit dem lateinischen Wort *initium* zusammen und kann mit »Anfangskraft« übersetzt werden. Es gehört Mut dazu, etwas Neues zu beginnen, eine neue Richtung einzuschlagen, mit Schwung und Einfallsreichtum die Aufgabe anzupacken, die vor einem liegt. In vielen

Mythen verschiedener Kulturen wird davon berichtet, daß sich die Welt nur erneuern kann, wenn ein »Heros« geboren wird, ein Götterkind, ein *puer aeternus*.[13] Von ihm wird die große Vision erhofft, eine neue Sprache ersehnt, ein vorantreibender Rhythmus. So ist das Kind zum Inbegriff eines Hoffnungsbildes geworden. – In einigen mythischen Geschichten (und in manchen Märchen) schlüpft das erwartete Kind aus einem Ei, oder es war in einer Nuß oder einer Frucht verborgen. Das Ei taucht aus dem Ozean auf, so wie die Sonne am Morgen aus dem Meer hervorkommt und gleichsam neu geboren wird. »Im Bilde des Urkindes spricht die Welt von ihrer eigenen Kindheit, davon, was der Sonnenaufgang ebenso wie die Geburt eines Kindes über die Welt aussagt, von der Welt ausdrückt.«[14]

Und die Menschen fragen sich: Wo ist dieses ersehnte und angekündigte Kind? In einer Höhle soll es geboren werden oder auf einem einsamen Berg, im endlosen Meer, oder es tritt aus einer Quelle ans Tageslicht. Schon die Verheißung ist wichtig, die Vorankündigung, weil dadurch die Aufmerksamkeit geweckt und eine hoffnungshafte Erwartungshaltung ermöglicht wird. Allerdings mag gerade die übersteigerte Sehnsucht dann auch zu den großen Enttäuschungen führen, wenn es doch nicht die große Segenszeit ist, die heraufkommt, die Befreiung von aller Not, die Zeit einer paradiesischen Fülle. Der Impuls eines neuen Denkens muß erst die Menschen innerlich ergreifen und sie aktiv werden lassen.

Achten wir auf die Botschaft vom *puer aeternus*, dem göttlichen Kind, der als Hoffnungsträger angesehen wird: Er geht nicht einfach einen strahlenden Weg, er ist kein Triumphator, im Gegenteil: Er wird meist nicht anerkannt oder überhaupt verkannt, er muß vor seinen Feinden fliehen und ins Exil gehen, er muß seine wahre Gestalt verstecken, z.B. sein goldenes Haar unter einer Haube, ja, er muß Knechtsdienste annehmen, als Pferdeknecht oder Küchenjunge, muß ein Handwerk ausüben oder dem Gärtner beistehen. Wenn er aber auch diese Phase der Verborgenheit und der Demut angenommen und durchgestanden hat, dann kommt auch seine Stunde, in der man seine Schönheit und Berufung anerkennt. Die Niedriggestalt war nötig, er mußte sich auf seine Aufgabe vorbereiten, mußte das Schicksal des Verlorenen durchleiden, um seiner Aufgabe als Heilbringer gerecht zu werden.

In wie vielen Märchen tritt uns eine ungebrochene Zuversicht entgegen. Wohl wird nicht verschwiegen, daß es in unserer Welt Widerstände gibt, daß ein Kind gleich nach seiner Geburt in Todesgefahr geraten kann oder daß mächtige Gegner auftreten, die dem Kind nachstellen und es zu vernichten suchen. Aber es treten auch die geheimnisvollen Helfer auf, die dem Kind beistehen, es verstecken oder ihm die Möglichkeit geben, zu seiner wahren Gestalt zu kommen. Es scheint nötig zu sein, daß ein Kind einen Begleiter hat, der es warnt, es tröstet, ihm Lösungsvorschläge unterbreitet oder es herausholt aus einer tödlichen Gefahr. Die Mutter hat ihrer Tochter ein Tüchlein mitgegeben, in dem drei Blutstropfen sind, die einen Schutz verleihen. Der Pate hat dem Ferdinand getreu ein Pferd geschenkt, das in der entscheidenden Stunde raten und retten kann. Und selbst eine von der Mutter geschenkte Puppe kann wie ein mächtiger Segen wirken. – Aber es kann auch sein, daß eine Stunde heraufkommt, in der der junge Mensch selbst einstehen muß und Verantwortung zu übernehmen hat. Dann ist er kein Kind mehr und muß selbst die rettende Tat wagen.

Robert Musil hat in seinem großen Roman »Der Mann ohne Eigenschaften« die These aufgestellt, wir bräuchten neben dem »Wirklichkeitssinn« auch einen »Möglichkeitssinn«, um das noch nicht Erschienene heraufzurufen und ihm den Boden zu bereiten. »Das Mögliche umfaßt nicht nur die Träume nervenschwacher Personen, sondern auch die noch nicht erwachten Absichten Gottes. Ein mögliches Erlebnis oder eine mögliche Wahrheit sind nicht gleich wirklichem Erlebnis und wirklicher Wahrheit weniger dem Werte des Wirklichseins, sondern sie haben, wenigstens nach Ansicht ihrer Anhänger, etwas sehr Göttliches in sich, ein Feuer, einen Flug, einen Bauwillen und bewußten Utopismus, der die Wirklichkeit nicht scheut, wohl aber als Aufgabe und Erfindung behandelt. Schließlich ist die Erde gar nicht alt und scheinbar noch nie so recht in gesegneten Umständen.«[15] Das ist eine kühne Behauptung, die Erde hätte ihre wahre Schwangerschaft noch vor sich. Auf ungemein originelle Weise kennzeichnet Musil mit diesen Zeilen die Welt als wandelbare Wirklichkeit, die auf das Kommende ausgerichtet ist. Der »Möglichkeitssinn«, den er fordert, greift experimentierend ins Künftige, buchstabiert schon einmal mögliche Formen, versucht sich an Träumen – und verwirklicht damit die »Träume Gottes«, die endlich zutage kommen sollen. Es gibt sie noch, die »ungeborenen Kinder«, die schlummernden Ressourcen der Schöpfung, die ungeweckten Kräfte unserer Erde.

In einem merkwürdigen rumänischen Märchen wird erzählt, daß ein Kaiser und eine Kaiserin ihr erstes Kind erwarteten. Als aber der Tag der Niederkunft gekommen war, hörte die Kaiserin ein Weinen – und zu ihrem Schrecken entdeckte sie, daß dieses Weinen aus ihrem

Bauch kam, das ungeborene Kind rief:»Ich will nicht geboren werden.« Der Vater redete auf sein Kind ein und forderte es auf, doch herauszukommen:»Du wirst groß und reich werden, Kaiser sollst du sein und ein großes Reich regieren.« Aber auch auf diese Worte reagierte das Kind nicht, alle Versprechungen nützten nichts. Erst als der Kaiser sagte:»Du sollst in ewiger Jugend leben, wenn du nur endlich ans Tageslicht kommst«, hörte das Kind mit seinem Weinen auf und wurde geboren.[16] – Aber der Vater hatte etwas versprochen, das er nicht einhalten konnte.

Was versprechen wir unseren Kindern, was bereiten wir ihnen für eine Zukunft? Ein sorgenfreies Schlaraffenland ist es nicht, kann es nicht sein. Wir müssen sie vorbereiten auf ein reizvolles, aber auch ein schwieriges Dasein, wir können sie nicht bewahren vor Enttäuschungen und Niederlagen, vor all den Schrecken, die unsere gebrochene Existenz mit sich bringt. Aber jede Generation bringt wieder eigene Ideen und Chancen in die Welt ein. Mit der Geburt eines Kindes sind die Eltern plötzlich zur»älteren Generation« geworden, und obwohl sie nun so viele Aufgaben und Verpflichtungen am Kind zu übernehmen haben, muß ihnen allmählich klarwerden: auf diesem Kind liegt die Hoffnung, daß die Menschheitsgeschichte weiter geht. Und vielleicht können sie sogar erkennen, daß sie nicht nur die Belehrenden sind, sondern auch die Empfangenden und Lernenden.

Anmerkungen

1 Antoine de Saint Exupéry: *Romane/Dokumente*. Aus dem Französischen von Fritz Montfort. Düsseldorf 1966, S. 26.
2 Andreas Gryphius:»Auf die Geburt seines ältesten Sohnes«. In: *Kinderspiegel. Die Welt des Kindes im Gedicht* (hrsg. von Inge Diederichs). Düsseldorf, Köln 1962, S. 9.
3 »Im Hause Gottes herrscht kein Unrecht.« In: *Indische Märchen* (hrsg. von Margot Gatzlaff). Frankfurt/M. 1991, S. 148.
4 »Die Kinder des Fischers«. In: *Märchen griechischer Inseln und Märchen aus Malta* (hrsg. von Felix Karlinger). Reinbek 1993, S. 150.
5 »König Lindwurm«. In: *Dänische Volksmärchen* (hrsg. von Laurits Bødker). Reinbek 1994, S. 14.
6 »Der Winzling«. In: *Indische Märchen*. Frankfurt/M. 1991, S. 382.
7 »Die drei Sprachen«, KHM 33.
8 »Der Teufel mit den drei goldenen Haaren«, KHM 125.
9 »Der süße Brei«, KHM 103.
10 Peter Handke: *Kindergeschichte*. Frankfurt/M. 1981, S. 63.

Otto Betz

11 Meister Eckhart: *Deutsche Predigten und Traktate* (hrsg. von Josef Quint).
München 1963, S. 397.
12 Lao-tse: *Tao-Te-King* (hrsg. von Günther Debon). Stuttgart 1970, S. 107.
13 Vgl. dazu Paul Schwarzenau: *Das göttliche Kind. Der Mythos vom Neubeginn.* Stuttgart 1984. Vor allem sei hingewiesen auf das Kapitel: »Der Kind-
Archetyp in Träumen«, S. 175-203.
14 C. G. Jung und K. Kerényi: *Einführung in das Wesen der Mythologie. Das
göttliche Kind/Das göttliche Mädchen.* Hildesheim 1982, S. 72.
15 Robert Musil: *Der Mann ohne Eigenschaften.* Hamburg 1952, S. 16.
16 Petre Ispirescu: »Jugend ohne Alter und Leben ohne Tod«. In: *Der Zauberka-
ter. Das verzauberte Schwein* (hrsg. von L. Berg). Bukarest 1982. Hier in einer
Fassung von Otto Betz; vgl. Otto Betz: »Die Reise nach dem Land der ewigen
Jugend«. In: *In geheimnisvoller Ordnung: Urformen und Symbole des Lebens.* München 1992, S. 156-159.

DIE WELT MIT KINDERAUGEN SEHEN

Kristin Wardetzky

Herakles oder Königssohn
Narrative Phantasien von Kindern zwischen Mythos und Märchen

Da sitzen in der Schule zwei Kinder, ein Mädchen und ein Junge, nebeneinander und lesen oder hören die gleiche Geschichte: von Eltern, die keine Kinder bekommen, von der dann doch eingetretenen Schwangerschaft, von der Geburt und Taufe der Neugeborenen, von Verlautbarungen über deren Schicksal, vom mißlungenen *over-protecting-Gebaren* des Vaters, von einem 15. Geburtstag und einer steilen Treppe, von einer alten Frau und einem Stich in den Finger, von einem unvorstellbar langen Schlaf und einem jungen Mann, der sich vom Anblick diverser Leichen nicht schrecken läßt und instinktsicher den Weg zu der Ewig-Schlafenden findet, von einem Kuß, einer Hochzeit und von Fliegen, die nach 100 Jahren wieder die Wände hoch- und runterkrabbeln. Nach geraumer Zeit läßt man die beiden Kinder diese Geschichte nacherzählen. Aber was ist das? Beider Erinnerungen sind verblüffend detailgetreu, beide sind um die Rekapitulation von Namen, Orten, Bildern, ja sogar von wörtlichen Wendungen in keiner Weise verlegen, und doch drängt sich der Verdacht auf, beide hätten zwei verschiedene Inszenierungen des gleichen Stückes gesehen. Das Mädchen schwelgt in den Präliminarien der Geburt, in der Beschreibung der Wiege, in der das Kind die Taufe empfängt, sie ahmt die Stimme einer alten Frau nach, die offensichtlich von Kinderhaß besessen ist, usw. Der Junge hingegen beginnt seine Geschichte mit einem jungen Mann, von dessen Begegnung mit einem alten Mann, von dem weiblichen Fundstück im Turm und von Ohrfeigen, die in der Küche ausgeteilt werden. Nun haben beide, nachdem sie erzählten, auch noch ein Bild zu dieser Geschichte gemalt: Die Zeich-

Kristin Wardetzky

nung des Mädchens zeigt einen Turm mit einer Kammer, in der eine
junge weibliche Person auf einem Bett liegt und sehnsüchtig die Arme
nach einem jungen Mann ausstreckt, der – mit einem Schwert bewaff-
net – durch die Tür tritt. Die Krone auf seinem Haupt deutet auf königliche Abkunft. Die Zeichnung des Jungen hingegen verblüfft uns
mit einer Dornenhecke, die das gesamte Blatt überdeckt, davor ein
schwertschwingender Ritter. Was sich hinter dieser Hecke verbirgt,
bleibt ungewiß. Zwei Momentaufnahmen aus der gleichen Geschichte? Oder deren Außen- und Innenansicht? Oder doch zwei
verschiedene Geschichten?

Da das eben Mitgeteilte weder eine Erfindung noch ein Einzelbei-
spiel darstellt, sondern auf eine Untersuchung zu »Dornröschen« mit
330 Grundschulkindern[1] zurückgeht, führt es uns mittenhinein in
eine übergreifende, weithin unaufgeklärte Problematik, nämlich auf
geschlechtsgebundene Verformungen in der Aneignung von Märchen
durch Kinder. Die dabei gewonnenen Hinweise auf geschlechtsgebundene Rezeptionsweisen finden ihre Bestätigung und Erweiterung
dort, wo kindliche Phantasie sich nicht nur rezeptiv, sondern produktiv des Märchens bemächtigt. Wenn Kinder selbst Märchen erfinden,
so braucht man nach kurzer Eingewöhnung kaum noch nach dem
Vornamen des Autors/der Autorin zu schauen, um zu wissen, ob die
Geschichte von einem Mädchen oder einem Jungen stammt.

Ich habe in mehreren Veröffentlichungen versucht, diese Unterschiede zu beschreiben und aus entwicklungspsychologischer Sicht
zu interpretieren.[2] Ich komme im folgenden auf die bisherigen Ergeb-
nisdarstellungen zurück, möchte diesmal jedoch einen Zugang
wählen, der uns diese Ergebnisse vielleicht in neuem Licht und die dabei aktualisierten Geschlechterdifferenzen unter einer neuen Fragestellung betrachten läßt.

Als Materialgrundlage beziehe ich mich erstens auf einen Korpus
von ca. 1500 Märchen, die von Grundschulkindern in der DDR und
nach der Wende in Westdeutschland und den neuen Bundesländern
spontan erfunden und aufgeschrieben wurden. Die Anregung zum
Schreiben waren knappe, von mir vorgegebene und in einem Vorver-
such erprobte bzw. modifizierte Geschichtenanfänge; geschrieben
wurde (ohne Vorbereitung) während des Unterrichts, es erfolgte
keine Korrektur oder Überarbeitung des Geschriebenen. Als zweites
beziehe ich mich auf Märchen von Schweizer Kindern. Nach einigen
der genannten Geschichtenanfängen ließ Lorenz Lunin 1994 Grundschulkinder aus Zürich Geschichten erfinden, die er einer umfängli-
chen strukturellen und inhaltlich-semantischen Analyse unterzog.[3]

Die in dieser umfangreichen Textsammlung auszumachenden Unterschiede zwischen Mädchen- und Jungenmärchen zeigen sich vor allem in der Präferenz bestimmter Märchentypen und -motive, in spezifischen Figurenkonstellationen und Konfliktlösungsstrategien, in der Handlungsmotivation und im Handlungsziel der Protagonisten dieser Geschichten.

Diese kategorialen Unterscheidungen ergeben sich aus spezifischen selektiven Ordnungsschemata, nach denen Mädchen und Jungen ihre Märchen organisieren. Diese Ordnungs- bzw. Kompositionsschemata haben ihre Vorbilder: Die Mehrheit der Mädchen läßt sich von dem Schema bzw. Bauplan des Europäischen Zaubermärchens (EZM) leiten. In den Narrationen der Jungen begegnet uns ein Geschichtentypus, der unzweifelhaft ebenfalls dem EZM zuzuordnen ist, aber es steckt etws in ihnen, das über das Märchen hinausweist, und zwar in Richtung des Heroenmythos der Antike.

Ich nehme in zugespitzter Formulierung vorweg, was ich im folgenden ausführen möchte: Wenn Kinder, die hinreichend viele Märchen kennen, aufgefordert werden, sich selbst ein Märchen auszudenken, so weisen die Narrationen der Jungen signifikante, also überzufällige Parallelen zum antiken Heroenmythos auf, die der Mädchen zum Europäischen Zaubermärchen.

Ich will versuchen, diese Annahme zu begründen, ohne nach einer kausalanalytischen Erklärung der Befunde zu suchen. Die Frage, warum die Phantasie der Mädchen und Jungen spezifische Wege geht, obgleich sie aus den gleichen narrativen Quellen gespeist wurde (beide Geschlechter werden mit den gleichen Märchen und Mythen sozialisiert) und obgleich beide teleologisch Identisches wollen: ein Märchen entwerfen – die Beantwortung dieser Frage soll durch das Folgende angeregt, nicht aber geleistet werden. Ebensowenig kann ich die Frage beantworten, warum bei den Jungen – und nur bei den Jungen – auffallende Ähnlichkeiten zu finden sind zu Erfindungen aus der Frühgeschichte der Menschheit, zu den »Säkulärträumen der jungen Menschheit«, wie O. Rank den Mythos nannte.

Wenn im folgenden von eben diesem antiken *Mythos* die Rede ist, dann muß folgende Voraussetzung mitgedacht werden: Mythen sind keine monolithischen Phänomene, sondern *Sedimentgesteine*, auf uns gekommen ausschließlich über literarische und bildkünstlerische Bearbeitungen, die das Signum ihrer jeweiligen Entstehungszeit tragen. Jeder der uns bekannten Götter- und Heroenmythen hat sein *Schicksal*, d. h. eine Jahrhunderte währende Biographie, in der er verändert und umgestaltet wurde. Wenn wir also im wissenschaftlichen Diskurs von Mythen sprechen, dann sollten wir deren jeweilige Quellen mit bedenken, also *archäologisch* vorgehen, um nicht »unbekümmert Volksüberlieferungen des 19. und 20. Jahrhunderts mit literarischen Hervorbringungen der vorchristlichen Jahrhunderte« zu synchronisieren (Röhrich, S. 18).

Wir wollen uns im folgenden auf die vermutlich bedeutendste Heroengestalt der Antike konzentrieren, auf die des Herakles, und dies aus zwei Gründen: Zum einen hat die Altphilologie, insbesondere Ulrich von Wilamowitz-Möllendorff, an dieser Gestalt umfassende *archäologische* Präzisionsarbeit geleistet, also aus der Vielzahl der Quellen den Kern der Sage, den ältesten Bestand herauspräpariert und die späteren Zutaten und Veränderungen nachgezeichnet.[4] Wilamowitz versucht, zwischen dem »Urbild« des »heroischen Zeitalters« und dem »ersten Mann von Hellas«, wie Herakles sich selbst in der nach ihm benannten Tragödie des Euripides etwa 1000 Jahre später nennt, genau zu unterscheiden und die »späteren Gezweige«, die »wirren Schößlinge und Wasserreiser«, die »jetzt den Stamm decken«, von eben jenem Kern der Sage zu trennen, den er in die mykenische Kultur zurückdatiert.

Zum anderen führt uns eben dieses Sondieren und *Abheben* literarhistorischer Schichtungen zu einer erstaunlichen Entdeckung: Je näher die Herakles-Gestalt ihrem Ursprung kommt, um so größer wird ihre Ähnlichkeit zu dem von den Jungen favorisierten Heldenbild.[5] Setzt man die Vielzahl der von den Jungen beschriebenen Helden in eins und schafft daraus eine prototypische Figur mit obligatorischen Zügen, so finden diese ihre Parallelen insbesondere im Herakles-Bild, das in den zwölf Abenteuern, dem Dodekathlos, entworfen wird, d. h. im ältesten Bestand dieses Mythos. Diese Parallelen kann man unter zwei Stichworten zusammenfassen: sein Kampf mit den Ungeheuern und seine Stellung zur Frau. Nur beide Aspekte *gemeinsam* ergeben das, was Herakles von allen anderen antiken Heroengestalten unterscheidet und was ihn und die Heldenfiguren in den Jungenmärchen in ihrem Wesen verwandt erscheinen läßt. Diese Figur trägt also mit diesen beiden Aspekten jene Modellvorstellung von einem Helden in sich, die uns auch in den Märchenphantasien der Jungen entgegentritt. Die Unterschiede in den Erzählstrategien der Mädchen und Jungen werden anhand dieser Heroenfigur besonders offenkundig.

Der Kampf mit den Ungeheuern

«Die Beseitigung von Ungeheuern ... zählt zu den typisch heroischen Aktivitäten, die ebenso in der Volkserzählung wie in der verwischten Erinnerung an legendäre Könige und Krieger ihren Ursprung haben. Es hat den Anschein, als müßte jeder Heros ... – mindestens drei – fürchterliche und antisoziale Kreaturen vernichten ..« Im Unterschied zu den anderen Heroen zeichnet »Herakles ... sich dadurch aus, daß er ungewöhnlich viele tötete ... Für gewöhnlich hält man ihn für einen Kulturheros, der die Erde den Menschen bewohnbar macht, vom Typus her jemand, der uns aus afrikanischen und indianischen Mythen bekannt ist« (Kirk, S. 195).

Ähnliches gilt für die Helden der Jungenmärchen, wobei die Jungen die Vielzahl der zu beseitigenden Ungeheuer ersetzen durch deren besonders monströses Aussehen, gleichsam eine Verwandlung des Quantitativen ins Qualitative. Diese Helden ziehen aus einem einzigen Grund in die Welt, »nämlich irgendeine Bestie oder einen Unhold zu treffen und zum Kampf zu fordern ... Dabei sucht sich die Kühnheit der Recken ... nur bedeutende Kontrahenten: 20 Drachenköpfe muten da noch harmlos an, für manche Jungen sind 99 oder 111 gerade gut genug« (Wardetzky 1992). Diese Helden strotzen durchaus nicht, wie die üblichen Herakles-Klischees, von Körperkraft (von denen auch die Homerische Überlieferung nichts weiß) – oft sind sie dem Herakles des Pindar ähnlich, also klein von Wuchs und verwegen im Anspruch.[6] Diese Helden ziehen nicht in die Welt, um – über den Nachweis der eigenen Grandiosität – ein herrliches Weib zu erringen, sondern um Ungeheuer zu bezwingen und damit Gefahr, Bedrohung, Chaos aus der Welt zu schaffen, also die Welt zu befrieden.[7] Daß an diese heroische Tat auch der soziale Aufstieg gebunden ist, scheint für den größten Teil der Jungen ebenso bedeutungslos wie für Herakles. Meist kommen sie glücklich zu den Eltern zurück, und das Himmelstor steht nicht vor dem Königspalast, sondern vor dem Herzen der Mutter und des Vaters, deren Anerkennung die adäquate Vergeltung für alle Blessuren ist.

Nun gibt Kirk allerdings zu bedenken, »ob Proben und Aufgaben an sich Wesentliches von Herakles preisgeben, scheint ... zweifelhaft« (Kirk, S. 195). Wenn wir als das »Wesentliche« die spezifischen Persönlichkeitszüge des Herakles, die Wilamowitz aus dem Kern der alten Sage herauspräpariert hat, gelten lassen wollen, dann haben wir einen Katalog von Wesensmerkmalen vor uns, die uneingeschränkt in die Personalakten der von den Jungen erfundenen Märchenhelden übernommen werden könnten, die also die Übereinstimmung beider

Figuren über die Motivebene hinaus bezeugen könnte: »Also spricht sie [die Herakles-Sage]: Du bist gut geboren und kannst das Gute, so du nur willst. Auf deiner eignen Kraft stehst du, kein Gott und kein Mensch nimmt dir ab, was du zu tun hast. Aber deine Kraft genügt zum Siege, wenn du sie gebrauchst. Du willst leben: so wirke. Leben ist Arbeit, unausgesetzte Arbeit, nicht für dich, wie der Egoismus sie tut, noch Arbeit für andere, wie der negative Egoismus, die asketische Selbstaufopferung, sie tut, sondern schlechtweg zu leisten jeden Tag, was immer man kann, weil man es kann und weil es zu leisten ist. Du sollst eben tun, wozu du da bist... Wo immer ein böser Feind dieses Reiches sich zeigt, stracks geh auf ihn los und schlag ihn nieder ohne Zagen; mit welchem Schreckbild er dich grauen machen, mit welchem Zauber er dich verführen will, packe kräftig zu und halte fest: wenn du dich nicht fürchtest, wird der Sieg dein sein... Für die αρετη, die Manneskraft und die Ehre[8], bist du geboren: sie sollst du erwerben. Feil ist sie nur um das Leben: aber wer diesen Preis einsetzt, hat sich das ewige Leben erworben« (Wilamowitz, S. 47).

So spiegelt Herakles die Geistesverfassung *seiner* Erfinder – und die sieht Wilamowitz in den Dorern, die aus Makkedonien nach Hellas eingedrungen sind – ebenso wider wie die Heldenfiguren der Jungenmärchen die Geistesverfassung *ihrer* Erfinder. Hier nun scheinen die Bezüge (ich spreche bewußt nicht von Seelenverwandtschaft!) wesentlich stärker zu sein als zu der Geistesverfassung derer, die den bekannten Märchenkanon überliefert haben. Es sind eben nicht nur die Taten, sondern vor allem die ihnen zugrundeliegende *Haltung*, die für Parallelen zwischen Herakles und den Märchenhelden der Jungen sprechen.

Auch sie gehen unverdrossen auf jeden Feind zu; sie tun, was zu tun ist, ohne dabei egoistische oder altruistische Ziele zu verfolgen (selbst wenn sie sich als Helfer oder Zivilisationsstifter erweisen, so ist dies weder Antrieb noch Motiv des Handelns); sie sind mit unzerstörbarem Selbstvertrauen gegen das Versagen gerüstet; sie scheuen weder Arbeit noch Konflikte, auch wenn der Einsatz das eigene Leben kosten könnte: Ihre Siegesgewißheit macht sie unbezwingbar; in jedem Kampf sind sie der Sieger und in jeder Not ein Helfer.

Herakles und die Frauen

Für den ursprünglichen Herakles gilt, was Wilamowitz pointiert so formuliert: »Für die echte Heraklessage ... muß das Weib hinaus« (Wilamowitz, S. 79), allerdings das Weib, so muß einschränkend gesagt werden, als Verführerin, Geliebte, als Objekt des sexuellen Begehrens. Denn *das Weib* tritt uns im »Herakles« der zwölf Abenteuer in zweifacher Gestalt entgegen: in der der Hera und derjenigen der Athene. Beide aber sind Göttinnen, nicht *das Weib*, und von diesem weiß die ursprüngliche Sage tatsächlich nicht zu berichten. Die Vorgeschichte (also Geburt, Jugend und Heirat mit Megara) ist nach Wilamowitz ebenso jüngeren Datums wie die Geschichten um Omphale, Deianeira und Iole. Der Herakles des Dodekathlos ist nicht der mythische Heros oder Gott, der zwischen Eros und Thanatos zu vermitteln strebt (wie z. B. Orpheus). Die in die Kolportageliteratur eingegangene Episode, die Herakles am Scheideweg zwischen Tugend und Laster zeigt, ist eine auf den Sophisten Prodikos zurückgehende Erfindung, also auch wesentlich jünger als der Dodekathlos-Kern.[9] So tritt uns der Herakles der alten Sage als ein gänzlich unerotisches Wesen entgegen. Das aber verweist wiederum auf eine auffällige Ähnlichkeit zwischen ihm und den Helden der Jungenmärchen: Deren erotische Erweckung hat ebenfalls noch nicht stattgefunden. Nicht die Liebe, sondern die Lust am Kampf mit dem Ungeheuer treibt diese Helden an. Daß es zwischen beiden einen Zusammenhang geben kann, wissen die Jungen aus dem Märchen, negieren es aber oder lösen den ursprünglichen Zusammenhang von Motiv und Ziel der Heldentat auf, d. h. sie motivieren den Auszug des Helden in die Fremde mitunter durch die *Kunde* von einer geraubten Königstochter, aber ihr Ziel bleibt die Vernichtung des Ungeheuers. Mitunter vergessen diese Draufgänger nach siegreichem Kampf einfach die Braut, die da noch immer im Turme schmachtet, oder sie erinnern sich auf dem Nachhauseweg an einen Fehlbetrag wie an eine vergessene Hausaufgabe. Umstandslos wird das Versäumte nachgeholt: Ohne Braut kein Märchenende, also kommt sie in die Geschichte wie der Kasper aus der Kiste: Da steht sie, der Held kann nicht anders, und das Glück ist besiegelt.

Die Fokussierung auf die Auseinandersetzung mit dem Gegenspieler, das Aussparen des Erotischen und des sozialen Aufstiegs in den Märchen der Jungen hat deutliche Parallelen in den sogenannten *Kindermärchen* (Scherf 1987). Deren Nähe zu den Heroenmythen hat B. Holbek so angedeutet: »… children's fairy tales concentrate on a test where children are opposed to frightful monsters«, but the dimension of sexuality and social opposition are absent … The system of tale roles in children's fairy tales is as simple as that of the hero myth… If one should at all speak of mythical tales, the term should be reserved for that category because of the structural resemblence with hero myths. Some authors have actually expressed the feeling that these tales are particularly ›archaic‹« (Holbek, S. 422). Eben diese Überlappung von märchenhaften und mythologischen Zügen, die Ausklammerung des Sexuellen und der sozialen Etablierung, können wir uneingeschränkt auch für den Herakles-Mythos des Dodekathlos und für die Jungenmärchen reklamieren.

Kommen wir zurück zu den beiden Göttinnen. Im Bild der Stiefmutter[10], das von den Jungen entworfen wird, erkennen wir – vielleicht mit einiger Mutwilligkeit – gewisse Züge der Hera aus dem Dodekathlos wieder.[11] Im Unterschied zu den Mädchen, die an den Stiefmüttern kein gutes Haar lassen (die negativen Attribuierungen, die sie an ihnen vornehmen, liegen im statistischen Durchschnitt etwa doppelt so hoch wie bei den Jungen), artikuliert sich in den Jungenmärchen Ambivalentes: Sie erscheint als Feindin und als respekteinflößend gleichermaßen. Statt mit unverhohlenem Haß wie die Mädchen begegnen ihr die Jungen eher distanziert, nicht nur in der Hoffnung, von ihr anerkannt, sondern ihr Meister zu werden, d. h. machtvoller zu sein als sie. Sie ist der Stachel im Fleisch dieser Helden. Die unangemessenen Ansprüche oder Feindseligkeiten der Stiefmutter treiben die Helden in die Welt. Allein diese Vertreibung aber ist der Anstoß für ihren späteren Erfolg. So wird die Stiefmutter zum Katalysator innerhalb der Heldenbiographie. Die Namensänderung unseres mythologischen Helden – von Ἀλχαιος zu Herakles – mag neben regionalgeschichtlichen auch solche Gründe gehabt haben. »Kein geringerer als Pindaros soll berichtet haben, daß Herakles diesen Namen erst erhalten hätte, nachdem Heras Gebote zu seinem Ruhme ausgeschlagen waren« (Wilamowitz, S. 49).

Anders steht es mit Athene. Sie, die jungfräuliche Göttin, an deren schlangenbewehrter Aigis alle Liebespfeile erfolgreich abprallen, ist Herakles' Beistand.[12] Wohlgemerkt: Athene hilft, aber als keusche – wir können getrost sagen: unerotische – Jungfrau. Es fehlt »the dimension of sexuality« (Holbek), und in eben dieser Ausklammerung sieht Holbek, wie erwähnt, eine der wesentlichen Gemeinsamkeiten zwischen Kindermärchen und Heroenmythen begründet. In den Märchen der Jungen kommt Athene quasi als denaturierte Göttin vor. Wenn nämlich überhaupt junge Weiblichkeit helfend ins Spiel kommen darf (was selten genug geschieht), dann ist dies meist die Schwester des Helden (und auch Athene und Herakles sind ja Geschwister – gezeugt vom gleichen Vater), die seinen schwindenden Kräften mit Zuspruch, Rat oder Zaubermitteln wieder aufzuhelfen weiß.

Nun handelt Herakles im Dodekathlos primär aus Zwang – er muß eine Schuld abbüßen und deshalb tun, was Eurystheus ihm auferlegt. Diese moralische oder dramaturgische Motivierung ersetzen die Jungen in ihren Märchen durch die obligatorischen Motivierungen von Heldentaten im Märchen: nach Propp also Schädigung oder Mangel (Propp 1975), dazu kommt bei den Jungen vielfach einfach nur Wanderlust und Glückssuche. Andererseits aber halten sie strikt an der Kopplung Aufgabenstellung und *männlicher* Auftraggeber fest. Es gibt nicht ein einziges Jungenmärchen, in dem eine Königin oder eine andere weibliche Figur den Helden ausschickt, den Mangel oder die Schädigung zu beseitigen; es sind dies grundsätzlich die *klassischen* Königs- bzw. Vatergestalten des Märchens, durchaus nicht unzugänglich für Empathie mit dem Helden die einen, *böse* die anderen, letzteres aber nur in den wenigen Fällen, in denen sie dem Helden die Tochter verweigern und er zum Kampf mit ihnen oder einer anderen Dämonen-Doublette gezwungen ist.[13]

Die Zaubermärchen der Mädchen

In den Märchen der Mädchen nun scheint alles ganz und gar anders zu sein als bei den Jungen. Denn: Thema Nr. 1 ist bei ihnen die Liebe; die Liebe ist – um einen Begriff der Sprachwissenschaft zu entlehnen – das generierende Moment der von ihnen erfundenen Märchen. Allein die Tatsache, daß ihre Märchen doppelt so häufig mit einer Hochzeit enden wie die der Jungen, umgekehrt aber physische Auseinandersetzungen mit Gegenspielern bei den Jungen dreimal häufiger vorkommen als bei den Mädchen (Wardetzky 1992, S. 127 und 152)[14] – allein solche Quantitativa zeigen an, daß bestimmte lebensweltliche Grundorientierungen der beiden Geschlechter andere Verankerungen haben. Will man in ihren Märchen Parallelen zum »hero pattern« (Lord Raglan[15]) des Mythos ausmachen, so werden wir bei Herakles vergeblich danach suchen. Selbst Jason, Perseus, Theseus kommen bei gründlicher Recherche nicht in Betracht. Das von den Mädchen bevorzugte Heldenstereotyp erfüllt hingegen ohne Einschränkung alle Voraussetzungen, die die vergleichende Märchenforschung im »hero pattern« des Märchens ausgemacht hat (Meletinskij, in: Holbek, S. 239 und 360): Der Primat seines Handelns liegt in der Hochzeit; diese ist das dominierende Ziel *»and the meaning«* (Holbek – Hervorhebg. i. Org.) seines Strebens[16]; diese Hochzeit steht im Dienste des einzelnen, d.h., der Märchenheld der Mädchen ist nicht der mythische Mediator, der Gegensätze zum Nutzen der Gemeinschaft überwindet, vielmehr überwindet er fundamentale Gegensätze seines persönlichen Lebens, nämlich die zwischen unten und oben (als soziale, nicht als kosmische Dimension) und jung und alt[17], und er emanzipiert sich vom Status, in dem er geboren ist. Die obligatorischen Auseinandersetzungen mit (chthonischen) weiblichen und männlichen Dämonen haben initiatorischen Charakter; der Held bewältigt heroische Aufgaben, ohne, wie der mythische Held, Demiurg bzw. Kulturschöpfer zu sein.

Die Bräute in diesen Märchen sind weder Fundstücke noch Trophäen wie in den Märchen der Jungen. Mit einer Gestalt der Athene haben sie rein gar nichts gemein – auch wenn sie um das Schicksal des Helden bemüht sind und ihm mit einiger Geschicklichkeit beistehen, wo es die Gefahr erfordert. Aber diesen Heldinnen ist der Erwählte kein Objekt des *interesselosen Wohlgefallens*, im Gegenteil. Das Fundament ihres Interesses ist das Begehren, ein Begehren, das – in mitunter geradezu schockierender Hellsichtigkeit – um das natürlichste und unausdeutbarste aller menschlichen Geheimnisse zu wissen scheint, um das Mysterium zwischen Mann und Frau.

Indem in den Märchen der Mädchen die Heldin nicht nur akzidentielle Zutat ist und nicht nur als Charge vorkommt, sondern grundsätzlich ebenso handlungsbestimmend agiert wie der Held, heben die Mädchen in ihren Narrationen den »biografical fallacy« auf, den Holbek[18] zurecht an allen auf Propp aufbauenden morphologischen und strukturanalytischen Märchenuntersuchungen rügt. Sie entwickeln die Handlung konsequent aus der Perspektive zweier gleichwertiger Hauptfiguren; beide vertreten gleichsam komplementäre Handlungsstrategien, die nur im Verbund zum Erfolg, d. h. zur Hochzeit führen. Das Verhältnis der beiden Protagonisten ist nicht zu beschreiben als das von Passivität und Aktivität, Leiden und Agieren, Abwarten und Tun. Beide verfügen über ein gleichwertiges Aktivitätspotential, lediglich instrumentell ist ihr Handeln unterschieden: Sein Erfolg liegt in den Muskeln, den schnellen Beinen, seiner Keckheit, seiner Verläßlichkeit, seinem Wagemut; der ihre in ihrer Verführungskraft, Ausdauer, Schlagfertigkeit und in ihrer Verfügungsgewalt über Zauberkräfte und magische Praktiken.

Gehen wir aber weiter und fragen, ob es unter den Frauengestalten der antiken Mythen Figuren gibt, die, wie die des Herakles bei den Jungen, paradigmatisch den Phantasien der Mädchen nahekommen. Es scheint Berührungspunkte z. B. zu Ariadne oder Medea zu geben. Ariadnes Zauberknäuel rollt zwar nicht ins Labyrinth, dafür aber durch mancherlei Märchenwälder. Wie Medea, so schläfern auch die

Heldinnen der Mädchen in einigen Märchen schreckliche Raubtiere, Drachen oder Riesen allein mit einem zarten Zaubergesang ein. D. h., grundsätzlich töten Märchenheldinnen in den Mädchen-Märchen keine Monster, sie paralysieren sie lediglich mit Magie, oder sie entzaubern das Monster und geben ihm seine menschliche Gestalt zurück.[19] In den Bildern, mit denen die Angst der Heldin den künftigen Geliebten verzerrt, zum Monster entstellt, könnten wir direkte Bezüge zu den Angstvisionen ausmachen, mit denen Deianeira in den »Trachinierinnen« den sie bedrängenden Flußgott Acheloos beschreibt. Aber bei genauerem Hinsehen erweisen sich alle diese Ähnlichkeiten als trügerisch: Deianeira erlöst keinen verzauberten Prinzen; Medeas Zauberkünste verdankt sie ihrem Priestertum bei Hekate, sie wird als »Heilerin« in Kolchos und Korinth verehrt und gefürchtet; Medea und Ariadne werden verlassen – d. h., ihr Einsatz für den anderen hat einen zutiefst tragischen Zug, der mit dem Optimismus des Märchens, der auch für die Mädchen beim Fabulieren Gesetz ist, unvereinbar ist.

Schauen wir uns die weitere Personage in den Mädchenmärchen an: Die Stiefmütter sind hier gnadenlos böse, und um Macht und Glück zu finden, muß man ihrem Bannkreis entfliehen oder aber ihnen den Garaus machen. Diese Figur ist allein auf die Funktion des Schädigers (Propp) festgelegt und nicht – wie bei den Jungen – in paradoxer Weise auf die Kraft, die stets das Böse will und doch das Gute schafft.[20] Sie ist das Unheil schlechthin, und nichts als Unheil ist von ihr zu erwarten. Hier Parallelen zur eifersüchtigen Hera zu konstruieren, die ihre Nebenbuhlerinnen mit gnadenlosem Haß verfolgt, wäre wiederum eine unzulässige Verkürzung: Das Wirken der Stiefmutter im Märchen ist profaner Natur; ihr Wirkungskreis ist die Familie, ihre Opfer sind ausschließlich Kinder; sie ist keine denaturierte Hera.[21]

In den Märchen der Mädchen kommen allerdings relativ häufig Frauengestalten mit paradigmatischen Zügen vor, die wir in einer anderen olympischen Göttin wiederfinden, in Demeter. Wie diese, so ziehen die Mütter in einer ganzen Reihe von Mädchenmärchen aus, um ihre verlorengegangene Tochter zu suchen und sie – meist mit magischen Praktiken – aus den Händen eines frechen Räubers zu befreien. Wollte man die Psychoanalyse bemühen – so könnte man diese Mütter mit den Stiefmutter-Figuren in eins setzen und beide als Ergebnis unbewußter »Spaltung« (O. Rank) oder »Doublettierung« interpretieren. Da eine solche Gestalt nicht ins Standardensemble des Zaubermärchens gehört, bei den Mädchen aber relativ häufig auftauch, könnte hier im Laufe der Überlieferungsgeschichte etwas verlorengegangen sein, wovon der Mythos noch zu berichten wußte – aber dies ist eine heikle Vermutung. Auf jeden Fall könnte diese eigenständige Hervorbringung der Mädchen auf eine spezifisch weibliche Disposition verweisen, die – im Diskurs der Psychoanalyse betrachtet – ödipalen Strebungen zu widersprechen und statt dessen auf unabgegoltene symbiotische Sehnsüchte anzuspielen scheint.

Zusammenfassung und Evaluation

Die stärkste Nähe zum Heroenmythos und gleichzeitig die stärkste Differenz zu den Märchen der Mädchen weist ein Großteil der Jungenmärchen auf, die weder reine mythologische Geschichten noch reine Märchen sind. Sie sind ein Zwitterding, weil sie dort aufhören, wo die Peripetie des Heldentums im Mythos beginnt und weil ihr Ende mit dem Schicksal versöhnt.

Die Märchen der Mädchen sind primär Liebesmärchen. Sie erfüllen alle strukturellen Voraussetzungen, die den Unterschied zum Heroenmythos ausmachen: Primat der Hochzeit, heroische Aufgaben im Dienste der Partnerfindung, doppelte – also weibliche und männliche – Perspektivierung der Handlung.

Von der vergleichenden Märchen- und Mythenforschung wird als ein zentrales Unterscheidungskriterium zwischen den beiden Genres das der Hochzeit und damit des *happy-ending* benannt; in den Märchen der Kinder erweist es sich als ein zentrales Unterscheidungskriterium zwischen Jungen- und Mädchenmärchen. Wie kann es sein, so wollen wir abschließend fragen, daß allein einem einzelnen Motiv, dem der Hochzeit, eine solch eminente Bedeutung zukommt? Muß – bei derart exponierter Stellung – dieses Motiv nicht über sich hinausweisen? Könnte es sein, daß das Motiv des Kampfes, dem in den Jungenmärchen die gleiche exponierte Stellung zukommt, komplementär zum Hochzeitsmotiv steht?

Tatsächlich führen uns beide Elemente zum »genetischen Code«, aus dem sich die Gesamtkomposition der kindlichen Märchen entwickelt: Es ist dies die binäre Opposition von *eigen* und *fremd* (Wardetzky 1992, S. 158f). Dieser Gegensatz scheint nicht nur für die narrative Phantasie, sondern ebenso für die Entwicklung der Selbst- und Fremdwahrnehmung sowie der Weltdeutung von Kindern von fundamentaler Bedeutung zu sein.[22]

Bleibt in den Märchen der Kinder die Opposition *eigen – fremd* unaufgelöst, so entstehen die hier nicht behandelten »Geschichten vom

Fremdeln« (Wardetzky 1992).[23] Der Versuch einer Annäherung an das Fremde, seine Assimilation oder Integration bleibt in diesen Geschichten aus. Das Fremde, das Unheimliche wird nicht als Herausforderung, sondern als bodenlose Verunsicherung erlebt; Flucht ist die einzige lebenssichernde Alternative.[24] Es kann über die Narration keine Distanz zum Unheimlichen hergestellt werden.

In der Mehrheit ihrer Märchen suchen die Kinder nach Strategien einer Vermittlung zwischen der Opposition *eigen – fremd*. Für Mädchen und Jungen aber hat das Fremde einen grundsätzlich anderen Sinngehalt: Die Mädchen identifizieren das Fremde mit dem anderen Geschlecht, die Jungen mit physischer Über-Macht.

Die Mädchen teilen die Welt nach dem Geschlechterverhältnis auf: Alles Männliche ist der andere, fremde Teil der Welt, auch der bedrohliche Teil, der Leben und Tod in sich birgt. Die Integration beider Teile kann nur dann glücklich gelingen, wenn beide als einzelnes zwar erhalten, aber zu zwei Hälften eines Ganzen paßgerecht zusammengefügt werden. (Daß dabei der Mann handfeste Domestizierungspraktiken über sich ergehen lassen muß, zeugt vom Selbstvertrauen und Autonomieanspruch dieser Mädchen.) Seinen gültigsten Ausdruck erhält dieses Integrationsstreben im Motiv der Hochzeit. Das Auseinanderklaffen der Welt wird am Traualtar aufgehoben; das Fremde wird dem Eigenen zugefügt nicht wie eine Wunde, sondern wie die Erde dem Himmel – mit heftigster Urgewalt wie im hesiodschen Schöpfungsmythos oder romantisch verklärt wie in Eichendorffs »Es war, als hätt' der Himmel die Erde still geküßt, …« Mit der Hochzeit wird der Zwiespalt zwischen dem Fremden als dem Eigenen Entgegengesetzten, dem Unvertrauten, Unbekannten, Tödlich-Bedrohlichen überbrückt, und Eigenes und Fremdes findet – wie die in Platons Symposium beschriebenen weiblichen und männlichen Entitäten – zur Kugelgestalt zusammen.

Zur Überwindung des Gegensatzes entwickelt weibliche Phantasie also Liaison-Strategien, die Phantasie der Jungen hingegen Konfrontations-Strategien. Für die Jungen muß das Fremde in seinem Anderssein, d. h. in seiner physischen Stärke, ausgetestet werden. Dies führt am ehesten zum Erfolg, wenn beide ihre Kräfte im Kampf messen. Der Sieg über das Fremde ist jedoch nicht gleichbedeutend mit dessen Auslöschung.[25] Indem die fremde Gegengewalt die Kräfte des Helden aus virtueller in tatsächliche Realität verwandelt, hat sie ihm ihre eigenen Kräfte implantiert; das Fremde wächst – als Kraftgewinn – im Helden als Implantat weiter – nichts anderes ist ja letztendlich mit totemistischen Praktiken gemeint. Und hier können wir auch wieder

Kristin Wardetzky

den Boden zur Herakles-Gestalt des Dodekathlos schlagen: Sein Lebensweg ist nichts anderes als die Konfrontation mit dem Fremden in Permanenz. Es ist das *von Natur* Andere, nicht im Geschlechtlichen, sondern im Kreatürlichen: Er kämpft mit Riesen, Löwen, Ebern, Stieren, Kentauren, Drachen, dem Höllenhund, menschenfressenden Pferden (– die Amazonen-Episode ist interessanterweise jüngeren Datums). Indem er die Welt von den Bestien befreit, gehen die Kräfte dieses erdgebundenen Pantheons auf ihn über; er gewinnt durch den Sieg über Sterbliches seine Unsterblichkeit. Damit haben wir jenen kritischen Punkt erreicht, in dem der Herakles der dorischen Sage zur Symbolgestalt der klassischen Epoche wird. Dieser *neue* Herakles tritt mit seinen Taten ein in den mythischen und nicht mehr märchenhaften Kreislauf von Tod und Vergeltung: Das Blut der lernäischen Hydra, mit dem er seine Pfeile infiziert, steckt ihn schließlich selbst an. Jan Kott beschreibt diesen Vorgang so: »Herakles, der Erlöser, rettet Deianeira vor der Vergewaltigung durch das Monstrum [den Kentauren Nessos]. Doch seine Pfeile sind vergiftet vom Hydragift. Herakles, der Mittler und Zeus-Sohn, befreit die Welt von Bestien. Doch er tötet die Bestien mit dem Blut einer Bestie. Die Mittlerschaft [zwischen Himmel und Erde] ist ein weiteres Infizieren der Welt. Herakles überträgt das Hydrablut auf seinen Pfeilen. Der Mittler ist ein Seuchenverbreiter und wird selbst von der Seuche infiziert; ›mit dem schrecklichen Saft der Hydra verschmolzen‹« (Kott, S. 112) – nämlich durch das Nessos-Hemd, das ja mit dem Blut des Kentauren Nessos getränkt ist, den Herakles mit seinen vergifteten Pfeilen getötet hat. Aus dem Tatmenschen ist in der klassischen Antike der in schreckliche moralische Schuld Verstrickte geworden, dessen Unsterblichkeit als Fluch, als in die Ewigkeit verlängertes Leiden erscheint. Dieser Herakles gibt Jan Kott Anlaß, auf eine Weltsicht der Griechen zu schließen, die unaufhebbar tragisch ist: »Die Welt, in der der stärkste der Menschen und der Held von ganz Griechenland wegen einer Liebschaft umkommt, ist gemein und töricht. Die Welt, in der der Sohn Gottes am Gift des Ungeheuers stirbt, ist grausam und absurd... die Grausamkeit (ist) die große Gesetzmäßigkeit des Kosmos, und das Absurde erhält ... eine unheimliche Logik.«

Hier haben wir den »tiefernsten Mythos«, die Tragödie, von der das Märchen und das Kind nichts wissen will und kann.

Herakles als philosophische Metapher – solche Inanspruchnahme muß Zehnjährigen selbstverständlich noch versperrt sein.

Anmerkungen

1 Vgl.: K. Wardetzky 1992, S. 156.

2 Vgl.: K. Wardetzky 1991 a, S. 61-82; dies. 1991 b, S. 146-152; dies. 1992; dies. 1994, S. 201-213.

3 Vgl.: L. Lunin 1996.

4 Der Herakles der Antike ist durchaus keine homogene Gestalt. »Schon die klassischen Dichter besaßen die unterschiedlichsten Berichte, auf die sie zurückgreifen konnten, und in weit größerem Maße als andere Heroen wurde Herakles' Leben freien Umarbeitungen ... unterworfen« (Kirk, S. 172). Mehr noch als andere Heroen ist er zu einer panhellenischen Gestalt geworden, zu einer Integrationsfigur, an deren Biographie nicht nur Jahrhunderte, sondern unterschiedliche Völkergruppen geschrieben haben. Die Ausgestaltung seines abenteuerlichen Lebensweges mag wohl in der Notwendigkeit begründet gewesen sein, zwischen den abgelegenen Kolonien und dem Mutterland kulturelle und rituelle Verbindungen zu schaffen (Kirk, 196). So ist bis zur Spätantike eine facettenreiche Figur entstanden voller Widersprüche und Brüche, eine Mischung paradoxer Eigenschaften, eine merkwürdige Zwittergestalt: Herakles ist Mensch *und* Gott, Opfer *und* Täter, Tyrann *und* Sklave, und sein Handeln wird polarisiert durch den Gegensatz von Natur und Kultur, von Leben und Tod, Kalkül und Wahnsinn, Triebhaftigkeit und Gesetz, sozialem Verhalten und Verantwortungslosigkeit. Keine der griechischen Heroengestalten vereint eine derartige Fülle existentieller Widersprüche; vielleicht liegt hier ein Grund für ihre lange und wechselvolle Wirkungsgeschichte.

5 Wilamowitz-Moellendorff unterscheidet drei »Sagenkreise oder Kreisabschnitte, die für die gesamte Folgezeit maßgebend geworden sind, durch die Mythographie nicht ohne Gewalt nebeneinandergerückt, der thebanische für die Geburt und Jugend des Herakles, der ötäische für sein Ende, der argolische für seine Haupttaten, den Dodekathlos ... Die argolische Sage allein ist in sich ein organisches Ganzes, sie bildet das Fundament der späteren Heraklessage und läßt allein den echten Sinn der urprünglichen Konzeption unmittelbar hervortreten« (Wilamowitz, S. 47).

6 In der IV. Isthmischen Ode des Pindar lesen wir: »So kam wohl auch einmal aus Theben/ des Kadmos in das Haus des Antaios ein Mann kurz an Gestalt,/ aber unbeugbar in seinem Mut, zum Kampf/ in das weizentragende Libyen, um jenem Einhalt zu tun,/ der den Tempel Poseidons mit den Schädeln der Fremden einfaßte:/ es war der Sohn der Alkmene; er kam in den Olymp, nachdem er alle Länder/ und die steile Tiefe des grauen Meeres durchforscht/ und für die Schiffahrt den Weg befriedet hatte./...«

7 L. Lunin kommt anhand der Analyse der Zürcher Kindermärchen zum gleichen Schluß: »In den Geschichten der vorliegenden Textsammlung gehen die zu befreienden Prinzessinnen nicht nur vergessen, sondern kommen kaum vor. So werden zwar einige Drachen geköpft, doch kein einziger wird zur Befreiung einer Geliebten besiegt. Die Jungen lassen in mehreren Geschichten ihre Helden als ›Retter‹ auftreten, doch nur in drei Geschichten werden diese für ›Mädchen‹ aktiv... In anderen Geschichten lassen die Jungen ihre Helden

35

erst zum Schluß auf die Partnerin treffen, ohne daß es zuvor zum Einsatz für diese gekommen wäre« (Lunin, S. 110).

8 B. Snell überträgt αρετη mit Adel, Leistung, Erfolg und Ansehen (Snell, S. 155).

9 »Unter stoischem Einfluß geriet in das Bild des Herkules ein Element der Selbstüberwindung und Selbstaufopferung, das der ursprünglichen Vorstellung fremd, wenn nicht geradezu entgegengesetzt ist. Daher lag die Umwandlung des Plagenbekämpfers in einen christlichen Helden nicht fern« (Frenzel 1988, S. 307).

10 Auf das Doppelgesicht von Mutter und Stiefmutter in Mythos und Märchen macht Vonessen in aller Ausführlichkeit aufmerksam – Vonessen 1992, S. 245 ff.

11 Wilamowitz-Moellendorff zeigt, wie es religionshistorisch zur Verbindung bzw. Aussöhnung zwischen der argolischen Hera und dem dorischen Herakles gekommen ist. In diesem Zusammenhang weist er u.a. auf die literarische Korrespondenz zwischen Stiefmutter-Motiv und Hera hin: »Die neidische Stiefmutter [und Hera ist für ihn die Stiefmutter des Herakles] war ein sehr fruchtbares Motiv für dichterisches Spiel und ist in dieser Weise fortdauernd ausgenutzt worden« (Wilamowitz, S. 51).

12 Vgl. die Metopen vom Cellahaus des Zeustempels in Olympia. Dazu Kunisch (in: Effe/Binder, S. 76): »Wenngleich Herakles Verhältnisse auch zu seinem Vater Zeus, zu seiner Feindin Hera, zu seiner Geliebten Deianeira hatte, so war doch die Beziehung zu Athena die allein bestimmende. Denn sie war es, die ihm bei der Vollbringung seiner Taten zur Seite stand, und diese ›Taten‹ sind der wahre Kern der Heraklesmythen.«

13 In psychoanalytischer Deutung hieße dies: »Who is the monster? In masculine tales, the answer should by now be evident: the girl's father. Sometimes he is called her father without any pretense ... he is the girl's father *seen as the hero's adversary...* In such case, the hero has to overcome the father *in the daughter*. It is our contention that *this* is what the dragon fight is really about, winning the daughter away from her father. The most momentous event in a young person's life, that of falling in love, may thus appear in an fairy tale as a mortal combat« (Holbek, S. 425; alle Hervorhebungen im Original).

14 In der Untersuchung von L. Lunin zeigt sich, daß das Motiv der Hochzeit bei den Zürcher Kindern wesentlich seltener vorkommt als bei denen aus der DDR. Andererseits aber phantasieren auch hier die Mädchen häufiger Geschichten um Partnerfindung als die Jungen – Lunin, S. 104.

15 Die Tatsache, daß es in den oral tradierten Volksüberlieferungen feststehende Muster vor allem im Bereich ihrer Kompositionsgesetze gibt, haben eine ganze Reihe von Forschern unabhängig voneinander entdeckt. Am bekanntesten sind die Modellvorstellungen von Jan de Vries (1954), Vladimir Propp (1975) und Eleasar Meletinskij geworden. Während Propp und Vries ihre Vorstellungen ausschließlich anhand »maskuliner« Märchen (Holbek) entwickelten, versucht Meletinskij einen Vergleich zwischen dem Heldenbild in Mythos und Märchen (vgl. Holbek, S. 360). Bei Bengt Holbek findet sich der meines Erachtens avancierteste Versuch, das Zaubermärchen nicht als Strukturmodell einer männlichen Heldenbiografie zu analysieren, sondern es kon-

sequent aus der Perspektive zweier gleichwertiger Aktanten – des Helden und der Heldin – zu untersuchen.

16 Zum Stellenwert der Hochzeit im Kontext des Zaubermärchens schreibt Holbek: »The wedding is the crowning achievement of efforts at three levels: that of gaining independence from parents and other authorities of the preceding generation; that of winning the love of a person of the opposite sex; and that of securing the future of the new family … This explains the central position of the wedding in fairy tales« (Holbek, S. 410).

17 Zu den Oppositionen alt-jung, oben-unten, weiblich-männlich als strukturbildendes Fundament des Märchens vgl. E. und P. Maranda (1971).

18 Holbek bezeichnet als biographischen Irrtum »a kind of reductionism in which the viewpoint of one actant or sphere of action is ›privileged‹« (Holbek, S. 356).

19 Zum Motiv des Tierbräutigammärchens in den Märchen der Kinder vgl. ausführlich: Ivo/Wardetzky, S. 150. In der Schweizer Studie beobachtet Lunin, daß »die von den Mädchen erfundenen Fantasie- und Fabelwesen oft wie potentielle Partner (wirken), die aber nicht erlöst werden. Sie treten nicht als deklarierte Partner in Erscheinung und wirken so wie Deckfiguren, um unbewußt Partnerfindungsfantasien durchspielen zu können« (Lunin, S. 108). Diese Geschichten wirken somit wie Vorläufer der Tierbräutigammärchen.

20 Die euripideische Assimilation in seinem »Herakles«: »Hera oder sein Geschick« könnte sehr direkt auf die Stiefmutter-Held-Konstellation der Jungenmärchen übertragen werden, nicht aber auf die der Mädchen.

21 Hera ist nicht nur eine olympische, sondern ursprünglich eine anthropomorphe, auch eine kosmogonische Figur. Zwar ist sie die »heftigste aller Olympischen Gottheiten«, die mitunter auch handgreiflich wird, aber niemals läßt sie sich »zu unüberlegten oder unwürdigen Handlungen hinreißen … Das Ideal sinnvoller und vornehmer Haltung ist auch in Hera lebendig« (Otto, S. 324). Auch in ihr ist die tiefe Religiosität des archaischen Hellenen eingeschrieben, die im polytheistischen Götterverbund eine Ordnungsmodalität sucht und schafft, die Erfahrungswidersprüchen, existentiellen Ängsten und dem Wissen um die Endlichkeit menschlichen Seins Bild und Sprache gibt. Dies alles hat mit einer negativen Ordnungsmacht, wie sie die Stiefmutter des Märchens darstellt, nichts zu tun.

22 Die entwicklungspsychologische Relevanz dieser Opposition wurde von Norbert Bischof in seinem Zürcher Modell der Distanzregulation ausgearbeitet. Dieses Modell beschreibt auf abstrakter Ebene, was in den Märchen der Kinder narrativ entfaltet wird: die Ambivalenz im Umgang mit dem Unvertrauten und Unbegreiflichen. Vgl.: N. Bischof, S. 493 f.

23 Das Schema: Aufbruch aus dem Elternhaus – Exilierung – Begegnung mit der Fremde oder dem bzw. der Fremden – Bewährung – Heimkehr – wird hier in beachtenswerter Weise verkürzt. Es fehlt die Bewährung; die Heimkehr ist eine Flucht vor der Fremde und kommt einem Ausweichen vor der eigenen Courage gleich. Der Aufbruch – also in entwicklungspsychologischer Deutung die Suche nach Ablösung, Identität, Autonomie – ist lediglich Impuls, nicht aber Motiv und Ziel der Handlung. Für einen Teil der Kinder scheint der Schrecken der Fremde derart überwältigend zu sein, daß sich das Zuhause

Kristin Wardetzky

zum gesicherten Paradies verklärt. Die Schwelle zum »Dämonenland« (Scherf) wird nicht überschritten, die Konfrontation mit dem Dämon nicht gesucht. Es sind verfehlte Aufbruchsversuche. Bezüge zu mythologischen Stoffen sind hier nicht auszumachen.

24 Damit aber bleiben die Protagonisten dieser Geschichten nicht nur allein, sie bleiben vor allem *Kinder*, die an sich selbst das Werk der Erlösung aus infantilisierenden Eltern-Bindungen (noch) nicht vollbracht haben. »Horror alieni« überwältigt sie, und die Antwort ist Abwehr, da vertraute Ordnungsrahmen und pragmatische Leitplanken des Wertens und Handelns zusammenzubrechen drohen. Man könnte unterstellen, daß Kinder, die solche Art Märchen erfinden, mit einem instabilen Selbstvertrauen (oder »Urvertrauen«) zu kämpfen haben und deshalb (vorerst) auf andere/fremde Seins-Möglichkeiten mit Abwehr reagieren müssen. Die (geahnte) Möglichkeit des Andersseins ist für das Subjekt nicht akzeptabel (vgl. Schneider 1996).

25 Auch wenn Jungen signifikant häufiger die Gegenspieler ihrer Helden mit dem Tode bestrafen als die Mädchen, ist in ihren Märchen der Tod dieser Figuren nicht obligatorisch – vgl. Wardetzky 1992, S. 197.

Literatur

Bischof, Norbert: *Das Kraftfeld der Mythen. Signale aus der Zeit, in der wir die Welt erschaffen haben.* München/Zürich: Piper 1996.

Effe, Bernd: »Die Grenzen der Aufklärung. Zur Funktion des Mythos bei Euripides«. In: G. Binder/B. Effe (Hg.): *Mythos. Erzählende Weltdeutung im Spannungsfeld von Ritual, Geschichte und Rationalität.* Trier: Wissenschaftlicher Verlag 1990.

Frenzel, Elisabeth: *Stoffe der Weltliteratur.* Stuttgart: Alfred Kröner 1988.

Fink, Jochen: »Herakles, Held und Heiland«. In: *Antike und Abendland* 9 (1960).

Holbek, Bengt: *Interpretation of Fairy Tales.* Helsinki 1987 (FFC 239).

Kerényi, Karl: *Die Mythologie der Griechen.* Bd. II: Die Heroengeschichten. München: 11. Auflage dtv 1988.

Kirk, Geoffrey Stephen: *Griechische Mythen. Ihre Bedeutung und Funktion.* Reinbek bei Hamburg: rowohlts enzyklopädie 1987.

Kott, Jan: »Die Gesichter des Herakles oder der zerbrochene Mythos«. In: Jan Kott: *Gott – Essen.* Berlin: Alexanderverlag 1991.

Kunisch, Norbert: »Athena und Herakles – Entwicklung bildlicher Mythen im 5. Jahrhundert v. Chr.«. In: G. Binder/B. Effe (Hg.) – s.o.

Lunin, Lorenz: *Zürcher Kinder fantasieren Märchen. Eine Inhalts- und Strukturanalyse.* Lizentiatsarbeit der Philos. Fak. I der Universität Zürich. Zürich 1996 (Man.).

Maranda, Pierre/Köngäs-Maranda, Elli: *Structural Models in Folklore and Transformational Essays.* Den Haag/Paris 1971.

Otto, Walter F.: *Die Götter Griechenlands. Das Bild des Göttlichen im Spiegel des griechischen Geistes.* Frankfurt a.M.: Vittorio Klostermann, 8. Auflage 1987.

Pindar: *Oden.* Übersetzt und herausgegeben von Eugen Dönt. Stuttgart: Philipp Reclam jun. 1986.

Propp, Vladimir: *Morphologie des Märchens.* Frankfurt: suhrkamp taschenbuch wissenschaft 131, 1975.

Röhrich, Lutz:»Märchen – Mythos – Sage«. In: Wolfdietrich Siegmund (Hg.): *Antiker Mythos in unseren Märchen.* VEMG Bd. 6, Kassel: Erich Röth 1984.

Scherf, Walter: *Die Herausforderung des Dämons. Form und Funktion grausiger Kindermärchen.* München u.a.: K. G. Sauer 1987.

Schneider, Gerhard: *Affirmation und Anderssein. Eine dialektische Konzeption personaler Identität.* Opladen: Westdeutscher Verlag 1995.

Snell, Bruno: *Die Entdeckung des Geistes. Studien zur Entstehung des europäischen Denkens bei den Griechen.* Göttingen: Vandenhoeck & Ruprecht, 7. Auflage 1993.

Vries, Jan de: *Betrachtungen zum Märchen.* Helsinki 1954 (FFC).

Vonessen, Franz: *Signaturen des Kosmos. Welterfahrung in Mythen, Märchen und Träumen.* Witzenhausen: Südmarkverlag Michael Fritz 1992.

Wardetzky, Kristin:»Frühe Prägungen? Märchenrezeption und Entwicklung literarischer Interessen«. In: H.-H. Ewers (Hg.): *Kindliches Erzählen – Erzählen für Kinder.* Weinheim/Basel 1991.

dies.:»Die ungleichen Kinder Evas. Geschlechtsspezifika in der Märchenrezeption und -produktion von Kindern«. In:»Wiss. Zeitschrift der Pädagog. Hochschule Erfurt/Mühlhausen«. 28. Jg. 1991, Heft 2.

dies.: *Märchen – Lesarten von Kindern. Eine empirische Studie.* Berlin/Bern u.a.: Peter Lang 1992.

dies.:»Der Prinz mit dem eleganten Blick. Geschlechterstereotype in kindlichen Märchenphantasien«. In: H. Grubitzsch / E. Kaufmann / H. Scholz (Hg.): *Ich will meine Trauer nicht leugnen und nicht meine Hoffnung.* Bochum: Dr. Dieter Winkler 1994.

dies.:»›Da kam ein riesiger Fisch und verschluckte das Mädchen…‹ Märchenphantasien von Kindern aus der DDR und der Schweiz – ein Vergleich«. In: H. Ivo / K. Wardetzky (Hg.): *aber spätere Tage sind als Zeugen am weisesten. Zur literarisch-ästhetischen Bildung im politischen Wandel.* Berlin: Volk und Wissen 1997.

Wilamowitz-Moellendorff, Ulrich von: *Euripides' Herakles.* Darmstadt: Wissenschaftliche Buchgesellschaft 1969.

Heinz-Albert Heindrichs

Verdichtete Kindheit

»Gedichte sind Beschwörungen von vergänglichen Augenblicken. Was aber wäre erinnerungswerter als die Augenblicke der Kindheit« – so leitet Dieter Richter sein Buch »Kindheit im Gedicht« ein, in dem er »Deutsche Verse aus acht Jahrhunderten« versammelt hat und das für jeden, der sich dem Thema nähert, zu einer unschätzbaren Fundgrube wird; es ist in der Tat »ein Lese- und Gedächtnisbuch für alle, die ihre Kindheit, also sich selbst, nicht verlorengeben wollen«.

Es gibt wohl kaum einen Autor, zumal unter den Lyrikern, der sich nicht auf die ersten Bilder und Eindrücke seiner Kindheit besinnt und sie rückerinnernd zu verstehen und zu gestalten trachtet, und vielfach verdankt er ihnen gar die Innovation, das Schreiben überhaupt angefangen zu haben: denn die frühesten Bilder, die wir behalten, leuchten in uns geheimnisvoll fort, aber sie entfalten uns ihren symbolischen Sinn erst, wenn wir dem Kindsein entwachsen sind.

Verdichtete Kindheit – das wäre also ein nahezu unerschöpfliches Thema, wenn mir nicht eine konkrete Aufgabe gestellt wäre, nämlich die, es an den eigenen Gedichten festzumachen. Und wenn ich dabei hier und da über meinen Schatten zu springen habe, so werde ich mich auf die Beobachtung Kierkegaards berufen, daß das subjektivste Betroffensein dem Erkennen der Wahrheit vielleicht am nächsten komme.

Bilder, Spuren, Metaphern, die auf Kindheitseindrücken basieren, sind in meinen Gedichten vielfach zu finden; aber auf der Suche nach ihnen habe ich entdeckt, daß sie sich in fünf Innovationsgruppen einordnen lassen, die mir dabei helfen sollen, das Thema zu strukturieren – und um ein Variationsspektrum in den Gruppen erkennbar zu machen, habe ich aus jeder drei unterschiedliche Beispiele ausgewählt.

Die erste Gruppe besteht aus Gedichten, die ich dem Umgang mit Kindern verdanke – und vor allem sind es die eigenen Kinder, die durch ihr Dasein die Rückkehr von Kindheitserinnerungen gesteigert haben. Ich sehe unser erstes Kind, den Gordian, über eine Frühlingswiese laufen und erlebe, wie das damals dreieinhalbjährige Wesen innehält und, zum ersten Mal in seinem Leben, die Blumen wahrzunehmen beginnt, die da zuvor nicht waren, und sie, ganz nah an die Erde gebeugt, mit staunenden Augen anschaut – ein paradiesischer Zustand erster Naturwahrnehmung, wie auch ich ihn, etwa im gleichen Alter, erleben durfte: Ich bin allein auf einer Wiese, vor mir rauschen sehr hohe Bäume (Pappeln), weiße und gelbe Tiere flattern durch die blaue Luft (Schmetterlinge), und vor mir hebt sich die Erde hoch, und ein schwarzes Etwas (ein Maulwurf) lugt heraus: Unerklärbar geheimnisvoll, eher surreal als real erfaßt, ist mir dieses Bild in starker Erinnerung geblieben. Um aber ein Gedicht auszulösen, mußte es, so denke ich, eine Assoziation oder, genauer, eine »Bisoziation« erfahren: die Verknüpfung nämlich mit einem anderen, entsprechenden Erlebnisinhalt – und so entstand 1963 das Gedicht »Wär ich ein Kind«.

Wär ich ein Kind
und nahe der Erde
erflög mir die Lerche den Himmel
grüb mir der Maulwurf die Burgen die Zelte
höb mir die Schätze
die Welt aus den Angeln

Wär ich ein Kind
umrauschten mich Flügel
wüßt ich die Ziffern der Monduhr
ritt ich mein Traumpferd hinab die Gezeiten
zählt nicht die Jahre
den Hufschlag der Pulse

Wär ich ein Kind
und nahe dem Wasser
hißte mein Auge die Wimpern die Segel
pflügte das Eis und ginge durch Spiegel
schwirrten die Kugeln und drehten die Kreisel
hielt ich die Wurzeln
die Fäden in Händen
ließ alle Drachen ich steigen

An diesem Gedicht habe ich lange gefeilt; denn um seinen Inhalt in der Form zu finden, hatte ich ein Vorurteil zu entkräften, das ich mit mir herumschleppte, seit ich Gottfried Benns Aufsatz »Probleme der Lyrik« studiert hatte. Benn stellt dort die Regel auf, niemals einen Konjunktiv im Gedicht zu verwenden. Ohne seine konjunktivische Konstellation hätte das Gedicht freilich gar nicht entstehen können – wie ja auch Eichendorffs »Mondnacht« nicht. Wer das Gedicht indessen nicht nur liest, sondern es spricht, wird erfahren, daß die Verben, von der zweiten Verseinheit an, nicht mehr nur konjunktivisch, sondern mehr und mehr indikativisch, als Imperfekt wahrgenommen werden – und so läuft die dreimalige konjunktivische Beschwörung nicht nur, wie in den Märchen, auf ein Achtergewicht der Bilder und Zeilen zu, sondern es vermittelt sich durch Verbwahl und Rhythmus am Ende der Eindruck, als habe sich das Kindsein vital wieder eingestellt.

Es muß Ostern 1934 gewesen sein, als mich die Eltern erstmals in die Kirche mitnahmen. Ganz plötzlich brauste die Orgel los. Glocken mischten sich darein, und von der Empore schmetterten die hellen gelben Schreie einer Trompete. Ich war vom Klang so überwältigt, so geblendet, daß auch ich laut zu jubeln, zu schreien begann und mein Vater schleunigst mit mir die Kirche verließ: Es war, wie mir heute erscheint, ein Initiationsvorgang, der mich nicht nur zum Erfinden von Musik, sondern auch zum Schreiben und Malen von Bildern geleitet hat. Als 1965 eine Schützenkapelle lautstark am Haus vorbeizog, und Gereon und Sebastian, unsere Zwillinge, auf die Straße stürzten, um mit den Trompeten, Becken und Trommeln jubelnd um die Wette zu schreien, da entstand das Gedicht »Schützenfest« ganz unmittelbar und sofort. Es bisoziiert die beiden analogen Ereignisse und läßt sie eins werden miteinander:

Mein Kinderhimmel
ausgeschlagen mit blitzendem Messing

Da lief ich
vorm Schellenbaum
jubelnd im Schrei der Trompete
da hüpfte mein Herz auf der Trommel

Gereon und Sebastian waren gerade eingeschult, da entdeckten sie für sich Serge Prokofieffs Musikmärchen »Peter und der Wolf« – zunächst hörten sie nur immer wieder die Platte mit der imponierenden Erzählerstimme von Mathias Wieman an, schließlich aber begannen sie, ganz aus sich selbst und ohne daß ihnen das jemand gezeigt hätte, die Figuren zu tanzen: den quirligen Vogel, die näselnde, torkelnde Ente, die Katze auf ihren weichen Samtpfoten, den grimmigen Wolf und den schwerfälligen Großvater. Sie stapften und tanzten durch die Wohnung mit einer Grazie, mit einer so vollkommenen Sicherheit des mimischen und musikalischen Ausdrucks, daß wir uns als Zuschauer ganz stumm verhielten, um den Zauber ja nicht zu stören: Das Gedicht »Von den Kindern« ist, mehr als dreißig Jahre später, eine ferne, verklärte Erinnerung daran.

Als sie die Tiere tanzten
Hörner Klarinen
Oboen

den Wolf die Katze
das Entlein
waren auch wir im Zauber

weißt du es noch

Eine zweite Gruppe bilden solche Gedichte, in denen eigene Kindheitserfahrungen zur Sprache kommen. Hier spielen die Märchen immer wieder eine Rolle, und ich denke, daß die frühe Berührung mit ihnen für mein späteres Bemühen um Bilder und Symbole den Grundstein gelegt hat. Vorgelesen wurde in der Küche, und zwar immer vom Vater, während die Mutter am breiten Herd hantierte, Stuten backte oder Bratäpfel auflegte, die in den Märchenpausen mit Zimt und Honig verzehrt wurden: jedenfalls gehören die Düfte und diese Geborgenheit in der Küche zu meinen vorschulischen Märchenerinnerungen. Allzubald ging dieses Geborgensein verloren, als nämlich Krieg und Bomben uns obdachlos machten. Im Gedichtband »Zauber Märchen Gedichte« (Rheine 1997) habe ich an die fünfzig Gedichte versammelt, die sich Märchenbildern verdanken, und eines der fraglosen, das keiner Erklärung bedarf, ein Frau-Holle-Gedicht, soll hier als Beispiel stehen; es hat den Titel »Mit Gold und Marie«:

Nicht mehr erklären
was war oder
sein wird
jetzt
und jetzt
den brennenden
Bildern vertrauen

wie Kinder
fraglos
springen durch Reifen

Eine Quelle zur Findung von Metaphern ist das Spiel, sind die Spiele, die wir als Kinder so intensiv und zweckfrei zu spielen vermochten, daß wir Zeit und Umgebung darüber vergaßen – und vielleicht sind die Sprachspiele der Gedichte ja so etwas wie die Fortsetzung der Kinderspiele geworden. Ein Spiel hieß »Himmel und Hölle«, im Rheinland auch »Hüppekästchen« genannt: Mit Kreide wurden Kästchen auf den Asphalt gekritzelt, die insgesamt die Form eines Kreuzes bildeten. Das unterste Kästchen war die Hölle, das oberste der Himmel, und das Spiel bestand darin, die Kästchen nach wechselnden Spielregeln herauf- und herunterzuhüpfen, ohne auf die Kreidelinien zu treten; wer es tat, kam in die Hölle und mußte aussetzen. Ich selbst war keiner von den guten Hüpfern, kam früh in die Hölle und hatte dann ein Schuldgefühl. Jahrzehnte später hat mir das Gedicht »Komm wir hüpfen« die metaphysische Dimension dieses Spiels aufgestoßen, die ich ja auch als Kind geahnt hatte.

Komm wir hüpfen
Himmel und Hölle
weiß schimmert
die Kreide
im schwarzen Asphalt
komm auf das Kreuz
die Angst
hat vernagelte Flügel
komm es wäscht
uns einer
die Linien fort
auf die wir getreten

Fast jeder hat es schon erlebt, wie durch einen Klang, eine Speise, einen Duft plötzlich ganze Bilderketten an Erinnerungen im Gedächtnis wachgerufen werden, vor allem solche aus der Kinderzeit: Von synästhetischen Erfahrungen dieser Art sind meine Gedichte immer wieder durchsetzt. Das Gedicht »Paradiesäpfel« entstand im Bauerngarten von Margarete Möckel in Pommersfelden: Dort rochen die Tomaten noch einmal so betörend wie in Vaters kleinem Gemüsegarten, wo ich als Kind zwischen den mannshohen Stauden umhertappte.

Über das Riechen
kommen die Bilder herauf

ich sehe mich
zwischen Tomatenstauden
von wildgrünen
Düften
betört umschlungen

damals
war ich ein Kind
der roten Verführerin
Erde nah

Die dritte und vierte Gruppe haben mit Vater und Mutter, aber auch mit den Großeltern zu tun. Vater hatte seine erste Anstellung als Lehrer in Meschenich, einem kleinen Dorf zwischen Brühl und Köln. Handwerklich geschickt, stellte er mit den Schulkindern bunte Martinslaternen, Windräder und vor allem Flugdrachen in den abenteuerlichsten Formen her. Auf der Mansarde unseres Hauses gab es einen Raum, in dem wir beide viele Tage mit Schneiden, Kleben und Laubsägearbeit zugebracht haben. Das Gedicht »Mit Vater« holt diese Erinnerungen zurück, bisoziiert sie aber dann mit dem Dädalosmythos und gewinnt dadurch erst seine Qualität. Das mythische Bild hebt das Vergangene schlagartig ins Gegenwärtige, ins Präsens – der Leim- und Holzgeruch ist da wie ehedem.

> Mit Vater
> das Windrad gebaut
> den rotschwänzigen Drachen
>
> es muß Herbst gewesen sein
> wir liefen auf gelben
> Stoppeln
> das Drachenseil
> zerrte in meinen Händen
>
> Dädalustag
> die stürzende Sonne
>
> es riecht
> nach Laubsägeholz und Leim

Vor Großvater Heinrich, dem Vater meiner Mutter, hatte ich als Kind gewaltigen Respekt; sein langer, nikotingelber Bart, seine grünen Lodenkleider, die Jagdflinte und die ausgestopften Jagdtrophäen im dunklen Flur flößten mir Angst ein, und dabei war sein großer Garten an der Sieg, mit fünfhundert Obstbäumen und einer großen Mauer darum, für mich der Inbegriff des Paradieses. Im Frühjahr sah ich ihn von der Leiter winken, wenn er die kranken Äste aus den Bäumen schnitt und ich durch die Krokuswiese lief, die von Maulwürfen durchpflügt war. Das Gedicht »Krokuswiese« entstand 1995 im Tagungshaus »Die Hegge« bei Warburg, wo ich unvermutet vor einer solchen maulwurfdurchwanderten Krokuswiese mit Apfelbäumen stand und mir ein bärtiger Mann von der Leiter herab zuwinkte – es war, als wiederhole sich eine Kinderparadiessituation nach nahezu sechzig Jahren. Dabei ist Großvaters Paradiesgarten real und schon lange für immer verloren: Über ihn wälzt sich heute die Köln-Bonner Autobahn.

Heinz-Albert Heindrichs

Blau wandert zu Grün
und grün zu Blau

im Märzwind
mit Pfeife und gelbem Bart
bist du es
auf schwankender Leiter
der nach mir winkt
aus einem verlorenen Garten
Großvater

stumm hebt der Maulwurf
die Erde aus

Das dritte Vatergedicht möchte ich mir für zuletzt aufbewahren, weil
es den Kreis meiner Betrachtung am besten schließt; und so komme
ich ohne Umschweife zu den Gedichten für meine Mutter, von denen
das erste eine Glückssekunde festzuhalten sucht, für die ich manchmal wach blieb und mich schlafend stellte, um sie dann stumm am
Rand der Nacht zu erleben.

Sekunde
erinnerten Glücks

Mutter
beugt sich
in meinen Schlaf

ihr Atem streift mich
im Dunkel

Aus den ersten Monaten meines Lebens gibt es keine Fotos; erst spät
erfuhr ich, warum: Mein Kopf war, nach einer schwierigen Zangengeburt, vielfach verletzt, und die Narben sind noch heute zu sehen.
Kunst hat vor allem mit Psyche zu tun, und wer schreibt und dabei
nach Wahrheit sucht, der muß sich selbst auf die Spur kommen:
Warum nur die Angst beim Sprung ins Wasser – warum die Vorstellung, Form erst unter Druck zu gewinnen, um sie dann ins Offene
stürzen zu lassen – warum bedarf ich des künstlerischen Ausdrucks
überhaupt – wiederhole ich da etwas, das ich existentiell noch nicht
bewältigt habe: meine Geburt? Das Gedicht »Aus der Rosenschlucht« versucht, das Unbewältigte auszusprechen, und es ist doch
zugleich auch ein Liebesgedicht.

Dein zierlicher Körper
Mutter
daraus gewaltsam

mein Kopf
mit dem Trauma
der Zangengeburt
um Sprache und Bilder
ringend
gegen die Narben
nachtlang dornenlang
Mutter
immer noch
stürzt der Raum
aus der Rosenschlucht
strömen
verschwiegene Schmerzen
deine und meine

Als Mutter starb, war sie altersverwirrt und halbblind, und die Bilder ihres Elends waren schmerzlich mitzuerleben; sie haben die Erinnerung lange Zeit allein geprägt. Um so glücklicher bin ich, meine Mutter mehr und mehr wieder als junge Frau, so wie in den Kindertagen, vor mir zu sehen. Das mag natürlich daran liegen, daß auch ich älter werde und das Kurzzeit- vom Langzeit-Gedächtnis eingeholt wird, was Probleme ergeben kann. Mit dem Gedicht »Mehr und mehr« habe ich freilich gezielt die Gelegenheit wahrgenommen, das Bild der jungen, ja sogar erst werdenden Mutter in mir festzuschreiben, was die Fotografie ja möglich macht.

Meine schöne junge Mutter
aus dem Apfelgarten
an der Sieg
von da
brachte sie mit
ihre Ahnung vom Paradies

Meine alte halbblinde Mutter
tastete über die Flure
des Heims
in dem Erwarten
sie laufe wieder zum Fluß
an der alten Mauer
entlang

Mehr und mehr
seh ich dich strahlen Mutter
in deinem Apfelgarten
so wie du Vater
angeblickt

> und ich
> ungeboren wartete
> hinter der Biegung des Flusses –

Eine fünfte Gruppe von Gedichten will auf der Suche nach dem Woher und Wohin noch weiter vor und noch weiter zurück; in ihnen geht es um eine Ahnung vorgeburtlicher Bilder, und ihre Übergänge zu den Muttergedichten sind fließend. Als Musiker, als Komponist, der ich geworden bin, weiß ich aus eigener Sinneserfahrung, daß das Ohr mehr zu hören als das Auge zu sehen imstande ist. Klinische Beobachtungen haben ja erwiesen, daß die ersten und die letzten Wahrnehmungen, die wir machen, die des Hörens sind – und zwar lange ehe wir das Licht der Welt erblickt und lange nachdem wir es wieder verloren haben. Also muß ich mich, um Zusammenhänge früher zu erahnen, dem Ohr anvertrauen, wie es beim Gedicht »Im Anfang« geschieht.

> Im Anfang
> vor aller Angst
>
> ehe
> das Licht
> die Augen durchschoß
> träumte das Ohr
> die dunkle
> Trommel
>
> darum gehört
> die Nacht der Musik

Ähnlich verhält es sich bei der »Regennacht«: Aufgewacht in der Finsternis, ist da nichts als das endlose Rauschen des Wassers, aber das Ohr vernimmt mehr – es assoziiert Bilder einer Genesis, und der Regen wird zur Metapher für Anfang.

> Aufwachen
> im rauschenden Weiß
>
> fern
> aus der Kindheit
> leuchten zarte Gewitter
>
> wo bist du
> schwebender Geist
> ich Erde will Atem schöpfen
>
> aus Himmeln
> reingewaschener Luft

Es ist das Ohr, das diese Perspektive eröffnet: Analog dem *weißen Licht*, der Summe aller Farben, kennt der Musiker das *weiße Rauschen* als die Summe aller Frequenzen, das rauschende Weiß weckt sogleich die Vorstellung des Anfangs, aus dem zarte Gewitter herleuchten, und in der Anrufung des Geistes, der über den Wassern schwebt, wird in der Tat der Anfangssatz der Genesis beschworen – wobei ›ruach‹, das hebräische Wort für unseren germanischen Wortstamm ›Geist‹, nichts weniger als Atem, Wind, Geist und Seele in einem bedeutet: »ich Erde will Atem schöpfen«.

Daß das Leben selbst ein vorgeburtlicher Zustand ist und erst der Tod der eigentliche Geburtsvorgang – eine solche Vorstellung legen die Bilder in die »Regennacht« durchaus nahe: Ein erwarteter Neuanfang wird in Analogie gesetzt zum erinnerten Anfang, und die Suche nach der Kindheit erscheint so in die Zukunft projiziert. Unter meinen Gedichten gibt es erstaunlich viele, die genau dies tun, zum Beispiel das Gedicht »Fliegen«; ich verdanke es einem Flug von Düsseldorf nach Berlin, bei dem uns Passagieren der Atem stockte, als das Ziel nur durch den dichtesten Nebel zu erreichen war.

> Fliegen im Nebel
> ins Atemweiß
>
> die Flugzeit rinnt
> in gezupfte
> Watte
>
> Starten Landen
> das Ende
> wird sein wie Geburt
> blind ohne Augen
> Erwartung
>
> Angst
>
> im Fallwind
> schwirren die Flügel

Wieder das Weiß – Anfang oder Ende? Es sind keine Farben da, keine Augen. Ein Bogen spannt sich bis zur Zeile »Erwartung«, und zwar in drei Verseinheiten von zwei, drei und fünf Zeilen, den Maßzahlen des Goldenen Schnitts, die sich, als arithmetische Reihe, ins Unendliche fortsetzen würden – aber da bricht der Bogen ab und staut sich in der einen Zeile »Angst«: Der Form nach ist dies wohl ein Geburtsvorgang, und zwar aus der Sicht des noch ungeborenen Wesens – und ob es weiter geht, nimmt nur das Ohr wahr: »im Fallwind schwirren die Flügel«.

Zum Ende steht noch das dritte Vatergedicht aus; es schließt den Kreis insofern, als es mit dem kindlichen Anfang meiner Gedichte selbst zu tun hat. Es war im Frühjahr 1938, an einem Sonntagmorgen, als mich meine Eltern bis zum Mittag allein im Haus ließen, was sonst nie geschah; sie versorgten mich mit Kinderbüchern, Malstiften und Papier, und eine Zeitlang las und malte ich auch. Aber die ungewohnte Stille im Haus ließ mich mehr und mehr auf das Draußen, aber wohl auch auf mich selbst hören – und ich kann nicht sagen warum: auf einmal begann ich, ohne jeden ersichtlichen Grund, ein Gedicht zu erfinden, mein erstes Gedicht, und das überraschte, freudig-erregte Gesicht meines Vaters, als er das Blatt entzifferte, ließ mich ahnen, daß etwas Wichtiges in mir passiert war. Nach Vaters Tod fand ich das Blatt, zusammen mit seiner datierten Abschrift, in seinem Schreibtisch wieder.

Der Morgen

Die Nacht ist schon vorüber
die Sonne geht schon auf
der Morgen kommt schon wieder
der Nebel steiget auf.

Die Vöglein in den Zweigen
die recken sich empor
und fliegen jetzt im Reigen
und singen dann im Chor.

Wir kommen aus den Betten
und ziehen uns jetzt an
das Hündchen an den Ketten
bellt alle draußen an.

Die Hühner aus dem Stalle
der Hahn schreit Kickricki
und wir wir freun uns alle
und lachen mit hi hi.

1938

Fast sechzig Jahre danach entstand das Gedicht, das ich wie keines sonst meinem Vater widmen möchte; denn er war es, der mir die Spur gelegt und sie gesichert hat.

Mein erstes Gedicht

schrieb ich
mit sieben Jahren

Vater bewahrte das Schulheft
und hat es datiert

heute
staune ich
über die Sprache
die Klarheit der Bilder
und denke viel weiter gekommen
bin ich nicht mehr
als im Kreis

mag sein
daß ich Gedicht
um Gedicht auf der Suche war
nach diesem Kind
in mir

1998

Heinz-Albert Heindrichs

Literaturangaben zu den Gedichten

»Der Morgen«, Faksimile (1938)

Heindrichs: *Frühbuch, Gesammelte Gedichte I.* Recklinghausen 1992.
»Wär ich ein Kind« (1963, S. 28)*
»Schützenfest« (1966, S. 29)*

Heindrichs: *Siebenbuch, Gesammelte Gedichte II.* Recklinghausen 1991.
»Sekunde« (S. 57)
»Mit Gold und Marie« (S. 98)*
»Komm wir hüpfen« (S. 144)*
»Aus der Rosenschlucht« (S. 165)
»Fliegen« (S. 195)

Heindrichs: *Spätbuch, Gesammelte Gedichte III* (i. Vorb.).
»Mit Vater« (1992)
»Paradiesäpfel«
»Im Anfang« (1993)
»Von den Kindern« (1995)*
»Krokuswiese«*
»Regennacht« (1998)
»Mein erstes Gedicht«
»Mehr und mehr« (1999)

Die mit * bezeichneten Gedichte stehen auch in:
Heindrichs: *Zauber Märchen Gedichte.* Rheine 1997.

KINDERMÄRCHEN

Linde Knoch

»Glaubst du, daß ein Apfel gesund machen kann?«

Wie Kinder Märchen hören

»Glaubst du, daß ein Apfel gesund machen kann? Glaubst du es wirklich?« So fragte mich eine Achtjährige mit großem Ernst. Es war deutlich: Sie wollte *wissen*, was sie bisher ohne Zweifel *geglaubt* hatte.

Über das Märchenerzählen und die zuhörenden Kinder sprechen ist wie ein gemaltes Essen: Dem Märchen fehlt dabei der schöpferische Klang und die dadurch ausgelösten, in den Mienen sichtbaren seelischen Regungen; dem Essen fehlen Duft und Geschmack. Obendrein: Wissen wir trotz sichtbarer Reaktionen, wie die gehörten Märchen aufgenommen werden? Es bleibt letztlich ein Geheimnis. Das erzählte Märchen rührt ja nicht nur bewußte, sondern vor allem unbewußte Schichten an, und wenn auch ein Schimmer davon in den Gesichtern auftaucht, weiß man als Erzählerin doch, daß die Aufnahme und Verarbeitung des Gehörten längst nicht mit der Hörzeit und einem eventuell angeschlossenen Spiel oder dem Malen beendet ist. Unserem eigenen Bewußtsein und Seelenleben liegen Gedanken, Gefühle und Willen von Kindern so fern, daß wir uns nur Schritt für Schritt einen Zugang in dieses Gebiet suchen können. Frühe Kindheitserinnerungen können helfen – die Vergegenwärtigung nicht nur dessen, *was* damals geschehen ist, sondern *wie* wir es *erlebt* haben.

Ich spreche hier gleichsam fragend von meinen Erfahrungen als Märchenerzählerin mit Kindern und suche Antworten bei Kennern der kindlichen Seele. Ich bin mir bewußt, dabei an der Oberfläche des von mir mit den Kindern Erlebten zu bleiben. Jedes Erlebnis wäre wert, einzeln und bis auf den Grund angeschaut zu werden.

Was ich sagen will, gleicht einem Gewebe mit Kett- und Schußfäden: Die Berichte meiner Erlebnisse beim Märchenerzählen sind die Kettfäden, längs nebeneinander gereiht als Fragen an Kenner der menschlichen Psyche. Antworten fand ich bei dem Kulturphilosophen Jean Gebser[1] und aus psychologischer Sicht bei Carl Gustav Jung[2], Erich Neumann[3] und Hans Dieckmann[4]. Ich füge sie gleichsam als Schußfäden zwischen die Kettfäden ein. Sie machen das darin angelegte Muster erst sichtbar. Den Zitierten gemeinsam ist die Annahme einer Analogie der Entwicklung von Menschheit und einzelnem Menschenwesen. Dieser These folge ich und bin mir bewußt, daß sie heute bereits in Frage gestellt wird.

Jean Gebser beschreibt die Entfaltung des Bewußtseins der Menschheit und des Menschen in mehreren Schichten: der *archaischen* folgen die *magische*, die *mythische*, die *mentale* und die *integrale*. Die letzte tritt aber in der Entwicklung eines Kindes nicht auf und bleibt deshalb bis auf einen kleinen Ausblick unberücksichtigt. Die Psychologen weisen uns außerdem darauf hin, daß äußeres Weltgeschehen im Inneren des Menschen seine Entsprechung findet. Hans Dieckmann sagt es so: »Der Mensch steht innerhalb seines Lebens nicht nur der großen Aufgabe gegenüber, seine Umwelt zu erfahren, zu bestehen, zu bewältigen und zu gestalten, sondern er muß gleichzeitig eine zweite, mindestens genauso große Aufgabe erfüllen, die in der Bewältigung und Gestaltung seiner eigenen Innenwelt besteht.«[5] Märchen wie auch Mythos und Religion sind als Bestandteil dieser Innenwelt zu verstehen und als ein Mittel, sie zu gestalten. In der Innenwelt existieren ja alle sonderbaren und verwunderlichen Dinge tatsächlich, die in den Märchen vorzukommen pflegen, wie es uns auch die Träume zeigen. »Die Figuren und Gestalten des Märchens sind Personifikationen von inneren seelischen Bildungen und Verläufen. Sie nehmen stellvertretend den Platz ein für etwas, was sich im Menschen an seelischer Dynamik abspielt.«

Ich möchte betonen, daß ich in der Aufstellung von Jean Gebser zu Mensch- und Menschheitsentwicklung (archaisch – magisch – mythisch – mental – integral) keine Systematisierung nur in zeitlicher Abfolge verstehe. Der Mensch durchläuft zwar die einzelnen Bewußtseinsstufen in seinem Leben, aber er behält von jeder auch zu jeder Zeit eine Schicht in sich. Ein mehr oder weniger seiner selbst bewußter Erwachsener muß sich mit unbewußten instinktiven und triebhaften Gegebenheiten seiner Natur auseinandersetzen. Kinder sind diesen Kräften sehr viel stärker ausgeliefert als Erwachsene. Märchen bieten dem Kind die Möglichkeit an, diesen Kampf zu bestehen.

»Glaubst Du, daß ein Apfel gesund machen kann?«

Betrachten wir als erstes die *archaische* Bewußtseinsstufe. Sie zeichnet sich aus durch einen Ganzheitsbezug mit der Umwelt, der Geist ist noch gar nicht bewußt, sondern völlig unbewußt, nur ahnend, all-bezogen, kosmisch, sozusagen noch nicht auf der Erde angekommen – so sagt es Jean Gebser. »Das Kinderseelenleben (kann) seinen archaischen Charakter nicht verleugnen«, so C.G.Jung.

Eine Mutter von zehn Kindern erzählte mir einmal, daß sie beim Märchenvorlesen natürlich keine Rücksicht auf die Altersstufen der Kinder habe nehmen können. Das Jüngste habe, als es kaum reden konnte, gesagt: »Die Märchen waren immer da, ich auch.« Das klingt, als wisse das Kind mehr über sein vorgeburtliches und über das Dasein der Märchen als manch einer von uns. Kinder auf der archaischen Bewußtseinsstufe scheinen mehr zu wissen, als wir denken können.

Zu einer Erzählstunde – angekündigt für Kinder ab vier Jahren – erschien eine Mutter mit einem knapp dreijährigen Töchterchen. Als Erzählerin war ich darüber nicht froh, meint man doch zu wissen, daß die Kleinen noch gar nichts davon haben, daß sie nicht lange still sitzen können, die älteren zuhörwilligen Kinder stören und … Nun ja, man duldet sie; wo sollen die Mütter die Kleinsten lassen, wenn sie ihre Größeren zur Märchenstunde begleiten. In diesem Fall hat das Kind sich an seine Mutter gekuschelt und während der ganzen Erzählzeit nicht gemuckst. Am Ende nahm es seine Mutter bei der Hand und zog sie stillschweigend nach vorn. Hier löste sie sich nicht von der Mutter, krabbelte aber auf meinen Schoß und schmuste innig mit mir. Und dann sagte das Kind ohne Verlegenheit und so, daß die Mutter es auch hörte: »Ich hab' dich viel lieber als meine Mama.« Zuerst verschlug's mir den Atem: Nie war ich ein besonderer Magnet für kleine Schmusekatzen, und nun krabbelte mir eine auf den Schoß und erklärte mir ihre Zuneigung auch noch verbal! In der nächsten Sekunde erfaßte ich intuitiv, was da geschah: Das Kind meint nicht mich, und ich sage: »Du hast das Märchen so lieb?« Es nickt mit dem Kopf, der mir an der Schulter liegt, und ich erkenne mit einem Seitenblick auf die Mutter, daß sie verstanden hat, was in ihrem Kind vorgeht. Es trennt nicht zwischen dem Märchen und der Person, die es erzählt, beides ist ihm eins. Das Kind hat zwar »ich« gesagt: »Ich hab dich viel lieber als meine Mama.« Aber die Phase der Eigen- und Selbstwerdung zu einem isolierten Ich ist noch nicht abgeschlossen. Die Mutter wird äußerlich nicht losgelassen, und dadurch, daß das Kind in körperlicher Verbindung mit ihr etwas ausspricht, was der Mutter schmerzlich sein könnte, zeigt es auch das innere Einssein mit ihr. Der Verstand hätte vielleicht so formuliert: »Du bist meine liebste beste Mama, wenn du mir Märchen erzählst.« Das Kind *meint* seine Welt *real*, aber sie *ist* eine *symbolische* Welt. Deswegen müssen seine Aussagen immer auch symbolisch verstanden und gedeutet statt rationalistisch interpretiert werden.[6]

Jean Gebser beschreibt den Menschen der *magischen* Strukturebene als einen, der nicht mehr in der Einheit lebt, sondern Einheit durch Einigung erstrebt. Er ist mit der Natur verbunden, schlafwandlerisch, vorrational, vorkausal und analogisch (entsprechend), mit Einfühlungsvermögen versehen, Idole und Rituale liebend. Zur magischen Bewußtseinsstufe lieferten mir Kinder verschiedenen Alters Beispiele durch ihre Offenbarung unbewußter Wesensanteile ihrer selbst.

Alle Kinder lieben das französische Märchen »Die drei kleinen Hühnchen«[7]; ich habe noch keines erlebt, das es nicht mochte. Wenn ich nach mehreren Märchen frage: »Welches war das schönste?«, dann steht das von den drei kleinen Hühnchen meist an erster Stelle. Die Hühnchen sind von Vater und Mutter aus dem Haus gejagt worden: ein Bild für das verlorene Paradies, die Absonderung, die nicht mehr bestehende Einheit. Sie sind traurig, aber dann machen sie sich auf den Weg und gehen in die Welt. Das ›jüngste‹ wird von den beiden anderen im Stich gelassen. Da taucht Hilfe auf, nicht nur Hilfe in der Not des Alleingelassenseins, es folgt auch Bestrafung der beiden egoistischen Hühnerschwestern: Der Wolf frißt sie. Allein die letzte Behausung, das Schlößchen des kleinen weißen Hühnchens als Bild für die neugewonnene Sicherheit kann der Wolf nicht zertrampeln. Wie ist die Beliebtheit dieses Märchens bei den Kindern zu verstehen?

»Der natürliche Verlauf des Lebens verlangt zunächst vom Menschen das Opfer seiner Kindheit und seiner kindlichen Abhängigkeit von den leiblichen Eltern [….]. Durch die Abtrennung von den Dämmen der Kindheit wird ein autonomes Bewußtsein erstrebt.«[8] Die kindliche Angst führt da, wo sie als normale und entwicklungsnotwendige Angst auftritt, zu einer fortschreitenden Ich-Stärkung. Den zuhörenden Kindern rollen keine Tränen über die Wangen, wenn ich erzähle, daß Vater und Mutter die Hühnchen aus dem Haus gejagt haben. Aber aus Sorge um das dritte Hühnchen, das kleine weiße, das allein und schutzlos im Wald in der Dunkelheit sitzt und weint, geschieht es immer wieder, daß einigen Kindern beim Zuhören die Tränen aus den Augen kullern. Wenn der Wolf vor dem Schlößchen auftaucht, schütteln sie beschwörend den Kopf. Sie sind »in der Zeit, wo das Wünschen noch geholfen hat«. Und wenn es geglückt ist, daß das weiße Hühnchen sich vor dem Wolf behaupten kann, dann trampeln sie ihn voller Hingabe zu Tode. Sie leiden nicht *wie* das weiße Hühnchen, sie *sind* es, sie sind ergriffen. Es wird hier ja die Ablösungsgeschichte des Kindes von den Eltern schlechthin erzählt, ein Erleben, das jedes Kind durchleidet und durchsteht.

Es ist auffallend, daß die Kinder in dieser Phase sich gern mit Tieren identifizieren. Das Kind entwickelt eine gewisse Eigenaktivität, die Erich Neumann als animalisch bezeichnet, weil sie noch nicht die für die menschliche Art charakteristische Verbundenheit mit dem Bewußtsein hat. Das Kleinkind haftet nicht mehr, wie die Pflanze an der Erde, gänzlich an der Mutter, sondern sein Erfahrungskreis erweitert sich, indem es frei beweglich wird.

C. G. Jungs These stimmt damit überein: »... das kleine Kind ... ist noch eins mit der Tierseele, d.h. so unbewußt wie diese.«[9] Hören kleine Kinder aus diesem Grund so gern Märchen, in denen die Protagonisten Tiere sind? Tiere repräsentieren ihre Persönlichkeitsanteile oder die eigenen Instinkte. Wenn sich ein Kind mit dem kleinen weißen Hühnchen identifiziert, dann entspricht sein magisches Tun (bekräftigendes Kopfschütteln, Füßetrampeln) einer Stufe, in der die Wirklichkeit noch nicht objektiviert wird und noch nicht unabhängig existiert. Sein Tun gleicht einem beschwörenden Ritual.

Eine Kompensation findet beim darstellenden Spiel statt: Nach dem Erzählen von Stompe-Pilt[10], einem norwegischen Märchen, in dem der gewitzte kleine Hirte den tumben Riesen besiegt, forderte ich die Kinder zum Rollenspiel auf. Sofort springt ein zierliches kleines Mädchen auf und ruft mit piepsiger Stimme: »Ich bin der Riese!« Natürlich kommt Protest von den großen Jungen, aber das Mädchen weiß sich zu behaupten (die Rolle des gescheiten Hirten hätte ihr gut gestanden). Und sie spielte den Riesen, sie spielte ihn riesig! Eine Kompensation, wenn man weiß, daß dies Kind der Nachkömmling in der Familie ist und immer »das Kleine« genannt wurde. Jedes Kind ist in der Umgebung von Erwachsenen verleitet, sich als klein und schwach zu betrachten. Da ist das Riese-Spiel eine willkommene Gelegenheit, sich einmal groß zu fühlen. Märchen sind nicht nur ein wunderbares Mittel, um sich abzureagieren an gedankenlosen Erwachsenen, »sondern wir können die Figuren des Märchens in die Innenwelt des Kindes selbst verlegen. In einer Figur verkörpert sich ein dem Kind innewohnendes Problem.«[11] Dann wäre in dem zierlichen kleinen Mädchen doch der tumbe Tor versteckt, mit dem sie noch nicht gegen die gewitzten ›Großen‹ ankommt. Auch die Identifikation mit einem kleinen schwachen Wesen, das am Ende Macht und

Anerkennung gewinnt, kann das Kind zur geglückten Autonomie führen. Das Kind setzt sich ein Ziel, bei dem es der Umwelt überlegen erscheint, und es wächst daran. (Ein Beispiel: »Der Kobold und die Ameise«[12], eines jener Märchen, in denen das kleine gewitzte Tier sich als Helfer den Großen, Starken überlegen zeigt.)

Einen Ausgleich erfuhr ein Kind, das von Eltern und Lehrern als Störenfried, ja als Zerstörer erlebt wurde. Zum Abschluß einer Freizeitwoche in einem Landschulheim sollten den Schülerinnen und Schülern der vierten Klasse Märchen erzählt werden. Eine Lehrerin schilderte einen Jungen als Rabauken, der während der Erzählstunde gewiß stören würde, sie müsse ihn allein in einem Raum betreuen. Im Vertrauen auf die Kraft der Märchen überredete ich die genervte Lehrerin, ihn teilnehmen zu lassen. »Der Eisenhans«, KHM 136, ist ja die rechte Kost für dieses Alter. Während der Erzählstunde geschah nichts Auffälliges, aber auch gar nichts, so daß ich hinterher wissen wollte, wer und wo denn der ›Störenfried‹ gewesen sei. Da hörte ich das erstaunte Bekenntnis: »Ich habe ihn selbst nicht wiedererkannt! Er saß da mit weiten Augen und offenem Mund und hat zugehört wie ein trockener Schwamm.« Hinterher ist er zu mir gekommen und hat mir etwas schenken wollen, einen in der Eifel tags zuvor gefundenen glitzernden Stein. »Kannst du dich denn davon trennen?« hab ich ihn gefragt. »Nicht gern«, hat er gesagt, »aber es war so toll«. Bei einem späteren Besuch in der Schule bekam ich ein Bild von ihm zu sehen, das er zum Eisenhans-Märchen gemalt hatte: Es zeigte einen starken König. Das innere Bild, das dieser Junge von sich selbst hatte, setzte er um in das äußere. Die Sprache der Bilder ist ja die ureigene und früheste Menschensprache, und Kinder beherrschen sie bei ihrer Lust auf Identifikation, ihrer Lust auf Vorbilder – wenn wir sie nur immer richtig verstünden! »Die Not, als eine der großen Lehrmeisterinnen der Menschheit, führt im Märchen die unfreiwilligen Helden ihrer Aufgabe zu«, so sagt Hans Dieckmann, und man möchte hinzufügen, nicht nur den unfreiwilligen Helden im Märchen ergeht es so, sondern auch jenen Menschenkindern, die eher als Störenfriede denn als Helden angesehen werden. Erich Neumann spricht davon, daß »Macht und Herrschaft sowohl über die Natur außen wie über das Unbewußte innen … die Aufgabe (sei), sich be-herr-schen zu können, eines der wichtigsten Ziele des Ich-Bewußtseins«, um selbst herrschen zu dürfen.

Zur *mythischen* Bewußtseinsstruktur im Menschen formuliert Jean Gebser folgendes: Die Seele hat die Fähigkeit zur Imagination, es gibt sozusagen Bewußtseinsmöglichkeiten durch Ergänzung und Entsprechung. Der Bewußtseinsgrad entspricht dem Traum, die Denkformen sind irrational, unkausal und polar, die Ausdrucksform ist symbolisch. Ich nenne die Fähigkeit des Kindes oder des kindlichen Aspektes im Menschen auf dieser Bewußtseinsstufe das Verstehen mit der Seele.

Ein Mädchen, sieben Jahre alt, kam regelmäßig zur Erzählstunde in die Bücherei, obwohl – oder gerade weil – sie zu Hause Märchenkassetten besaß und hörte. Als ich einen der bekannten Klassiker, »Der Froschkönig«, KHM 1, ankündigte, sagte das Mädchen gelangweilt: »Kenn' ich, hab ich auf Kassette.« »Gut, dann paß auf, ob es auf deiner Kassette genauso erzählt wird, wie ich es jetzt erzähle« – so mein Vorschlag. Das Mädchen schickte sich drein, ja, sie hörte anfangs aufmerksam, später gebannt zu. Ich erwartete ihr kritisches Urteil. Würde sie mir sagen, daß mein Text nicht stimme? Weiß man doch, wie sehr und zu Recht Kinder auf dem immer gleichen Wortlaut bestehen; die Kassette hatte sie sicher schon x-mal gehört. War das Märchen durch Musikumrahmung oder -untermalung vielleicht besonders spannend gestaltet? Oder: Sollte es sogar der Grimmtext und gut gesprochen sein? – Zunächst sagte das Mädchen nichts, sie schien innerlich beschäftigt und hatte die anfängliche ablehnende Haltung vergessen. Als ich sie schließlich fragte: »Nun, wie war's?«, da antwortete sie frisch: »Es war anders als auf meiner Kassette, aber du hast es richtig erzählt.« Die Betonung lag auf *richtig*. Woher dies Urteilsvermögen? Das Kind hatte sicher keine vergleichenden Textstudien betrieben. Also bin ich – durch Beispiele schlechter Aufnahmen natürlich voreingenommen – auf eigene Vorstellungen angewiesen. Gab die Kassette einen verdorbenen Text wieder? War die Stimme suggestiv und verstellt, die Sprache pathetisch oder dramatisch? Das Erzählte vielleicht unpassend mit Musik unterlegt oder unterbrochen? – Es gibt viele Möglichkeiten, das Märchen nicht *richtig* zu erzählen, so war ja ihr Ausdruck, und mehr sagte sie dazu nicht. Vielleicht war der Grundton nicht getroffen, kein Spannungsaufbau gelungen, die bildhafte Sprache ersetzt durch Begriffssprache, die Sprachmelodie eintönig, vielleicht konnte das ›tote‹ Erzählen eines technischen Hilfsmittels nicht standhalten gegenüber dem ›lebendigen‹ Erzählen eines leibhaftigen Menschen? Es zeigt: Kinder haben ein gutes Gespür für all diese Aspekte, die einen gesprochenen Text *richtig* oder *falsch* erscheinen lassen. Bei allem Vergnügen, das Janosch mit seinen Märchen nach den Brüdern Grimm Erwachsenen bereitet, verstehe ich doch jenes Kind, das treffsicher urteilt: »Aber erzähl die richtigen Märchen, nicht die von Janosch!«

Zu dem Verstehen mit der Seele gehört für mich auch folgendes, wiederholt ausgesprochenes Urteil der Kinder über den Schluß zu »Die zertanzten Schuhe«, KHM 133. Der König fragt den Helden, welche der zwölf Töchter er zur Frau haben wolle, und der antwortet: »Ich bin nicht mehr jung, so gebt mir die älteste.« Fragt man die Kinder, welche er wohl geheiratet habe, so antworten sie »die jüngste!«, denn das ist die sensible, die die unsichtbare Anwesenheit des Soldaten spürt und anderes mehr. Also gebührt *sie* ihm. Ebenso irritiert es Kinder, daß die Prinzen im unterirdischen Reich in der Fassung der Brüder Grimm nicht erlöst werden. Sie beweisen damit, wie recht sie haben: Es sind ja eigentlich Unholde, Trolle. Zu nennen wären etliche Beispiele, wie Kinder nach der Bestrafung des Bösen verlangen und geschönte und verniedlichte Fassungen ablehnen.

Selbst für ältere Kinder gilt, was für jüngere ein Muß ist: Der Wortlaut darf möglichst nicht verändert werden. Vilma Mönckeberg sagt: »Die Erwachsenen fügen sich dem kindlichen ›Eigensinn‹ lächelnd, denn das Kind belehrt sie darüber, daß ein Erlebnis an eine feste, einmalige Form gebunden ist, die allein die Kraft hat, denselben Eindruck noch einmal zu beschwören. [...] Das Formgefühl scheint etwas dem Menschen Eingeborenes zu sein, nicht etwas Anerzogenes.«[13] Und Walter Scherf formuliert: »... am Ende hat es (das Kind) tief im Herzen als unveräußerlichen Besitz die gute [...] göttliche Ordnung der Welt gewonnen.« Es scheint selbst noch für zehn- bis elfjährige Jungen zu gelten, die mich – sich abwendend – zur Erzählstunde im Gymnasium empfingen: »Märchen wollen Sie uns erzählen? Na, denn machen Se mal.« Unausgesprochen hörte ich mit: »Die hauen wir in die Pfanne!« Hinterher waren es »klasse Geschichten«, und als sie in neu entdeckter Begeisterung bei den Brüdern Grimm nachschlugen und fanden, daß ich ihnen die Märchen wortgetreu erzählt hatte, schickten sie mir einen Brief, in dem ein Junge schrieb: »Ihnen kann man glauben.«

Wenn es um die sogenannte antiquierte Sprache der Brüder Grimm geht, werden mir wohl die meisten Erzählerinnen und Erzähler zustimmen, daß Kinder sie lieben – und verstehen. Wenn sie einzelne Begriffe nicht kennen, so gilt doch, was Hölderlin sagt: »Aber das Kind und der Baum suchet, was über ihm ist.« Ein phänomenales Beispiel sind »Die drei Federn«, KHM 63: »Da saß eine große dicke Itsche.« ... Pause ... Die Kinder lauschen, schauen; selten fragt eines, was das ist, also erzähle ich weiter »... und rings um sie her saß eine Menge kleiner Itschen.« Wenn das Wort am Ende des Märchens x-mal wiederholt ist, hat sich in den Kindern etwas gebildet, sie haben eine

Ein-Bildung, die wir Vorstellung nennen, bekommen von dem, was eine Itsche ist.

»Je reicher der Sprachraum, um so besser! Die Sprache des Kindes soll sich ja erweitern, nicht nur die Welt in dem vorhandenen, begriffenen Sprachraum begrenzt werden. Trotz des ganzen Wortgetöses, dem Kinder heute ausgesetzt sind, ist der Umfang unseres alltäglichen Sprachgebrauchs im allgemeinen außerordentlich eng. Und beim Erzählen z. B. der Grimm-Märchen kommt es nicht darauf an, daß das Kind die Wörter alle versteht, sondern daß es den Reichtum der Sprachwelt erlebt, vor allem immer wieder erlebt. Sprache wird angereichert und differenziert, lange bevor sie zum bewußten Ausdrucksmittel wird. Die Welt, auch die der Sprache, lernt das Kind zunächst kennen durch Begegnung und Wahrnehmung, nicht durch Wissen oder Verstehen. Je reicher aber Begegnung und Wahrnehmung durchlebt werden kann, um so weiter wird sich dann Wissen und Verstehen ausbilden können.«[14]

Ähnlich wie bei dem Wort »Itsche« ist es mit dem Wolf, den kaum ein Kind vom Ansehen kennt, und doch hat jedes eine Vorstellung, worauf Wolf als Symbol hindeutet, oder die Hexe im »Hänsel und Gretel«-Märchen, KHM 15. Welch eine Dynamik darin steckt, erlebte ich mit einem vierjährigen Nachbarskind. Die Mutter war eines Abends fortgegangen, ohne dem Kind *gute Nacht* zu sagen. Als sie bei der Heimkehr ans Bett der Tochter tritt, wacht diese auf und verlangt: »Jetzt erzähl mir Hänsel und Gretel!« Die Mutter tut's. Als sie erzählt, wie die Hexe in den Ofen geschoben wird, sagt das Kind befriedigt: »So, jetzt bist du verbrannt, jetzt kannst du ins Bett gehen.«

Wie spielerisch leicht Kinder die Symbole anschauen, verstehen und anwenden, zeigte mir eine Gruppe von Fünf- und Sechsjährigen im Kindergarten. Ich hatte schon bei einem vorangegangenen Besuch gemerkt, wie warmherzig, sicher und liebevoll die Erzieherin sich den Kindern zuwandte. Sie liebte die Kinder und wurde von ihnen geliebt. Ich erzählte »Die drei Federn«. Als der König die dritte Bedingung stellt: »Der soll König werden, der die schönste Frau heimbringt«, da dreht sich ein Kind zur Erzieherin um und ruft: »Das bist du, Vera!«, und andere stimmen ein. Nun muß ich erwähnen, daß jene Vera eine kleine, etwas kümmerlich scheinende Person ist, dünnes Fransenhaar hat und ein Gesicht, das dem Schönheitsideal nicht gerade verdächtig nahe ist. Für die Kinder aber ist sie »die Schönste«. Ihre Seele erfaßt das, was im Märchen Schönheit symbolisiert.

Mit der Bewußtseinsstufe, die Jean Gebser die mentale nennt, komme ich an die Grenze dessen, was die Beziehung zwischen Kind und Märchen ausmacht. Die mentale Struktur läßt sich beschreiben mit dem Bestreben zur Einigung durch Synthesen und Versöhnung. Es beginnt die Fähigkeit zur Abstraktion, der Bewußtseinsgrad gleicht der Wachheit, die Denkformen sind rational, kausal und gerichtet beim Vorstellen und Nachdenken: Methode und Wille werden eingesetzt für vorwiegend zukunftsorientierte Ziele; das bildhafte Schauen weicht dem begrifflichen Denken. Es geschieht oft, daß Kinder an der Schwelle zur mentalen Bewußtseinsmutation schwanken und noch nicht recht wissen, wohin sie gehören wollen: zum Kindsein oder zum Erwachsenwerden und -sein. Der Glaube des Kindes an Wunder wird zum Glauben des Erwachsenen an Wissen.

Eine achtjährige Apothekertochter stellte jene anfangs zitierte Frage: »Glaubst du, daß ein Apfel gesund machen kann? Glaubst du das wirklich?« »Ja«, habe ich geantwortet, »ein Apfel kann gesund machen.« Ich werte das Märchen ab, wenn ich sage »Im Märchen ist es eben so«, und ich selbst bin unglaubwürdig. Natürlich glaubt sie ganz fest an alle Arzneien aus der väterlichen Apotheke; ein Apfel mag ihr gering erscheinen. Aber ich erinnere mich im Nu an meine Kinderzeit und die Magen- und Darmgeschichten der eigenen Kinder: Bei Durchfall durfte als erstes wieder ein auf der Glasreibe frisch geriebener Apfel gegessen werden, schnell, ehe das Fruchtfleisch braun wurde. Welch ein Genuß war das! Also ein Apfel, selbst wenn es nicht der lebensrettende für den alten kranken König des Märchens ist, gehört zum Gesundwerden; auch auf die äußere Realität bezogen konnte die Antwort standhalten.

Es gibt natürlich auch Kinder, die nicht nur Fragen stellen oder Zweifel anmelden. Es geschieht auch, daß kleine Naseweise der Erzählstunde eine andere Richtung geben, als ich sie als Erzählerin angestrebt habe. Bei einer Imaginationsübung forderte ich Kinder im zweiten Schuljahr auf, zu schauen, was sie bei geschlossenen Augen sehen könnten. Ein Junge ruft darauf blitzschnell: »Ich seh' nix!« Damit blockierte er natürlich etliche Mitschüler, und ich riet ihm: »Du kannst aber vielleicht bei geschlossenen Augen besonders gut hören. Wir schauen, was wir sehen, und du erzählst uns nachher, was du gehört hast.« Dabei dachte ich an die Alltagsgeräusche um uns herum, Autos, Rasenmäher, Vögel…, aber er hatte das Schnauben des Stieres gehört, als der jüngste der Brüder in »Die Kristallkugel«, KHM 197, mit dem Auerochsen kämpft. Kinder sind Lehrmeister, gerade die, die quer zu unseren Erwartungen handeln.

Einen Ausblick über die kindliche Entwicklung hinaus versuche ich mit der Betrachtung der *integralen* Bewußtseinsstufe, die Jean Gebser gekennzeichnet sieht durch das Bestreben der Verbindung einer Vielfalt zu einer Ganzheit. Der Blick auf die integrale Struktur scheint mir zugleich ein Rückblick zu sein: Von der Ganzheit und Identität der archaischen Struktur sind wir ausgegangen. Integration will nach dem Durchschreiten der vorangegangenen Bewußtseinsstufen wieder die Verbindung aus einer Vielfalt zu neuer Ganzheit schaffen. Die integrale Stufe des Bewußtseins könnte eine Transparenz möglich machen, »eine gegenwärtigende Gänzlichung« nennt Gebser es, der Geist wäre bewußt und zur Konkretion wirklich, sinnfällig, anschaulich fähig, die Grundlagen der Denkformen wären das Integrieren und Wahren und eine Durchsichtigkeit, die man irrational, akausal und »gänzlichend« nennen könnte. Ursprung und Gegenwart würden in eins zusammenfallen. Hier muß als Beispiel – wieder einmal – genannt werden Heinrich von Kleists »Marionettentheater« mit der Aufforderung, die Reise um die Welt zu machen, wenn wir die Tür zum verlorenen Paradies wiederfinden wollen. Und ich will erzählen von Malidoma Patrice Somé aus Burkina Faso, Westafrika. Er beschreibt eindrucksvoll, wie er als Erwachsener nach etlichen Jahren in einer Missionsschule von den Ältesten seines Dorfes zu verspäteten Einweihungsriten bestimmt wird. Er beugt sich diesen Weisen, und warum erkennt er sie als weise an? »Bei den Dagara ist einer der Gründe, warum unsere Ältesten so wichtig für uns sind, daß das Kind im Ältesten stets in der Lage ist, vergangene Dinge, deren die Gemeinschaft bedarf, heraufzubeschwören.«[15] Im Neuen Testament heißt es »Wenn ihr nicht werdet wie die Kinder…«. Vor 2000 Jahren galt wie heute der Anspruch, die Weisheit des Kindes zu erkennen und anzuerkennen.

Der Medienwissenschaftler Neil Postman hat 1997 in seinem gleichlautenden Buch »das Verschwinden der Kindheit« beklagt. »Wenn die Kultur keine Geheimnisse vor den Kindern bewahren kann, ob medizinische, politische oder sexuelle, läßt sich so etwas wie Kindheit auch nicht bewahren… Das ist nicht das Ende westlicher Kultur. Aber bestimmte Werte, die wir mit Kindheit verbinden, werden an Bedeutung verlieren: Unschuld etwa oder völlige Aufgeschlossenheit.«[16] Leben ist aber nun einmal Veränderung: Wenn auch die Kindheit verschwindet, *das Kind im Menschen* wird erhalten bleiben. Erwachsene können wie Kinder reagieren, wenn sie Märchen hören oder spielen. Bei einem geselligen Beisammensein wurden von verschiedenen Gruppen Märchen pantomimisch als Stegreifspiel vorgespielt. Die Zuschauer mußten erraten, um welches Märchen es ging. Das gelang zur Freude aller mit mehreren Märchen. Die vierte Gruppe setzte »Rotkäppchen« in Szene, das war schnell klar. Im Verlauf des Spieles erkannten die Zuschauer, daß die Akteure die Figuren verfremdeten: Rotkäppchen benahm sich schnippisch gegenüber dem Wolf. Der Wolf wiederum gab sich nicht freßlustig, er wurde von der Großmutter und Rotkäppchen gestreichelt, ihm wurden Speisen vorgesetzt ... man kennt diese wohlgemeinte Entschärfung und Umkrempelung der Märchen zu »Friede-Freude-Eierkuchen-Geschichten«. Und was geschah mit den Zuschauern, die die vorangegangenen Märchen mit kindlicher Freude aufgenommen hatten? Sie wurden still, lehnten sich mit verschränkten Armen abwehrend in ihre Stühle zurück, die Mienen schlossen sich, alles erstarrte, bis jemand rief: »Den Wolf schicken wir in die Therapie, daß er das Fressen lernt!«

Im Grunde genommen ist hier genau das gleiche geschehen wie in dem Urteil: »Auf der Kassette ist es anders, aber du hast es richtig erzählt«, nur mit umgekehrtem Vorzeichen. »Was ihr uns da zeigt, ist nicht richtig!« Kleine Kinder besitzen die erste Naivität, die uns Erwachsenen so herzerfrischend erscheint und die wir ihnen deshalb gern zugestehen. Sie gehen dann durch eine Phase der Kritik und Aufklärung, in der alles befragt und analysiert wird. Ohne die kritische Einstellung ganz zu vergessen oder zu verdrängen, sollte der Erwachsene wieder eine gewisse Unmittelbarkeit gewinnen können, eine zweite Naivität.

Jeder Mensch strebt als Kind mit allen Kräften die Zerstörung der Ureinheit mit Mutter und Welt an, bejaht den oft fragwürdigen Zustand aktiven Handelns, in den er durch Bewußtwerdung und Übernahme von Verantwortung gestellt wird und sucht vielleicht am Ende seines Lebens wieder jenen »paradiesischen Zustand frühester Kindheit, aus dem uns das Gesetz der rollenden Zeit vertrieben hat.«[17]

Philipp Otto Runge postuliert 1802 in einer Kritik an der in Weimar vorherrschenden Kunstauffassung, und ich als Märchenerzählerin schließe mich gern dieser Aussage an: »Kinder müssen wir werden, wenn wir das Beste erreichen wollen....« Denn ich teile die Überzeugung des Menschen, der einem Zweifler auf sein herausforderndes Verlangen eine einfache Antwort gab: »Sag mir irgend etwas, das wahr wäre, ohne den Schatten eines Zweifels, etwas Unbestreitbares!...« »Ein Kind ... ja, ein Kind.«[18]

Anmerkungen

1 Gebser, Jean: *Gesamtausgabe* Bd 2, Schaffhausen: Novalis Verlag, 1986, S. 173 ff.

2 Jung, Carl Gustav: *Symbole der Wandlung*, Olten u. Freiburg i. Br.: Walter Verlag, 1991.

3 Neumann, Erich: *Die Große Mutter*, Olten u. Freiburg i. Br.: Walter Verlag, 1989.

4 Dieckmann, Hans: »Der Wert des Märchens für die seelische Entwicklung des Kindes« In: *Praxis der Kinderpsychologie und Kinderpsychiatrie*, 1966, S. 50 ff.

5 Dieckmann, Hans: *Gelebte Märchen*, Zürich: Kreuz, 1991, S. 55.

6 Neumann, *Große Mutter*, S. 37.

7 Mönckeberg, Vilma (Hrsg.): *Die Märchentruhe*. München: Ellermann Verlag, 1982, S. 9.

8 Jung, *Symbole*, S. 455.

9 Jung, *Symbole*, S. 300.

10 Mönckeberg, *Märchentruhe*, S. 193.

11 Dieckmann, Hans, *Gelebte Märchen*, S. 62.

12 Blaschek-Krawczyk, Ulrike (Hrsg.): *Zauberpferd und Nebelriese*, Frankfurt a. M.: Fischer 1995.

13 Mönckeberg, Vilma: *Das Märchen und unsere Welt*, Düsseldorf: Diederichs, 1972, S. 22.

14 Esterl, Dietrich: »Was erziehen die Märchen im Kind? Die Bedeutung der Märchen in der Waldorfpädagogik«, in: *Märchen in Erziehung und Unterricht heute*, Bd 1 (Hrsg. v. Kristin Wardetzky und Helga Zitzlsperger) VEMG Bd. 22, Rheine 1997, S. 180.

15 Somé, Malidoma Patrice: *Vom Geist Afrikas*. München: Diederichs 1996, S. 117.

16 Postman, Neil, *Das Verschwinden der Kindheit*, Frankfurt a.M.: Fischer 1997.

17 Jung, Carl Gustav: *Symbole*, S. 375.

18 Sampredo, Jose Luis: *Das etruskische Lächeln*. Freiburg: Herder, 1989.

Heinz Rölleke

Kindermärchen und Märchenkinder bei Grimm[1]

Landläufig, aber auch in wissenschaftlichen Publikationen, begegnet man immer einmal wieder der Auffassung, den Brüdern Grimm seien in ihrer Kindheit in Hanau und Steinau Märchen erzählt worden, so daß sie als seinerzeit knapp Zwanzigjährige sozusagen nahtlos an dieses Erlebnis hätten anknüpfen können, als sie in Kassel mit ihrer Märchensammeltätigkeit begannen. So liest man in der kürzlich erschienenen Dissertation zum Thema »Märchen und mittelalterliche Literaturtradition« die durch nichts belegbare Behauptung, »die ersten Märchenerzählungen haben die Brüder Grimm nach eigenen Erinnerungen, durch die einiger Freunde ergänzt, aufgezeichnet«. Tatsache ist, daß in den Grimmschen Briefwechseln nur an ganz wenigen Stellen von kindlicher Kenntnis einiger Märchensujets die Rede ist: Die betreffenden Texte (»Hochzeit der Frau Füchsin«, »Wie Kinder Schlachtens spielten«) sind aber in den »Kinder- und Hausmärchen« aus gänzlich anderen Quellen geschöpft – bis auf eine scheinbare Ausnahme: Zum »Sterntaler«-Märchen merkt Jacob Grimm 1812 an: »Nach dunkeler Erinnerung aufgeschrieben, mögte es jemand ergänzen und berichtigen.« Es läßt sich erweisen, daß Jacob Grimm sich hier offenbar einer Erzählung der Gattin des Steinauer Arztes, Frau Gottschalk, »dunkel« erinnerte – diese aber hatte eine Passage aus Jean Pauls Roman »Die unsichtbare Loge« vorgelesen, nacherzählt oder auf ihre Weise auserzählt. Das besagt ex negativo: In ihrem Elternhaus haben die Grimms sicherlich keine Märchen gehört, sonst hätten sie das irgendwo erwähnt – und die übrigen vier Geschwister vermochten ebenfalls nicht ein Stück aus ihren Kindheitserinnerungen beizutragen.

Die Grimmsche Märchensammlung hat also keine Wurzeln in einem kindlichen Erlebnis, sondern in einem zunächst rein literaturgeschichtlichen Interesse: Die Sammlung und Veröffentlichung der durch mündliche Tradition geprägten Volksliteratur wurde von den Brüdern Grimm immer als »Dienst an der Geschichte der Poesie« bezeichnet (so mehrfach in den KHM-Vorworten). Erst mit dem Erscheinen der Grimmschen Märchenbände vollzieht sich auch in der Familie Grimm ein sehr bezeichnender Paradigmenwechsel: Herman

Grimm, Wilhelm Grimms ältester Sohn, erinnert sich: »Wir sind mit dem Buch (den KHM) aufgewachsen.« Und es ist zwar wenig bekannt, aber sehr bezeichnend und hier von Interesse, daß Herman Grimm schon als Fünfjähriger seinem Vater eine Variante zu »Der arme Müllerbursch und das Kätzchen« erzählen konnte. Als Zwölfjähriger trug er »Die Erbsenprobe« bei, die allerdings nur in der 5. Auflage der KHM erschien; als Wilhelm Grimm bemerkte, daß sein Sohn ihm hier Andersens berühmte »Prinzessin auf der Erbse« vermittelt hatte, eliminierte er den Text wieder. In demselben Jahr 1840 schrieb der zwölfjährige Herman Grimm noch die Märchen »Die tanzenden Hasen« und »Die Silberpappel« auf, die im Berliner Grimm-Nachlaß erhalten sind.

Das will sagen: Ganz im Gegensatz zu den Brüdern Grimm ist Herman Grimm von frühester Kindheit an mit den Märchen so vertraut, daß er schon bald als der jüngste aller KHM-Beiträger aktiv werden kann. So ist es denn auch nicht verwunderlich, daß Herman Grimm immer wieder die Märchen als Kinder- und Erziehungsliteratur reklamiert hat. Ich zitiere: »In ihrer Vorrede von 1814 sprachen sich die Brüder Grimm über den Wert der Märchen aus als eines Buches, das Kindern in die Hände zu geben sei. In den zwei Jahren (nach Erscheinen des ersten Bandes) war die Rede oft darauf gekommen. Das Buch hatte als Kinderbuch seine Wege gefunden. Die Kinder hatten sich der Märchen mit eigenen Augen bemächtigt. Die Brüder Grimm bestehen darauf, daß man sie gewähren lassen solle.« An anderer Stelle muß Herman Grimm indes zugeben, die Brüder Grimm hätten beim ersten Band an Kinder »nicht gedacht«, was er in einer Neufassung des Aufsatzes zu »kaum gedacht« abschwächte. Da er für vier Jahrzehnte der Sachwalter des Grimmschen Werkes und Nachlasses war und seine Meinung, die KHM seien auch oder gar ausschließlich als Kinderbuch konzipiert worden, in Aufsätzen und Vorreden immer wieder betonte, wurde sie zum bis heute nachgesprochenen Gemeinplatz.

Die Tatsache, daß die Grimms ihre Sammlung keineswegs aus einer sentimentalen Kindheitserinnerung heraus, sondern vielmehr als Philologen begannen und mit entsprechenden wissenschaftlichen Anmerkungen versahen, sollte davor warnen, die weithin zum Topos gewordene Meinung Herman Grimms ungeprüft zu übernehmen.

Ich gestatte mir eine chronologische Vorstellung und Prüfung der für diese Frage relevanten Zeugnisse.

1808 – also vier Jahre vor Erscheinen der KHM – schickte Jacob Grimm sieben seiner handschriftlichen Märchenaufzeichnungen an seinen Hochschullehrer Savigny, und zwar einerseits, um den wissenschaftlichen Mentor von seinem neuen Forschungsfeld zu unterrichten, andererseits aber auch ausdrücklich als Patengeschenk für Jacob Grimms Patenkind. Hier greift, was Herman Grimm später so formulierte: »Die Brüder Grimm hatten bei den Märchen freilich die Kinder als den mitgenießenden Teil im Sinne.« Das ist wohl eine richtige Einsicht, die zudem den jahrhundertelang zu belegenden Usus bestätigt, daß Kinder in früheren Zeiten bestenfalls geduldete Zuhörer beim Märchenerzählen, aber nie die eigentlichen Adressaten waren. Märchen waren nach altüberkommener Auffassung unangezweifelt Erzählungen von Erwachsenen für Erwachsene. Der Professor Savigny sollte die Grimmschen Märchenaufzeichnungen lesen und studieren; sein damals einjähriges Söhnchen war realiter natürlich noch nicht als Märchenrezipient angesprochen.

Nach genau demselben Muster verfährt die dem ersten Märchenband zu Weihnachten 1812 vorangestellte öffentliche Widmung: »An die Frau Elisabeth von Arnim für den kleinen Johannes Freimund.« Der kleine Johannes Freimund war damals noch nicht ein Jahr alt; im eigentlichen Sinn werden die Märchen Erwachsenen dediziert.

Zwei Jahre zuvor hatten die Grimms bekanntlich Brentano ihre handschriftliche Märchensammlung geschickt, der sie als Grundlage für seine Kunstmärchen benutzen wollte. Auch darauf bezieht sich – neben einem indirekten Tadel gegen Musäus – die Grimmsche Bemerkung in der Vorrede der Erstausgabe ihrer Märchen: »Man hat diese Märchen fast immer nur als Stoff benutzt, um größere Erzählungen daraus zu machen, die immer den Kindern das Ihrige aus den Händen rissen und ihnen nichts dafür gaben« (Bloch hätte das repressive Entsublimierung genannt, und gerade dieser hätten sich die Brüder Grimm selbst schuldig gemacht, wenn Brentano ihre Materialien wirklich okkupiert und ausgearbeitet hätte – doch eben das hatte die Brüder Grimm damals nur ganz am Rande bewegt).

Man sieht: Das Thema Kinderbuch ist zunächst nur marginal präsent (auch wenn man die seltsame Druckgestalt der Titelei der späteren Auflagen witzig mißverstehen wollte – dort ist nämlich der Bindestrich hinter »Kinder« weggefallen, so daß man lesen könnte: Die Kinder und die Hausmärchen – doch so war und ist es nun wirklich in keiner Weise gemeint).

Jedoch: Schon zwei Jahre nach Erscheinen des ersten Bandes sah Wilhelm Grimm die Dinge erheblich anders. Zwar hatten Joseph Görres und Bettina von Arnim bereits im Januar 1813 geschrieben: »Das Märchenbuch ist meinen Kindern nicht aus der Hand zu bringen«, bzw. »Savignys Kinder haben schon einen großen Genuß an dem Märchenbuch. Savigny liest es mit ihnen zusammen«, zugleich aber kam massive Kritik auf. In Österreich wurden die KHM zeitweise als »abergläubig«, d. h. als eine Gefahr für Kinder, verboten; der Freund Achim von Arnim äußerte sich brieflich, der Namensvetter Albert Ludwig Grimm öffentlich, um nur zwei Beispiele von vielen anzuführen.

Hören wir ein paar Stichworte aus Arnims Korrespondenz mit Jacob Grimm: Die wissenschaftlichen Ansprüche des Märchenbuchs »schließen es jetzt eigentlich vom Kreise der Kinderbücher aus«. Sodann tadelt Arnim im einzelnen: »Der Fischer un siine Fru scheint mir kein eigentliches Kindermärchen«; »schon habe ich eine Mutter darüber klagen hören, daß das Stück, wo ein Kind das andre schlachtet, darin sei, sie könnt es ihren Kindern nicht in die Hände geben«; »die Geschichte vom Fuchs mit den neun Schwänzen ist offenbar ein französischer Muthwillen« (er meint eine Obszönität); »einem Kinde, das zu unsrer Zeit sein Deutsch lernt, sind eine Menge Redeformen in der Erzählung des Martinus Montanus von dem tapferen Schneiderlein unverständlich«. Er resümiert: »Was ich über den Fischer sagte, daß es eigentlich kein Kindermärchen sei, das möchte ich auch überhaupt über Euer Zusammenstellen von Kinder- und Hausmärchen erinnern; wenigstens hätte ein Zusatz wie etwa: für Eltern zum Wiedererzählen nach eigener Auswahl auf den Titel gepaßt.«

Wilhelm Grimm antwortete: »Den Einwurf, daß manche es nicht getrauen, ihren Kindern das Buch in die Hände zu geben, hab ich vorausgesehen«, aber auch die Bibel enthalte heikle Stellen und werde doch den Kindern vorgelesen. »Das Märchen vom Schlachten hat mich in der Jugend gerade vorsichtig und ängstlich beim Spielen gemacht.« »Was das Märchen von dem Fuchs mit den neun Schwänzen betrifft, so glaub ich, daß es Kinder ebenso unschuldig hören, als Frauen erzählen, weil ich dies selbst gesehen, daß aber die liederliche Auslegung allen andern einfallen werde, sah ich voraus.« Es spricht eine gewisse Hilflosigkeit aus dieser Argumentation, wie auch schon aus der verblüffenden Unlogik seiner Märchenvorrede von 1814: Wir wollten durch unsere Sammlung der Geschichte der Poesie einen Dienst erweisen, »es war zugleich Absicht, daß die Poesie selbst« erfreue »und darum auch, daß ein eigentliches Erziehungsbuch daraus werde«. Ich möchte einmal jemanden finden, der mir den Sinn oder die Logik dieses »darum« erklären könnte. Jacob Grimm aber ging in seiner Replik aufs Grundsätzliche und ließ dabei sozusagen die Katze aus dem Sack: »Das Märchenbuch ist mir daher gar nicht für Kinder geschrieben, aber es kommt ihnen recht erwünscht, und das freut mich sehr.« – Er war also nicht geneigt, bei der Sammlung, Überarbeitung und Veröffentlichung in irgendeiner Weise auf Kinder als Leser oder Hörer abzuzielen oder auch nur irgendwelche Rücksicht zu nehmen, sondern er nahm die Kinder nur als sozusagen zufällig und damit erwünschte Nebenrezipienten in Kauf. So lehnte er auch den Vorschlag zur Titelpräzisierung energisch ab – es wäre so, als wenn man über Zotengeschichten des Mittelalters schriebe »nicht für Frauen« (was bezeichnenderweise Wilhelm Grimm einmal vorgeschlagen hatte). Jacob Grimm verheddert sich dann aber erkennbar bei der Explikation des tatsächlichen Titels: »Der Unterschied zwischen Kinder- und Hausmärchen und der Tadel dieser Zusammenstellung auf unserm Titel ist mehr spitzfindig als wahr, sonst müßten streng genommen die Kinder aus dem Haus gebracht werden, wohin sie von jeher gehört haben. Sind denn diese Kindermärchen für Kinder erdacht und erfunden? Ich glaube dies so wenig wie daß man überhaupt für Kinder etwas eigenes einrichten müsse.« In das Märchen vom Fuchs mit den neun Schwänzen habe Arnim eine sündliche Ansicht hineingelesen – es sei unschuldig; wenn Kinder die älteren Sprachformen nicht verstünden, sollten Sie die Texte überspringen und sich auf spätere Lektüre freuen. Das sind Pauschalbehauptungen, mit denen der unglückliche Spagat des Buchtitels nicht zu rechtfertigen ist – indes von einem erkennbar rigorosen Standpunkt aus. (Man könnte hier bedenken, daß Jacob Grimm auch durch den frühen Tod des Vaters und die bedrückenden ökonomischen Verhältnisse wohl nie recht Kind hatte sein dürfen.)

Arnim konnte mit Recht gegen Jacobs vage Unschuldsbehauptung anführen, »daß die Hauptmasse von Volkssagen und Liedern Zoten sind«. »Woher kommt's, daß ein paar Knaben eines meiner hiesigen Bekannten den ganzen Tag vom Pißpott schwatzen, weil sie ihn gedruckt (im »Fischer«-Märchen) gelesen, der sonst immer als etwas Heimliches den Augen entzogen wurde?«

Aus A.L. Grimms Vorrede zu »Lina's Mährchenbuch« (1815):
»Als ein Buch, das Kindern in die Hände gegeben werden kann, darf man jene Sammlung aber keineswegs ansehen (...) Ich habe es immer mit dem größten Mißfallen in Kinderhänden gesehen. Statt weiterer, hier nicht am rechten Orte stehender Erörterungen verweise ich auf Nr. 12, und Väter und Erzieher werden hier, wie an noch mehreren Orten, Ursache genug finden, ihm nicht den Namen einer Kinderschrift beizulegen, was es auch nach der Ansicht der Herren Herausgeber wohl gar nicht sein soll. Sollen sie es aber doch dazu bestimmt haben, so möchte hier das alte Sprüchlein anzuwenden

sein: ›Niemand kann zweien Herren dienen.‹ Nur das Reinste kann Stoff für die Phantasie des Kindes sein, und Halbreines ist hier schädlicher, als völlig Unreines.«

W. Grimm fertigte eine Abschrift dieser Kritik an, die bis heute in seinem KHM-Handexemplar liegt.

Am 17. März 1816 schreibt er an den Bruder Jacob: »Hast du Lina's Märchenbuch gesehen? Es wird von unserm Buch gesagt, daß es nicht für Kinder paße.«

So souverän, wie die Brüder Grimm mit diesen Kritiken scheinbar umgingen, indem sie sie pauschal oder in Einzelheiten zurückwiesen, so subtil beugte sich ihnen Wilhelm bei der Überarbeitung der Märchenbände zur zweiten Auflage: Das Märchen vom Schlachtenspielen fiel ersatzlos aus (Leser fragen oft nach dem Verbleib, zumal Minetti damit jüngst so große Erfolge hatte); das »Tapfere Schneiderlein« wurde sprachlich durchgängig modernisiert; das Fuchsmärchen heißt nun unverfänglicher »Die Hochzeit der Frau Füchsin« und ist auch sonst etwas naiver erzählt. Albert Ludwig Grimms öffentlicher Tadel des »Rapunzel«-Märchens ist Wilhelm Grimm erkennbar in die Glieder gefahren. Der Namensvetter, von Beruf Lehrer, Erzieher und Kinderbuchautor, bezieht sich zweifellos auf folgende Szene der Märchen-Erstauflage. »So lebten sie (Rapunzel und der Prinz) lustig und in Freuden (man bedenke: lustig und auch noch in Freuden ganz allein bei ihrem Rendezvous im Turm) eine geraume Zeit, und die Fee kam nicht dahinter, bis eines Tages das Rapunzel anfing und sagte: ›sag' sie mir doch, Frau Gothel, meine Kleiderchen werden mir so eng und wollen nicht mehr passen.‹ ›Ach, du gottloses Kind‹, sprach die Fee, ›was muß ich von dir hören‹« (gottlos ist im Mund der Hexe besonders hübsch).

Spätestens hier muß ein- für allemal betont werden, daß der Streit um die rechte Verfassung eines Kinder- und Märchenbuchs in jedem Fall historisch gesehen werden sollte. Die alten Volksüberlieferungen hatten keine Scheu, Symptome der Schwangerschaft beim Namen zu nennen – und wir heute schon gar nicht mehr. Ähnliches gilt für Bezeichnungen wie den uns heute als vollends harmlos erscheinenden ›Pißpott‹. Der Tadel gründet im Zeitgeist des beginnenden Biedermeier und einer grundsätzlichen Prüderie in allen seinerzeit ja noch neuen Erziehungsfragen.

Nun Wilhelm Grimms Neufassung der inkriminierten »Rapunzel«-Passage von 1819: »So lebten sie lustig und in Freuden eine geraume Zeit, und hatten sich herzlich lieb, wie Mann und Frau. Die

Zauberin aber kam nicht dahinter, bis eines Tages das Rapunzel anfing
und zu ihr sagte: ›Sag sie mir doch, Frau Gothel, sie wird mir viel
schwerer heraufzuziehen als der junge König‹. – ›Ach, du gottloses
Kind . . .‹«.

Dann die dritte Fassung von 1837: »Da verlor Rapunzel ihre Angst,
und als er sie fragte, ob sie ihn zum Manne nehmen wolle, und als sie
sah, daß er jung und schön war, so sagte sie ja und reichte ihm ihre
Hand«; da vollzieht man also erst die Trauung, zu der Wilhelm wohl
am liebsten noch einen Pfarrer bestellt hätte, was sich aber schlecht
machen ließ, und vom lustigen Freudenleben der beiden im Turm ist
mit keinem Wort mehr die Rede!

Werfen wir rasch einen Blick auf Grimms Nr. 1, den »Froschkönig«, wo sich genau dieselbe Tendenz bei der Textänderung beobachten läßt. Wir sind im Schlafgemach der Prinzessin: »Aber der Frosch
fiel nicht todt herunter, sondern wie er herab auf das Bett kam, da
wars ein schöner junger Prinz und sie schliefen vergnügt zusammen
ein.« (1812)

1819: »Was aber herunterfiel (also beileibe nicht mehr ›auf das Bett‹)
war nicht ein todter Frosch, sondern ein lebendiger, junger Königssohn. Der war nun von Recht und mit ihres Vaters Willen ihr lieber
Gemahl« (erst nach dieser Privattrauung dürfen sie dann »vergnügt«
zusammen einschlafen).

Aus dieser Sektion ein letztes Beispiel. Wer Perraults »Dornröschen«-Fassung kennt, hat gewiß nicht die köstliche Erweckungsszene
vergessen, die mit dem anspielungsreichen Satz schließt: »Sie (das
nach 100 Jahren erwachte Dornröschen und der junge Prinz) schliefen wenig diese Nacht; die Prinzessin hatte es nicht eben nötig und
der Prinz verließ sie am anderen Morgen, um in die Stadt zu fahren.«
Natürlich ist dies so oder so eine hocherotische Szene. Bei Basile steht
die Bedeutung unverblümt: Der Prinz schwängert das schlafende
Dornröschen; sie gebiert (immer noch schlafend) Zwillinge und erwacht erst, als eines der Kinder statt ihrer Brust ihren Finger erwischt und die schlafauslösende Flachsfaser heraussaugt.

Wie liest man bei Grimm? 1812: »Da war der Königssohn so erstaunt über ihre Schönheit, daß er sich bückte und sie küßte, und in
dem Augenblick wachte sie auf.« Zuvor und sofort danach aber richtete Wilhelm Grimm den Punktstrahler auf das höfische Ambiente,
den zunächst schlafenden und dann erwachenden Hofstaat, der die
ganze Aufmerksamkeit des Erzählers und Hörers (in einem wunder-
schönen Stück deutscher Prosa reinster Erfindung Wilhelm Grimms)
in Anspruch nimmt – und das ist auch so gewollt. Die Phantasie soll

nicht im Turmgemach verweilen. In der Zweitauflage ist aus dem »sie« der Dornröschenfigur ein »es« geworden (der Königssohn gibt »ihm einen Kuß«). Ab der dritten Auflage heißt es dann: »Wie er es mit dem Kuß berührt hatte …«.

Es sind doch wohl vor allem solche Szenen und Passagen, die von Erotik sprechen oder sie erahnen lassen, die Wilhelm Grimm in seiner Vorrede von 1814 meint: »Es ist gegen unser Buch eingewendet worden, daß doch eins oder das andere Märchen in Verlegenheit setze«, und damit meint er eindeutig und mit Recht nicht die Kinder, sondern die besorgten Eltern, »und für Kinder unpassend und anstößig sey. Für einzelne Fälle mag die Sorge recht seyn und da leicht ausgewählt werden.« Im ganzen, fährt er fort, sind aber dies Produkte der Naturpoesie wie die Natur selber, die unschuldig über alles Tau und Regen spendet. Wilhem Grimm versteht sich hier zur Konzession des Auswählens durch die Eltern, weil ja (noch) nicht voraussehbar war, ob die Texte des ersten Bandes noch jemals unter dem jetzt erst scharf ins Gesichtsfeld tretenden Problem umgearbeitet werden könnten. Als solches dann für die zweite Auflage (wie an den drei Beispielen gezeigt) geschehen war, konnte Wilhelm Grimm selbstbewußter auftreten. Er will jetzt ausdrücklich und ohne Einschränkung, »daß unsere Märchen auch als Erziehungsbuch dienen«.

»Wir suchen für ein solches nicht jene Reinheit, die durch ein ängstliches Ausscheiden dessen, was Bezug auf gewisse Zustände und Verhältnisse hat, wie sie täglich vorkommen … erlangt wird … Wir suchen die Reinheit in der Wahrheit einer geraden, nichts Unrechtes im Rückhalt bergenden Erzählung. Dabei haben wir jeden für das Kinderalter nicht passenden Ausdruck in dieser neuen Auflage sorgfältig gelöscht. Sollte man dennoch einzuwenden haben, daß Eltern eins und das andere in Verlegenheit setze und ihnen anstößig vorkomme« – so sollen sie eine Auswahl treffen.

Damit war für Wilhelm Grimm das Thema zunächst praktisch und theoretisch erledigt – er merzte scheinbar anstößige Stellen aus oder schrieb sie um und hat darüber hinaus den Erzählstil verkindlicht. So dienen die durchgängigen Mutationen der weiblichen Märchenhelden vom »sie« zum »es« nicht nur der Enterotisierung, sondern eben auch der Verkindlichung. Dem sollten ebenfalls die Menge der neueingebrachten Diminuierungen (meisterhaft und in jeder Hinsicht angebracht im »Sneewittchen«), die Vereinfachung der Syntax und die Umsetzung in wörtliche Rede dienen.

1825 fand Wilhelm Grimm Gelegenheit, das Stichwort »Auswahl« in praxi aufzugreifen: Er überredete den Verleger, eine kleine Ausgabe

der Märchen mit 50 hauptsächlich für Kinder geeigneten Texten her-
auszubringen. In der Vorrede zur dritten Auflage der großen Ausgabe
heißt es dazu:

»Eine Auswahl, als kleinere Ausgabe in einem Bändchen, wobei
zugleich die Bedenklichkeit derer berücksichtigt ist, welche nicht jedes Stück der größeren Sammlung für Kinder angemessen halten, ver-
anstalteten wir zuerst 1825, sie ist 1833 und 1836 wiederaufgelegt
worden.«

Nun kann man sehr streiten, ob das »Fischer«-Märchen oder gar
der »Machandelboom« tatsächlich in eine so konzipierte Auswahl
gehörten. Ich möchte auf Bezeichnenderes hinweisen. Im Gegensatz
zu den ständigen Änderungen am Textbestand der großen Ausgabe
sah Wilhelm Grimm so gut wie keine Veranlassung, die Auswahl dieser 50 Stücke zu verändern – mit einer bezeichnenden Ausnahme:
Schon in der zweiten Auflage der kleinen Ausgabe ersetzte er »Die
drei Brüder« durch einen neuen Text, den er von dort auch in die
große Ausgabe übernahm – ein einmaliger Vorgang in der Geschichte
der KHM. Besonders aufregend dabei ist, daß dieser neue Text zum
großen Teil von Wilhelm Grimm – als ein Kunstmärchen – gedichtet
wurde; hier wird etwas von seiner gewandelten Einsicht in die Ziel-
setzung des Märchenbuchs (»Erziehungsbuch«) deutlich. Er schildert
das Familienleben einer alleinerziehenden Mutter mit zwei Töchtern
im heiratsfähigen Alter, die sämtlich nicht berufstätig sind, so daß das
Zusammenleben im einsam im Wald gelegenen Einfamilienhaus not-
wendig recht intensiv sein muß. Wir sind heute zu einer gewissen
Skepsis geneigt, was aus solcher Situation erwachse, doch Wilhelm
Grimm löst sie schlechthin märchenhaft: »Die Töchter waren aber so
fromm und gut, so arbeitsam und unverdrossen, als je zwei auf der
Welt gewesen sind – die eine war stiller und sanfter, die andere sprang
lieber umher, suchte Blumen und Schmetterlinge; die erstere aber half
der Mutter im Hauswesen oder las ihr vor, wenn nichts zu tun war.
Die Töchter hatten einander so lieb, daß sie sich immer an den Händen faßten, sooft sie zusammen ausgingen; und wenn die eine sagte:
›Wir wollen uns nicht verlassen‹, so antwortete die andere ›Solange
wir leben nicht‹, und die Mutter setzte hinzu: ›Was die eine hat, soll
sie mit der anderen teilen.‹ Beide hielten das Häuslein der Mutter so
reinlich, daß es eine Freude war hineinzusehen, jeden Morgen im
Sommer stellten sie der Mutter einen Rosenstrauß vors Bett; im Winter setzten sie sich an den Herd, und die Mutter nahm die Brille, las
aus einem großen Buche vor, und die Mädchen hörten zu, saßen und
spannen, neben ihnen lag ein Lämmchen und saß ein weißes Täub-

chen.« – Den Hörer des Jahres 1999 befällt ein leichtes Schwindelgefühl angesichts soviel enervierender Bravheit und Häuslichkeit, aber auch angesichts bläßlichen Biedermeiertums, ja nazarenischer Auffassung, denn an anderer Stelle wird das Schutzengelein der beiden braven Töchter höchstpersönlich sichtbar. Wilhelm Grimms Erziehungsideal – zumindest für deutsche Töchter? Wie hoch er den Text in dieser Hinsicht einschätzte, erhellt sich aus der Tatsache, daß er ihn 1826 auf Wilhelm Hauffs Bestellung für dessen »Märchen-Almanach für Söhne und Töchter gebildeter Stände« verfaßt hatte – also für einen genau definierten Adressatenkreis. Das sah auch der Pfarrer Johann Heinrich Lehnert so: Er nahm Wilhelms Märchen schon 1829 in seinen »Mährchenkranz für Kinder« auf – auch hier ist der Adressatenkreis eindeutig. Dann – wie gesagt – schaltete ihn Grimm selbst in seine Auswahl für Kinder ein.

Der Text – »Schneeweißchen und Rosenrot« – gehört bis heute zu den zehn populärsten aus der Grimmschen Sammlung. Gewiß hatte Wilhelm Geschmack und Vorstellungswelt der gutbürgerlichen deutschen Welt des 19. Jahrhunderts genial getroffen – bedenklich, daß das auch noch für weite Kreise der Märchenliebhaber heutzutage gilt.

Meine persönliche Meinung ist, daß Grimms Sammlung im 19. Jahrhundert noch populärer geworden wäre, wenn Wilhelm ähnlich massiv in die Texte eingegriffen bzw. sie völlig selbständig wie hier gestaltet hätte, daß die Sammlung dann aber auf Dauer ihre seriöse Wirkung weitgehend verloren hätte.

Ehe davon abschließend zu reden sein wird, lassen Sie mich ganz kurz wenigstens noch *einen* Themenbereich mit einem Beispiel ansprechen, der uns heutzutage vielleicht relevanter oder gar heikler erscheint als die Ideale einer unerotischen Reinheit und Bravheit – die Sozialkritik.

Als der Arme einen Paten sucht, bietet sich ihm der liebe Gott an: »›Ich begehr’ dich nicht zum Gevatter‹, sagte der Mann, ›du gibst dem Reichen und lässest den Armen hungern‹; damit ließ er ihn stehen und ging weiter.« Originaltext der Erstauflage von 1812. 1819 aber ist vom »Den-lieben-Gott-stehen-Lassen« keine Rede mehr, und Wilhelm Grimm setzte hinzu: »Das sprach der Mann, weil er nicht wußte, wie weislich Gott Armut und Reichtum verteilt.«

Ein Erziehungsbuch? Gott hat Reichtum und Armut ein für allemal gerecht verteilt – bitte kein Hinterfragen, keine Proteste und schon gar keine Auflehnung – so doch wohl lieber nicht.

Man muß schärfer hinsehen und ein wenig zu trennen versuchen, was die Brüder Grimm vom tatsächlichen Volksmärchen so bewundernswert gerettet und bewahrt haben und was Wilhelm Grimm wohlmeinend, aber eben manches Mal zu angepaßt seinem Zeitgeist folgend in die Texte hineinbrachte.

So wird die im »Aschenputtel« tradierte genuin animistische Vorstellung, daß sich die verstorbene Mutter als Helferin für ihr verwaistes Kind im Baum auf dem Grab wiederverkörpert, durch Wilhelm Grimms Ausgestaltung der Sterbeszene geradezu konterkariert: »Liebes Kind, bleib fromm und gut, so wird dir der liebe Gott immer beistehen, und ich will vom Himmel auf dich herabblicken.« Es gibt nicht *einen* Passus in Grimms Märchen, in dem der liebe Gott dem Märchenhelden zu Hilfe käme. Was nutzt ihm dann sein Frommsein? Und was ist nun mit der verstorbenen Mutter: animistisch im Grabbaum anwesend oder christlich im Himmel? Es kommen Widersprüche in die Texte, die häufig zu Mißverständnissen Anlaß gegeben haben. Es ist eben doch nicht angebracht, Märchen wie vom Himmel gefallene Dokumente anzusehen; statt dessen wäre zunächst einmal nach ihrer historischen Genese und ihren epochen- und persönlichkeitsabhängigen Textschichtungen zu fragen.

Wie oft hat man von wohlmeinenden Erzieherinnen Zitate aus dem »Froschkönig« oder aus »Rotkäppchen« hören müssen, die den eigentlichen Sinn dieser Märchen geradezu auf den Kopf stellen. »Was du versprochen hast, das mußt du auch halten!« Grundsätzlich ist das natürlich erwünscht und auch ganz recht so – aber im Kontext des »Froschkönig« doch wahrlich eine Absurdität. Abgesehen davon, daß dieser merkwürdige Vater keinerlei Sinn für die existentielle Bedrängnis und Not seiner Tochter hat, indem er absolute Einhaltung bürgerlicher oder christlicher Moralprinzipien vor das Glück oder Unglück seiner Tochter stellt – erst als die Königstochter gerade *nicht* mehr hält, was sie versprach, sondern im Gegenteil den zudringlichen Freier brutal ermordet, erst da schafft sie sein und auch ihr Märchenglück.

»Geh hübsch sittsam und lauf nicht vom Weg ab«, gibt die Mutter ihrem Rotkäppchen mit auf den Weg. In Perraults Fassung, die heranwachsende Mädchen vor den Verführungskünsten der Wölfe im Kavalierskleid warnen will und am Ende Rotkäppchen entsprechend unerbittlich gefallen bzw. gefressen sein läßt, hat diese mütterliche Warnung ihren berechtigten Platz. Aber im Grimmschen Kontext? Was wäre denn aus Rotkäppchen geworden, wenn es *nicht* vom Wege abgegangen wäre? Jedenfalls nicht die interessante Märchenfigur, die temperamentvoll und ohne auf altväterliche Warnungen zu achten ihre Reifezeit angeht und geduldig durchmacht, ehe sie mit Hilfe des

Jägers den gefährlichen Wolf glorreich überwindet und damit ja wohl ihr Märchenglück findet.

Die wohlmeinenden Einsprengsel, Veränderungen und Verdeutlichungen, die Wilhelm Grimm – in gottlob nicht zu großer Zahl – in die Märchen unter dem Stichwort »Erziehungsbuch« eingebracht hat, betreffen so gut wie nie das Eigentliche der Märchen und dürfen deshalb nicht isoliert oder verabsolutiert zitiert oder so als Erziehungshilfe gebraucht werden.

In einem größeren Sinn aber sind und bleiben die Märchen selbstverständlich ein »Erziehungsbuch« und nicht nur für Kinder, sondern auch für sogenannte Erwachsene, weil sie eben auf eine einzigartige und unnachahmliche Art in ihrer Bilder- und Symbolsprache so manches und so Wichtiges lehren: Nicht zum wenigsten, wie Menschen mit sich und ihrer Welt zurechtgekommen sind und zurechtkommen können, wie man die mannigfachen Reifungsprozesse eines ganzen Menschenlebens angehen und bewältigen kann. Genau in diesem Sinn faßte Wilhelm Grimm auch seine sonstigen volkskundlichen und mediävistischen Restaurationsversuche im Geist seiner gleichsam ›erziehungswütigen‹ Epoche auf: Daß er sich lebenslänglich für Freidanks »Bescheidenheit« (ein mittelalterliches Erziehungsbuch in Sprichwörtern) einsetzte, ist dafür nur ein bezeichnendes Beispiel.

Das denn haben wir den Brüdern Grimm aber doch uneingeschränkt zu danken, daß sie solche Geschichten aufgetan, bewahrt und durch viele Generationen und in aller Welt verbreitet haben.

Man hat es im Gefolge der 68er Jahre zwar kritisch gemeint, aber sehr richtig formuliert: Märchen sind heimliche Erzieher, die indes niemand missen möchte, der ihnen je begegnet ist und aus ihnen Kraft, Freude und tiefsinnige Lehren gezogen hat. Und Wilhelm Grimm hatte in seiner frühesten Äußerung zum Märchen denn auch in einem höheren Sinn völlig recht, wenn er nämlich nicht etwa von pragmatischen, christlichen, gutbürgerlichen oder sonstwie positiven, sondern allgemein von »goldenen Lehren« spricht: »Märchen geben jedem, der sie in der Kindheit angehört, eine goldene Lehre durchs ganze Leben mit auf den Weg.«

Anmerkung

1 Die Wiedergabe folgt der Vortragsform; spezifische Literaturangaben entfallen. Dieser Beitrag wurde zuerst unter dem Titel »Daß unsere Märchen auch als ein Erziehungsbuch dienen« veröffentlicht im Band: *Märchen in Erziehung und Unterricht heute*, Bd. 2, hrsg. von Kristin Wardetzky und Helga Zitzlsperger im Auftrag der Märchen-Stiftung Walter Kahn. Hohengehren 1997, S. 30–43.

Sabine Wienker-Piepho

»Kindertümlichkeit« –
Idee der Romantik oder märchentheoretisches Konzept?

I. Märchen und die Entdeckung der Kindheit

Im Jahre 1960 erschien in Paris ein bahnbrechendes Buch. Es war von dem französischen Sozialhistoriker und Kulturanthropologen Philippe Ariès verfaßt und trug den Titel »L'enfant et la vie familiale sous l'ancien régime«. Als dieses Buch 16 Jahre später ins Deutsche übersetzt wird, trägt es den kurzen und prägnanten Titel »Geschichte der Kindheit« (Ariès 1976), der vielleicht etwas hochgegriffen war, denn tatsächlich hört Ariès' Darstellung mit dem Niedergang des *ancien régime* auf, also mit der Französischen Revolution im Jahre 1789. Es war dies das Jahr, als Wilhelm Grimm drei Jahre alt war und sein Bruder Jakob gerade eben vier, als Johann Gustav Gottlieb Büsching sein fünftes und Friedrich von der Hagen eben sein neuntes Lebensjahr erreicht hatten.

Was die Rezeption der »Geschichte der Kindheit« von Ariès anbelangt, so hinkte Deutschland mit der Übersetzung des Buches hinterher. Inzwischen hatte man den Bestseller des französischen Philosophen schon in aller Welt begeistert aufgenommen, nur hierzulande nicht. Während also bei uns nur einige wenige Spezialisten das Buch in der Originalsprache oder in der englischen Übersetzung lasen, hatte es bereits in vielen Sprachen hohe Auflagen erfahren. Nach der deutschen Übersetzung trat »Die Geschichte der Kindheit« dann aber auch bei uns einen triumphalen Siegeszug an.[1] Seitdem gilt das Buch als *das* Standardwerk zum Thema, ja, man kann sogar sagen, es habe eine eigene Forschungsrichtung (die Soziologie der Kindheit) etabliert.

In seiner Studie vertritt der berühmte Autor eine Reihe von zentralen Thesen, insgesamt neun. Diese sollen nun in der ersten Hälfte des nachfolgenden Beitrags kurz skizziert werden. Dabei möchte ich jede dieser Thesen um die in den verschiedenen Zeitabschnitten jeweils gültigen Märchenkonzepte ergänzen, denn für das Märchen interessiert sich Ariès in seinem Buch nur am Rande:

1. These: »Kindheit« – in unserem Verständnis eine vom Erwachsenen prinzipiell getrennte Lebenswelt – hat es nicht immer gegeben. Im Mittelalter beispielsweise wurde das Kind, kaum daß es auf eigenen Beinen stand und sich verständlich machen konnte, übergangslos zu den Erwachsenen gezählt.

Im Hinblick auf die Märchen galt für das Mittelalter eine ziemlich einfache Regel: Da es kein Kind im heutigen Sinne gab (vgl. Brüggemann 1982ff., Winter 1984), gab es auch keine Extrageschichten für Kinder. Wohl aber setzte bereits im Mittelalter der Prozeß einer immer stärkeren Differenzierung zwischen Hoch- und Volksliteratur ein, der später dazu führen sollte, daß Teile der Volksliteratur am Ende als Kinderliteratur verstanden wurden (vgl. Scherf 1993: 1339, Röhrich 1962: 5).

2. These: Die Vermittlung von Werten und Kenntnissen, die Sozialisation des Kindes, bis dato Aufgabe des Familienverbandes, wurde etwa seit dem 14. Jahrhundert nicht mehr von der Familie gewährleistet. Vielmehr entfernte sich das Kind schnell vom Elternhaus und erwarb bei anderen Erwachsenen in einem informellen »Lehrverhältnis« das, was es wissen mußte, indem es deren Verrichtungen zusah und mithalf und den Erwachsenenerzählungen lauschte.

Wir wissen als historische Erzählforscher, daß der Beginn dieser Phase im Hinblick auf die Märchen von Namen wie Boccaccio (1313-1375) geprägt war[2], ihr Ende hingegen von Männern wie Montanus (bei dem bekanntlich die erste Variante von »Hänsel und Gretel« auftaucht), von Rabelais und Fischart und schließlich auch von Straparola, dessen »Piacevoli notti« im Jahre 1550 erschienen. Alle diese Autoren wandten sich mit ihren Schriften nicht ausdrücklich an Kinder, sondern an Erwachsene. Andererseits wissen wir auch nicht hundertprozentig, welche Arten von Erzählungen damals mündlich im Volke umgingen und ob es fiktive oder aufgezeichnete Erzählungen dieser Männer waren, die in den ersten autobiographischen Äußerungen vorkommen. Welche Texte also meinte etwa Luther, der am Ende dieser Phase in einem seiner Tischgespräche bekannte: »Ich möchte mich der wundersamen Historien, die ich aus zarter Kindheit übernommen, nicht entschlagen, um kein Geld der Welt.« Das bleibt unklar. Luther – er wurde 1483 geboren – hat uns (außer vagen Andeutungen) nicht hinterlassen, wer ihm welche dieser wundersamen Geschichten in seiner zarter Kindheit erzählt haben mag, noch, welche der obengenannten Märchensammlungen seiner Zeit er möglicherweise kannte.[3]

Ariès' 3. These rückt uns zeitlich nach vorne: Erst seit dem 17. Jahrhundert wecken Moralisten, meist Kirchenmänner beider Konfessionen, das Interesse an der Erziehung des Kindes im modernen Sinn. Die Kindheit wurde jetzt als Zeit der Formung des Menschen erkannt, und deshalb erhob man nun auch das Kind selbst zum Gegenstand besonderer Verantwortung und erzieherischer Bemühung. Dennoch blieben Kinder (auch äußerlich) zunächst noch »kleine Erwachsene«.[4]

Im Verlauf dieser Entwicklung entdeckte man, daß manche Erzählungen sich für diese kleinen Erwachsenen eignen und manche nicht. Es war dies – was die Märchen anbelangt – die Zeit von Basile (1575-1632) und Perrault (1628-1703), dem in Frankreich im 17. und 18. Jahrhundert endlich auch Frauen mit ihren sogenannten Feenmärchen zur Seite traten.[5] Ein ganz neuer, mondäner Ton machte sich besonders am Ende dieser Phase in den Märchenausgaben bemerkbar. Kindertümlich ist er noch nicht, Basiles »Sprachgirlanden« (Röhrich 1990: 53) würden Kinder befremden und die galanten *contes des fées* sind eine eigentümliche Erzählform aus volksliterarischem Substrat und höfischer Überformung, deren Rezeption in Deutschland erst relativ spät stattfand, um sich dann bis in die ersten Jahrzehnte des 19. Jahrhunderts fortzusetzen.[6]

Offenbar wird von manchen der eben genannten Autoren und Autorinnen aber doch die »neue« Altersgruppe Kind ins Auge gefaßt: Jedenfalls trägt Basiles Sammlung immerhin den für unsere Fragestellung aufschlußreichen Untertitel: »Unterhaltung für die kleinen Leute«. Ein weiteres Indiz ist, daß die Protagonisten der Märchen seit dem 17. Jahrhundert zunehmend selbst Kinder sind, ein Trend, der sich über Perrault bis hin zu den Grimms immer mehr verstärken sollte (vgl. Horn 1993: 1226 f.).

Gleichzeitig aber wird im Märchendiskurs jener Jahre nun erstmals auch die Vergangenheit der Menschheit allgemein mit der individuellen Kindheit gleichgesetzt und nostalgisch als unwiederbringlich verklärt: Basile etwa versteht seine Erzählungen als »Stücke aus jener guten alten Zeit [...], die man leichter betrauern, als wiederfinden kann« (Basile 1973: VI), und auch Perrault veröffentlicht seine Märchen mit den didaktischen »moralités« bekanntlich als »contes du temps passé« – was beides heißen kann: vergangene Menschheitsepochen allgemein und die Zeit der individuellen Kindheit. Es ist offensichtlich, daß hier zwei neue gedankliche Dimensionen zusammenkommen sollen. Und tatsächlich: Seit dem Barock, so kann man in der einschlägigen Sekundärliteratur – etwa bei Dieter Richter – nachlesen, entwickelt sich ein neues historisches Muster, das die beiden Begriffe,

Volk und Kind einerseits und Märchen und Vergangenheit andererseits auf einen Nenner zu bringen versucht (Richter 1987), ein Denkmuster im übrigen, daß wir später auch bei den Grimms wiederfinden werden.

4. These: Parallel hierzu wandelt sich die Familie. Im Mittelalter war sie in erster Linie eine Institution zur Vererbung von Besitz und Stand und zur Verteidigung von Leben und Ehre. Gefühle zwischen den Gatten oder zwischen Eltern und Kindern stellten hierzu bekanntlich keine notwendige Voraussetzung dar. Beziehungen und überhaupt soziale Kontakte entfalteten sich viel eher in einem dichten und warmen »Milieu« von Nachbarn, von Freunden, Herren und Dienern, Kindern und Greisen, in das die Familie mitsamt der Kinder eingebettet war – Ariès nennt diesen Umraum »das große Haus«.

Spezielle Märchen für eine bestimmte Altersklasse gab es aber auch mit dem nun einsetzenden Wandel der Familie zum »kleinen Haus« offenbar immer noch nicht. Die Kinder kannten gemeinhin nur die Fabeln vom Gevatter Fuchs, die volkstümlichen Schwänke und vor allem die Überlieferungen von der schönen Melusine, von der Magelone, von Genovefa und den Haimonskindern, von Herzog Ernst, von Alexander und vom hürnenen Siegfried (vgl. Ariès 1976: 130), kurz all das, was man später unter dem Namen »Volksbücher« zusammenfassen sollte.

5. These: Gehen wir ein Jahrhundert weiter auf unsere Zeit zu: Wieder ändert sich die familiensoziologische Lage der Kinder, denn mit der nun einsetzenden »Pädagogisierung der Kindheit« wird die Familie mit Müttern und Vätern, die sich nachweislich mehr und mehr selbst als »Erziehungsexperten« verstanden, nun im 18. Jahrhundert geradezu zu einer »moralischen Anstalt«. Sie zentriert sich zunehmend um das Kind und wird damit auch zu einem engen Zirkel affektiver und emotionaler Verbundenheit. Der Preis: Das gesellschaftliche Leben polarisiert sich in einen familiären und in einen beruflichen Bereich. Die Geselligkeit des alten Milieus im »großen Hause« schwindet endgültig.

Die Märchen, in Deutschland in erster Linie vom weiblichen Teil der Familie erzählt, werden von den Müttern nun stärker auf die kindliche Moral zurechtgestutzt. Erwachsenenmärchen, wie etwa »1001 Nacht«, werden den Kindern noch vorenthalten.[7]

Gleichzeitig gab es aber neben den Müttern, Großmüttern und Tanten auch andere Märchen-Mediatoren. Gemeint sind die erzählenden Domestiken, die häufig vom Lande in die Städte kamen. Sie bildeten eine Art »sozialer Einbruchsstelle«. Durch sie hörten städtische Bürgerkinder auch von unmoralischen Affären subalterner Schichten, sowie von Gespenstern und magischen Praktiken (»Ammenmärchen«). Insgesamt sinkt – so nennen die Volkskundler diesen Prozeß – in den häuslichen Kontexten das Erwachsenen-Märchen also schon im 18. Jahrhundert immer mehr in die Kinderfolklore ab, ohne deshalb in Form, Stil und Inhalt[8] besonders kindgerecht zu sein.

Hinzu kommt eine neuartige Distributionsform: vergleichsweise preiswerte Medien (bei uns etwa Bertuchs »Blaue Bibliothek«, in Frankreich die »Bibliotèque bleue et rose«, und die beliebten und bekannten Bilderbögen, die neuerdings über den Kinderbettchen hingen) tun das Ihre, um die kindliche Phantasie mit kindertümlichen Bildern anzuregen.

6. These: Zugleich löst die Schule – im 16. Jahrhundert vom mehrheitlich illiteraten Volke vorerst noch spärlich besucht – das alte private Lehrverhältnis ab. Was die Familie an Erziehung und Ausbildung nicht leisten kann, wird nun der Institution Schule übertragen. Kindheit wird damit viel stärker reglementiert und normiert, verschult, gleichsam unter »Quarantäne« gestellt – und damit, wie Ariès sagt, gewissermaßen vom »Externats-« auf das »Internats«-Prinzip umgestellt. Kenner der Pädagogik und ihrer Geschichte geben zu bedenken, daß dies auch die Zeit war, da das sogenannte philantropinische Experimentierwesen um sich griff. Auch das war natürlich kein Zufall. Im Zuge der damals modernen geistesgeschichtlichen Strömungen fühlte man vielmehr den verstärkten Drang, die Kinder durch eine entsprechende Erziehung auf den Weg der wahren Glückseligkeit zu leiten und gab sie in philanthropische oder andere, ganztägige Kostschulen.

In diesen Schulen werden nun die traditionellen mündlichen Erzählstoffe (Fabeln, Exempel, Sagen und auch Märchen) in speziellen Schullesebüchern (vgl. Tomkowiak 1993) und Chrestomatien »ad usum scholarum« (zum Gebrauch des Schülers also) verschriftet, und es ist vom Standpunkt der dort wirkenden Tugendvermittler her nur konsequent, daß die Märchen an einem solchen Lernort nun auch endlich »kindgerecht« und »kindertümlich« erscheinen müssen.[9] Für eine bestimmte Facette der kindertümlichen Bearbeitungen gibt es in den Fremdsprachen bezeichnende Worte: In England nennt man die gereinigten Fassungen die »bowdlerized versions«[10], in Frankreich spricht man von »ad-usum-delphini«-Ausgaben, das waren »frisierte«, purgierte, also gereinigte Texte zum Gebrauch des Dauphin gewesen.

7. These: Schule und Elternhaus entfernen das Kind von der Straße, grenzen es aber auch aus der Erwachsenengesellschaft und damit aus einer Vielzahl praktischer Lebensbezüge aus.

Die in Sprache und Inhalt nun gereinigten und »kindertümlichen« Geschichten konstruieren einen eigenen geistigen Raum für Kinder, der von dem der Erwachsenen klar abzugrenzen ist.

8. These: Beide Institutionen, Schule wie Elternhaus, wirken durch Kasernierung und Isolierung des Kindes, die nur noch homogene Gruppen zulassen, letztlich auch klassenstabilisierend, insofern das Kind fast nur noch mit seinesgleichen spielt und sich austauscht.

Diese Stabilisierung verläuft nicht nur im gesellschaftlichen Sinne auf der textexternen Basis, sie schlägt sich im Märchen auch textintern nieder, denn selbstverständlich sollten privilegierte Kinder die spätere Lebenswirklichkeit auch mittels geeigneter Geschichten von ebenfalls privilegierten Vorbildern erlernen; das bedeutet: in vielen Märchen – wenngleich nicht in allen – sind nun die kleinen Prinzen und Prinzessinnen und deren Requisiten und Umgangsformen für diese Kinder in einem ganz neuen, konkreten Sinne Handlungsvorgaben und Identifikationsangebote. Daneben werden Märchen von Damen aus der Oberschicht zwar noch immer für gewitzte Erwachsene, aber auch schon für deren Kinder, und das heißt: Kinder der Oberschicht, konstruiert. Dies letzte Verbum ist ein weiteres, entscheidendes Stichwort: Sie werden konstruiert, also gemacht und nicht aufgezeichnet. – Wichtig ist dabei auch, daß Märchen nun zunehmend zu Buchmärchen werden: Das Erzählen – bei dem man ganz instinktiv und spontan auf die Bedürfnisse und Reaktionen seiner kindlichen Zuhörer eingehen konnte – geht zurück. An seine Stelle tritt jetzt das Lesen und das in mancherlei Hinsicht auch bequemere Vorlesen von Märchen. Es gibt also einen deutlichen Orts- wie Funktionswechsel: Von der einstigen Erwachsenenunterhaltung in der Spinnstube, in der Kinder ganz offensichtlich nichts zu suchen hatten, mutiert das Märchen nun zum Vorlesestoff in der Kinderstube (vgl. Horn 1993: 1227).

9. und letzte These: Die Vorstellung, daß die immer hermetischere Erziehung daheim und die immer reglementiertere Schulbildung einen Fortschritt zu mehr Freiheit und Offenheit bedeuten, ist falsch. Im Gegenteil, historisch gesehen bedeutete diese Entwicklung mehr

Gängelei, soziale Einseitigkeit und Repression für das Kind durch die stets alles kontrollierenden Erwachsenen. Nicht aufklärerische Selbstbestimmung löste folglich die Offenheit und Geselligkeit mittelalterlicher Erziehung im »großen Hause« ab, sondern die Herrschaft der Kleinfamilie und das Lernghetto der Schule. Soweit Ariès. –

Was bedeutet nun diese letzte These für den Märchendiskurs? Das ist nicht so ganz einfach zu beantworten, denn die Situation war in sich durchaus widersprüchlich. Durch die Abschottung der Kinder von Märchen einerseits und die durch die Dienstboten vermittelte Öffnung andererseits entstand eine paradoxe Situation, paradox, weil mit dem Abwandern der Märchenerzählorte in die Kinderstuben den Erziehern auch die Kontrolle entglitt. Denn nicht die Eltern wirkten dort auf ihre Kinder, sondern vielmehr die Dienerschaft vom Lande. Die häusliche Erziehung lieferte sich damit nicht-bürgerlichen Einflüssen aus, wenngleich auch dies nicht neu war. Vor allem werden dadurch abergläubische Erzähltraditionen weitergegeben (vgl. Maurer 1996: 340). Die Eltern reagieren darauf mit der verächtlichen Abwertung aller dieser Geschichten. Der alte Ausdruck »Ammenmärchen« wird zu einem Wort, mit dem sie nun diese Einflüsse und die gesamte Gattung Volksmärchen diskreditieren.[11]

Zum anderen betrifft das Schlupfloch Kinderzimmer auch die Inhalte oder besser: die Botschaften der Märchen. Analog zum Bildungsgrad der Domestiken dienen die im Prinzip antiaufklärerischen Botschaften vieler Zaubermärchen auch gesellschaftlichen Vorstellungen, die vom hierarchischen Oben/Unten-Gedanken geprägt sind. Dazu gehören auch die in unteren Bildungsschichten damals noch nicht weiter hinterfragten »Männlich/Weiblich«-Rollenfixierungen und schließlich auch die Domestizierung von aufmüpfigen Mädchen – ein Thema, das insbesondere von der amerikanischen Märchenforschung der letzten Jahre und Jahrzehnte aufgegriffen worden ist. Ob nämlich durch dieses Hintertürchen sozialkritisches, antifeudales Gedankengut oder das Gegenteil durch die Domestiken sozusagen »eingeschmuggelt« wurde, das ist in der historischen Märchenforschung noch nicht hinreichend diskutiert[12] worden.

II. Kindheit nach dem Ancien Régime:

Mit diesen neun – immer noch recht vorläufigen – Thesen von Ariès und den entsprechenden Ergänzungen aus Geschichte und Rezeptionsgeschichte des Märchens können wir, so meine ich, den für das

Thema unbedingt nötigen historischen Rückgriff abschließen und dürfen uns nun auf jene weiteren Entwicklungen konzentrieren, die in bezug auf die Kindertümlichkeit des Märchens *nach* dem von Ariès betrachteten Zeitraum, also nach dem *ancien régime* einsetzten. Kommen wir deshalb vom Vorgestern zum Gestern, zu jenem Punkt also, an dem Ariès' Buch aufhört:[13]

Der wichtigste Wende- und Angelpunkt in der gesamten Geschichte der Kindertümlichkeitsdebatte dürfte die Aufklärung gewesen sein. Über diese Datierung besteht jedenfalls weitgehend Forschungskonsens (vgl. Grätz 1981). Tatsächlich entstand nach diesem Wendepunkt – der in Wirklichkeit natürlich ein längerfristiger Prozeß und beileibe kein Punkt war – eine ganz anders geartete Diskussion über kindgerechte Formen der Erziehung, in deren Verlauf auch die Einstellung zum Märchen einen grundlegenden Wandel erfuhr: einen Wandel, der wiederum in mehrere, auch in einander entgegengesetzte Richtungen verlaufen sollte.

Eine dieser Richtungen läßt sich folgendermaßen skizzieren: Im Verlauf der Aufklärung war die Einstellung zum Märchen zuerst ambivalent, dann nahm sie immer negativere Züge an (auch unter den Theologen hatte das Märchen damals übrigens scharfe Gegner!). Vertreter dieser ablehnenden Auffassung nannten Märchen nun »kindisch« – was im Gegensatz zu »kindlich« ein negatives Urteil war, ja nicht genug: Man sprach im Zusammenhang mit Märchen plötzlich von »Unwahrheit«, von Lüge. In dieses geistige Umfeld fällt z. B. eine Bemerkung von Lessing; der Dichter stellt in seinem 1779 erschienenen »Nathan« fest: »Nicht die Kinder bloß speist man mit Märchen ab«, was so viel heißen soll wie: Auch Erwachsene versucht man mit dümmlichen Unwahrheiten zu beruhigen.

Ammenmärchen! Eine weitere verbale Herabsetzung liegt in dem heute noch gängigen Wort *Altweibermärchen*, was aber interessanterweise manche Autoren jener Zeit nicht daran hinderte, mit diesem Wort im Titel ihrer Märchenausgaben zu kokettieren. So gab beispielsweise ein Rostocker Professor namens Peter Schmidt zu jener Zeit eine Sammlung heraus, die er »Alt-Weibers Histörchen« nennt. – Wir wissen ja, daß in der Aufklärung bei allen Schriften, und nun gar auch bei Märchen, vornehmlich »der Verstand auf seine Rechnung kommen« sollte, wie Max Lüthi betont (Lüthi 1979: 50), und bei Märchen war das nun einmal ein besonderes Dilemma. Deshalb mußte man die im Prinzip antiaufklärerischen Zauber-Märchen mit all ihren irrationalen Wundern entweder ironisieren oder abschaffen oder eben ändern. Auf alle Fälle galt es unter den Aufklärern als peinlich

und lächerlich, wenn gebildete erwachsene Menschen Märchen erzählten oder produzierten. Für diese Anti-Haltung gäbe es Hunderte
mehr oder minder aphoristischer Belege. Lassen sie mich im folgenden nur noch einen anführen, damit der Rahmen dieses kleinen Beitrages nicht überschritten wird:

Der bereits erwähnte Bertuch, der den Aufklärer Wieland verehrte
und Perrault ablehnte, schrieb in seiner schon erwähnten »Blauen
Bibliothek«[14] im Jahre 1790 – die Grimms waren noch kleine Knaben
– recht verächtlich über Perrault, den er offenbar für infantil hält:

»Wieland hat längst geurteilt, Herr Perrault müsse diese Märchen in seiner
zarten Kindheit geschrieben haben. Dabei war er ein Sechziger…«

Mit einem solchen Passus spricht ausgerechnet durch einen Märchen-
Herausgeber die gesamte Aufklärung über eine als »kindisch« gewertete Gattung ein scheinbar eindeutiges Urteil. In Wirklichkeit ist das
Urteil ambivalent: Denn in der liebevollen Formel »zarte Kindheit«
(die wir schon von Luther kennen) deutet sich auch an, daß sowohl
diese Kindheit als auch die Gattung Märchen selbst es offenbar verdienten, kindertümlicher, jedenfalls kindgerechter behandelt zu werden – eben geradewegs so, wie Bertuch es seinerseits mit der neuen
Reihe ja vorstellen wollte. Das war nun die eine Richtung, und man
erkennt, daß auch sie in sich schon gewisse Brüche hatte.

Es gibt aber auch die andere Richtung, und sie führt direkter zu den
Brüdern Grimm. Es ist diejenige, die das Zaubermärchen *und* das
darin angelegte kindertümliche Element durchweg positiv auffaßt. Sie
setzt sich aber erst in der Spätaufklärung durch, und das neue Denken
setzt ziemlich zeitgleich mit der Kindheit der Brüder Grimm ein; Jakob Grimm wurde 1785 geboren, Wilhelm ein Jahr später. Man
könnte also meinen, den Brüdern Grimm seien in ihrer eigenen Kindheit in Hanau und in Steinau Märchen erzählt worden. Tatsache ist
aber, daß in den Grimmschen Briefwechseln nur an ganz wenigen
Stellen von kindlicher Kenntnis einiger Märchensujets die Rede ist. In
ihrem Elternhaus, so folgert zum Beispiel der Grimm-Kenner Rölleke, hätten die kleinen Brüder Jacob und Wilhelm wohl *keine* Märchen gehört, sonst hätten sie das mit an Sicherheit grenzender Wahrscheinlichkeit irgendwo, spätestens aber in ihrer 1830 erschienenen
Selbstbiographie erwähnt (vgl. Rölleke 1997: 30). Wenn diese Vorstellung auch einem gängigen Klischee über die Märchenbrüder widersprechen mag (für Kenner der Debatte sei hier nur das Stichwort »alte
Marie« genannt), so sagt sie zunächst etwas aus über die Grimmsche
Motivation des Sammelns und Bewahrens von Märchen. Es ist eine

Motivation, die man (mit Rölleke) wohl folgendermaßen charakteri-
sieren kann: Die Grimms legten ihre Sammlung keineswegs aus einer
sentimentalen Kindheitserinnerung heraus an, sondern vielmehr als
Philologen mit vornehmlich wissenschaftlichen Erkenntniszielen.
Daß sie dabei die Kinder als »Zielgruppe«, wie man heute sagen
würde, im Auge hatten, war eher nebensächlich. Erst als Jakob
Grimm die englische Ausgabe in den Händen hielt, soll er derart »von
dem Kinderton entzückt« gewesen sein, daß er zusammen mit seinem
Bruder die Redaktionsstrategie entsprechend änderte.

Aber genau in dem Punkt »eigene Kindheit und Märchen« scheinen
sich merkwürdigerweise die Geister jener Zeit denn doch zu scheiden. Denn andere Autoren derselben Generation berichten durchaus
von kindlichen Märchen-Erfahrungen, so etwa der Breslauer Mär-
chenmann Büsching, von dem eingangs schon die Rede war.[15] Büsching, Altertumswissenschaftler und später auch Germanist, gab
drei Monate vor den Grimmschen Kinder- und Hausmärchen seine
eigene Märchen-Sammlung heraus, die in Kapitel sechs auch fünf ausdrücklich so bezeichnete »Kindermärchen« enthält. Die Geschichten
sind aber – im Gegensatz zu den späteren Fassungen der Brüder
Grimm – keinesfalls als besonders kindertümlich zu bezeichnen, dazu
sind allein schon Satzbau und Sinnverknüpfung viel zu kompliziert.
Trotzdem betont der Universitätsprofessor, anders als die Brüder, in
seiner autobiographischen Einleitung wiederholt den großen Einfluß
der Märchen auf seine eigene Kindheit. Aber obwohl er sich in diesem
Punkt von den Grimms unterschied (die sich übrigens ihrerseits von
dem Konkurrenz-Unternehmen so sehr distanzierten, daß Büschings
Sammlung kein Erfolg beschieden war), so hatten die drei Wissenschaftler doch zweierlei gemeinsam: Auch Büsching glaubte, daß er
diese Märchen in ähnlicher Form in der altdeutschen Literatur würde
wiederfinden können, und auch bei ihm spielte die Zielgruppe Kind
nur die zweitwichtigste Rolle, eine Haltung, die schon bei der dritten
These von Ariès angesprochen wurde.

Was das einseitige Interesse für die Textphilologie der Märchen an-
belangte, so gesellte sich zu dem Gelehrten Büsching und zu den
Grimms noch ein weiterer Märchenexperte. Auch bei ihm spielten
Kinder als Märchenadressaten nur die zweite Rolle. Dieser Mann
hatte sich vor allem mit den »Märchen aus 1001 Nacht« einen Namen
gemacht. Gemeint ist der Germanistikprofessor Friedrich Heinrich
von der Hagen (1780-1856). Von der Hagen hatte mit den Grimms
schon viele Jahre vor der Ausgabe seiner »Geschichten, Sagen und
Märchen« (Breslau 1923) im Kontakt gestanden und bei der Mei-

nungsbildung der Brüder auch zweifellos mitgewirkt. Über seine eigene Sozialisation mit Märchen sagt er indessen – soweit ersichtlich – nichts.

Wiederum etwas anders – aber auf bezeichnende Art und Weise – verhielt es sich mit einer weiblichen Vorgängerin der Grimms, mit Christiane Benedicte Eugenie Naubert. Die Nauberin, wie sie auch genannt wurde, lebte von 1756-1819 in Leipzig (übrigens von Büsching hochgeschätzt) und schrieb nicht weniger als fünfzig Romane und Erzählungen, die sie – ganz im damaligen Trend – oft im Mittelalter ansiedelte. Wie es in ihrer Zeit für eine schreibende Frau üblich war, veröffentlichte sie ihre Werke anonym, so auch die vier Bände, die sie in Anlehnung an Musäus[16] mit »Neue Volksmärchen der Deutschen« (1789-92) betitelte. Sie betrachtete zwar das Volksmärchen als eine moderne, erfolgversprechende Gattung, fußte aber keineswegs auf der mündlichen Überlieferung, und auch das Adjektiv »deutsch« ist bei ihr irreführend, denn sie schöpfte hauptsächlich aus englischen und französischen, besonders aus pseudo-orientalischen Quellen. Dabei adaptierte die Nauberin *auch* einige Zaubermärchen bzw. Zaubermärchenmotive aus dem Fundus der schriftlosen Volksüberlieferung. Doch zog sie – dem Geist der Zeit entsprechend, der das Wunderbare als Fiktion nicht mehr gelten ließ, sondern der Authentizität und Wahrscheinlichkeit unterordnete – Sagen ihres größeren Realitätsbezuges wegen vor. Um kindertümlich zu sein, waren auch ihre Märchen viel zu wenig umgangssprachlich, zu verschachtelt, zu bildungsbefrachtet und zu pointiert bzw. zu gewitzt, ganz abgesehen davon, daß ihre vier Bände viel zu teuer waren, um je wirklich in großer Breite in die Kinderzimmer zu gelangen. Ihre Bücher wurden denn auch folgerichtig nicht von den Kindern, sondern eine Generation später von romantischen Kunstmärchenautoren wie Tieck, Arnim, Brentano und E.T.A. Hoffmann wiederentdeckt. Was die Brüder Grimm anbelangt, so haben sie sich zwar für die »Neuen Volksmärchen« der Nauberin interessiert, hauptsächlich aber für die von ihr verarbeiteten Sagenstoffe. Tonangebend im engeren Sinne des Wortes wirkten Nauberts Märchen jedoch keinesfalls.

Im Vorfeld der Grimms muß, was Märchen angeht, selbstverständlich auch der Name Musäus genannt werden. Auch Musäus' Geschichten sind Märchen. Sie erschienen zwischen 1782 und 1786 in fünf üppigen Bänden. Es handelt sich dabei aber um Stücke, die ganz im Geiste der frühen Aufklärung verfaßt waren. Und auch diese Sammlung wendet sich primär nicht an Kinder und zeichnet sich auch kaum durch einen spezifisch kindertümlichen Stil aus. Sie zielte schon ihrer breit ausladenden Idyllisierungen wegen *nicht* eigentlich auf kleine Zuhörer oder Leser. Gleichwohl gibt es auch bei Musäus schon die besagte Ambivalenz: Der Autor, der seit 1769 als Lehrer für Gymnasiasten in Weimar wirkte, hatte schon aus beruflichen Gründen bei allen seinen Aktivitäten wohl immer einen pädagogisch-didaktischen Hintergedanken, der zwar *zunächst* auf Erwachsene, aber nun *auch* auf Kinder gerichtet war. Kein Wunder, daß er eines seiner Bücher (1787) mit »Moralische Kinderklapper für Kinder und Nichtkinder« untertitelte. Musäus kämpfte außerdem als Aufklärer gegen jede Art von schwärmerischer Sentimentalität und bediente sich dabei einer humorvollen, ja satirischen *Sprache*, der Kinder verständnislos gegenüberstehen. Schon rein sprachlich widerstrebte es ihm, die aus dem Volksmund genommenen Märchen (und mehr noch: Sagen) in naiv-volkstümlicher Art und Weise unbearbeitet wiederzugeben. Auch nehmen längere Reflexionen einen für kindliche Ohren viel zu breiten Raum ein, im Vergleich zur eigentlichen Handlung, die – man weiß es von Lüthi – im Märchen immer zügig und rasch fortschreiten muß, damit die Kinder die Geschichten spannend finden und von ganzem Herzen lieben können.

Ein weiterer Repräsentant der von Büsching, Musäus, Naubert, von der Hagen und anderen vertretenen Richtung ist weniger bekannt, denn auch er veröffentlichte bezeichnenderweise anonym, so als habe er sich seines Sujets wegen geschämt. Sein wirklicher Name ist Christoph Wilhelm Günther. Im gleichen Jahre wie Musäus' »Kinderklapper«, nämlich 1787, erschienen Günthers »Kindermärchen aus mündlichen Erzählungen gesammlet«. Ein irreführender Titel, denn, bei Lichte betrachtet, war auch Günther – wie so viele seiner Zeitgenossen – eher Verfasser als Sammler von Märchen, eher Dichter als Aufzeichner. Daß die Anonymität auf einer gewissen Verlegenheit beruhte, geht aus Günthers Vorwort hervor, in welchem er sich bei mehreren Autoritäten seiner Zeit entschuldigt. Er habe aber trotz aller möglichen Bedenken gegen diese Gattung dann doch Märchen veröffentlicht, da sie schließlich »Denkmäler der Vorzeit« seien, aber vielleicht auch für viele seiner erwachsenen Leser Erinnerungen an eine fröhliche Jugend darstellten – wieder eine gleichsam doppelgleisige Haltung, die wir schon bei Büsching und von der Hagen kennenlernen konnten.

Auch der mit den Märchenbrüdern in keiner Weise verwandte Pädagoge und nachmalige Kinderschriftsteller Albert Ludwig Grimm (1786-1872) gab 1809 in Heidelberg eine Sammlung heraus, die er ebenfalls mit »Kindermährchen« betitelte, und den »Aeltern und Erziehern« wärmstens empfahl (vgl. Uther Bd. 3 1996: 242). Gegen dieses Konkurrenzunternehmen richtete sich die Kritik der Brüder ebenso, wie gegen die Sammlung Büschings. In der Vorrede von 1812 bezeichnen sie das Werk des Namensvetters als eine »nicht eben wohlgerathene Sammlung« die »mit der unsrigen nichts gemein [habe]«.

Bei all diesen Autoren der Vor-Grimm-Zeit sagt der Titel »Kindermärchen« übrigens selbst nicht viel: denn schon der Begriff »Märchen« wurde damals häufig einfach anstelle von *Erzählung* überhaupt, oder auch von *fiktiver Literatur* im weitesten Sinne gebraucht. Deshalb läßt der Zugang über die bloße Bezeichnung auch für Forscher, die sich auf die Suche nach dem Prinzip der Kindertümlichkeit vor den Grimms begeben, keine wirklichen Rückschlüsse auf den Inhalt und schon gar nicht auf die wahre »Zielgruppe« zu.

Dieser Teil der Überlegungen darf aber nicht abgeschlossen werden, ohne daß am Ende noch der Name Herder genannt wird, nicht zuletzt deshalb, weil selbst bei ihm Ambivalentes in bezug auf das Prinzip der Kindertümlichkeit zu finden ist. Herder hatte sich in seinen theoretischen Schriften vielfach zum Märchen geäußert, vor allem zu den Folgen, die Märchenlektüre in den kindlichen Seelen haben könnte. Herder hatte – glaubt man seinen eigenen Worten – selbst ein sehr inniges Verhältnis zum Märchen. So hatte er zutiefst all jene Kinder bedauert, die ohne Märchen aufwachsen müssen: Eine seiner diesbezüglichen Äußerungen lautet:

»Ein Kind, dem Märchen nie erzählt worden sind, wird ein Stück Feld in seinem Gemüt behalten, das in späteren Jahren nicht mehr beackert werden kann.«

Wo aber ist hier die Ambivalenz? Nun, Herder war es auch, der dem in der Spätaufklärung abermals neuentdeckten Kind eine überbordende Einbildungskraft zusprach, eine Phantasie und einen »Wundersinn«, der alle Phänomene zu transzendieren vermag. Herder war es ferner, der dabei die Seele des unschuldigen Kindes zu einer Art sakralem Raum erhob, ähnlich wie später die Grimms. Er sagte über die kindliche Seele wörtlich:

»... was vor sie gebracht wird, muß wenigstens den Wert der Reinigkeit haben.«

Im Sinne dieser »Reinigkeit« – sie entspricht in etwa der Idee von der Reinheit und kindlichen Einfalt, welche die Grimms später zum mehr oder minder heimlichen Purgieren bringen sollten – *warnte* aber derselbe Herder andererseits auch schon vor den *Gefahren* der kindlichen Einbildungskraft, er nannte sie eine der »beweglichsten aller menschlichen Gemütsgaben«[17], die entsprechend zart behandelt werden müsse. So waren Märchen für ihn einerseits unentbehrlich, andererseits aber auch nicht ganz ungefährlich – eine, wie es scheint, recht moderne Einstellung.

III. Die »Gattung Grimm«

Wenden wir uns nun aber endlich dem dritten und letzten Teil zu, den Jahren, in denen die »Gattung Grimm« geschaffen wurde. Alle die zuletzt genannten Männer und die wenigen Frauen waren in eine zwiespältige Zeit hineingeboren worden, in der – folgt man den Thesen von Ariès – die Kindheit zwar schon entdeckt, ihr eigentliches Wesen aber im tiefsten Inneren den Menschen fremd geblieben war. Das zeigte sich auch daran, daß die Zeit letztlich noch keine Worte, keine Sprache für ihre Eigentümlichkeiten gefunden hatte: Selbst Rousseau (*1712) hatte noch zugegeben: »Man kennt die Kindheit nicht«, und Hölderlin stellte im »Hyperion« (1797-99) fest: »Von Kindheit haben wir keine Begriffe«[18].

Auch dieser Umstand sollte sich mit der *eigentlichen* Entdeckung der Kinder durch die Grimms und ihre Zeitgenossen ändern. Man fand nun durchaus Begriffe für ihre Kultur und debattierte über eine ihnen angemessene Sprache. Daraus entwickelte sich schrittweise ein neues märchentheoretisches Konzept, das später, im *Gefolge* der Grimms mit der Romantik, dann auch neue Höhepunkte der Umsetzung erreichen sollte.

Was aber war nun das eigentlich Neue an dieser Kindheitsauffassung? Es liegt wohl in einer Art Verschärfung. Man entdeckte nun das Kind geradezu als Kostbarkeit, als Hoffnungsträger, als Garant für die Zukunft der Menschheit! Die Tragweite dieses Wandels hat jüngst der Kulturhistoriker Maurer in einer großangelegten und weit ausholenden »Biographie des Bürgers« folgendermaßen beschrieben:

»Das späte 18. Jh., das sich als Zeitalter des Umbruchs begriff, entwickelte eine neue Einstellung zum Kinde, indem es der nachwachsenden Generation die ungeheure Last seiner utopischen Hoffnungen aufbürdete. Während die Funktion der Kinder in der ständischen Gesellschaft wesentlich darin gesehen wurde, das Erbe zu bewahren, weiterzutragen und fortzusetzen, sah das neue Denken die Kinder als Zukunft, als Hoffnung der Menschheit« (Maurer 1996: 560).

Es erscheint nur folgerichtig, daß sich der Umgang mit so kostbaren Wesen wandeln mußte.

Auch die zweite Innovation beruht auf einer Art Verschärfung, indem der bereits erwähnte Gedanke, die Ontogenese wiederhole die Phylogenese, nun mit ethnologischem Blick intensiviert wurde: Man sah Kinder jetzt förmlich als junge, edle Wilde und pries den kindlichen Primitivismus, das mythisch-magische Denken, den schlichten Glauben und den damit einhergehenden Sinn des Kindes für Märchen.

Auch *das* hatte zur Folge, daß die Grimms und mit ihnen große Teile der geistigen Elite des beginnenden 19. Jahrhunderts nun ernsthaft Volksmärchen *auch* für Kinder zu *sammeln* begannen. Darüber hinaus hielten sie es in Gegensatz zu den Dichtern der Romantik für sinnvoll, Märchen in einem kindgerechten Sinne zwar zu *bearbeiten*, auf keinen Fall aber zu erdichten (vgl. Grätz 1981: 509).

Zu all diesen Ideen gesellten sich immer präzisere Definitionsversuche von »Kindheit«. So erhielt »das Kind« nicht nur »einen eigenen, sozial lizenzierten Status« (Ariès), man arbeitete auch eine immer feinere Altersstufendifferenzierung der Kindheit nach Lebensjahren aus. Nach oben hin wurde die Kindheitsphase jetzt abgegrenzt von der sogenannten Jugend, d. h. vom präadoleszenten Erwachsenen, der dann im Sturm und Drang zum Kulturträger Nr. 1 stilisiert werden sollte. Das Schwellenalter von Kindheit zu Jugend wurde dabei mit zwölf Jahren angesetzt, den Erwachsenenstatus erlangten Knaben damals schon mit 16, Mädchen mit 14[19] – und nicht zuletzt vor diesem Hintergrund ist es denn auch nicht weiter befremdlich, daß die kleinen Helden und Heldinnen im Märchen das Heiratsalter erstaunlich früh erreichen.[20]

Auch nach der Auffassung vieler Dichter war die schönste Zeit des Lebens nach elf Jahren vorbei, und den Erwachsenen blieb nur der nostalgisch-tröstliche Rückblick auf goldene Jahre, die entsprechend verklärt wurden – Jean Paul etwa legte seinen Lesern nahe, sich »auf dem Rosenparterre ihrer Kindheit« auszustrecken[21], und wie hätte dies wohl besser geschehen können, als mit Märchen, die dieses wunderbare Rosenbett einst bereitet hatten?

Die Rosenparterre-Aufforderung wie die, sich in das ach so süße Ammengeschwätz der Kindheit zurückzuhören, richteten sich jedoch wiederum an Erwachsene. Es gab also auch in diesem Punkte einen Strang in der zwiespältigen Auffassung des Märchens, der direkt zu den romantischen Kunstmärchen führen sollte.

Andererseits war da aber der andere Strang, und der fand bei den Grimms tatsächlich eine erste eigentliche Umsetzung in einer Art von genialem Kompromiß oder einer Synthese: Lassen wir sie mit einem Passus aus der Vorrede der KHM, der alle Facetten enthält, selbst zu Worte kommen. Es ist dies eine geradezu zärtliche Liebeserklärung:

»Darum[22] geht innerlich durch diese Dichtungen jene Reinheit, um derentwillen uns Kinder so wunderbar und selig erscheinen. Sie haben gleichsam dieselben bläulichweißen, makellos glänzenden Augen, die nicht mehr wachsen können, während die anderen Glieder noch zart, schwach und zum Dienste der Erde ungeschickt sind. Das ist der Grund, warum wir durch unsere Sammlung nicht bloß der Geschichte der Poesie und Mythologie einen Dienst erweisen wollten, sondern es zugleich Absicht war, daß die Poesie selbst, die darin lebendig ist, wirke und erfreue, wen sie erfreuen kann, also auch, daß es als ein Erziehungsbuch diene…«

Auch unter diesen ganz verschiedenen Vorzeichen beginnt mit der Romantik – mit der wir hier aufhören – die Geschichte der Kindheit von neuem (vgl. Richter 1987: 230). Das Kind und das Volkstümlich-Naive werden dabei gleichgesetzt. Märchen entsprechen verklärten Sehnsuchtsbildern vom Ganzen, vom Heilen, vom nicht-entfremdeten Leben. Dieses Konzept kann man auch als Entwurf einer »regressiven Utopie« (Richter 1997: 186) verstehen, als Versuch der Erwachsenen, über die Brücke der Kultur der Kinder und kindliches Denken den Weg zurück ins eigene, verlorene Paradies der Kindheit anzutreten, eine Haltung, die bei Brahms zu der Liedzeile führt: »Ach wüßt ich doch den Weg zurück, den Weg ins Kinderland.«

Wir sehen: Auch die Romantik – neben und nach den Grimms – zielte letztlich also wiederum auf den *erwachsenen* Leser und nicht auf das Kind. Wenn wir aber nun diese beiden Hauptstränge auf ihre heutige Gültigkeit hin überprüfen, so müssen wir zugeben, daß sich genau diese Zweigleisigkeit zäh bis in unsere Tage gehalten hat. Denn wie viele Menschen sind nicht baß erstaunt, wenn sie hören, daß Märchen ursprünglich stets eine Angelegenheit von Erwachsenen für Erwachsene waren und heute wieder sind?

Hans Christian Andersen – ihm soll hier das letzte Wort gehören – löste das Dilemma als Pragmatiker. Er schrieb dazu einmal in einem Brief über »Märchen für Kinder erzählt«: »Ich greife eine Idee auf, die für Ältere gedacht ist, und erzähle sie dann den Kleinen, während ich daran denke, daß Vater und Mutter oft zuhören, und ihnen muß man etwas für den Verstand geben.«

Anmerkungen

1 Der Vortragscharakter des Beitrages ist beibehalten worden. – Neil Postman, der im Jahre 1982 mit dem »Verschwinden der Kindheit« gewissermaßen das Pendant bzw. das Folgebuch schrieb, sagt zum Erfolg des Arièsschen Werkes, die besten historischen Darstellungen würden immer dann geschrieben, wenn eine Periode zu Ende gehe und es unwahrscheinlich sei, daß sie einen neuen kraftvollen Aufschwung erlebe. Historiker kämen im allgemeinen nicht zu Hochzeiten, sondern zu Begräbnissen. Und inzwischen sei, so Postmans Leitidee, die von Ariès wiederentdeckte Kindheit definitiv zu Grabe getragen und mit Hilfe der Medien endgültig beseitigt worden.

2 Indes würde niemand auf die Idee kommen, in der populären Novellistik des »Decamerone« nach dem kindertümlichen Märchenton zu suchen (vgl. Alberte Spinette: »Bocaccio, Giovanni«. In: EM 2 (1979) Sp. 549-550, sowie Claudia Bolsinger: *Das Decameron in Deutschland. Wege der Literaturrezeption im 15. und 16. Jahrhundert.* Frankfurt a. M.: Lang 1998).

3 Wir wissen aus den Anmerkungen von Bolte-Polívka lediglich, daß es sich um das »Tapfere Schneiderlein« gehandelt haben soll.

4 In der sogenannten Hätschelperiode (d. h. bis zum 5. Lebensjahr) sind die Jungen noch bis ins 20. Jh. hinein wie kleine, erwachsene Frauen gekleidet. Ariès' historischer Befund läßt sich vielfach ikonographisch stützen: In nahezu allen Gemälden des 16., 17. und noch des 18. Jh. treten uns Kinder als kleine Erwachsene entgegen. Sie sind gekleidet wie Miniaturen ihrer Eltern, frisiert wie diese, und sie haben auch deren Gesten an sich.

5 Madame d'Aulnoy (1650-1705), Mlle. L'Heritier, Madame de la Force, Madame de Murat und andere. Ariés beruft sich hier auf M.E. Storer: *La mode des contes des fées* (1685-1700).

6 Zu den Feenmärchen ist unlängst erschienen: *Feen-Märchen.* Braunschweig 1801. Reprint. Transkription der handschriftlichen Grimm-Anmerkungen und Kommentar von Ulrich Marzolph, Hildesheim: Olms 1998.

7 Anton Reiser liest mit 11 Jahren (um das Jahr 1770 herum) *1001 Nacht* »heimlich in seiner Kammer« und »verschlingt die Lektüre mit unendlicher Begierde« (Moritz 1961: 25); Für den Zugang über Autobiographien vgl. auch *Deutsche Kindheiten.* Autobiographische Zeugnisse 1700-1900. Hg. von Irene Hardach-Pinkl und Gerd Hardach. Kronberg i. Ts.: Athenäum 1978.

8 Zu kindgerechten Inhalten vgl. Scherf (1993, bes. 1332 f.), der hier auch etliche weiterführende Literaturhinweise (Richter, Doderer, Bettelheim, Wardetzky u.a.) gibt.

9 So bemühte sich etwa der dem Philanthropinismus nahestehende Johann Gottlieb Schummel erstmals auch um eine kindgemäße Sprache in gedruckten Märchen (*Kinderspiele und Gespräche* 3, Leipzig 1778).

10 Nach T. Bowdler, der 1825 Shakespeare zu expurgieren versuchte.

11 Nach Grätz (1981) war der Terminus »Ammenmärchen« im 18. Jh. ein Synonym für »Volksmärchen« schlechthin, was sich unter anderem auch in der Titelei verschiedener Sammlungen aus dieser Zeit ausdrückt.

12 Hier sei auf den Ansatz der marxistisch-leninistischen Märchenforschung verwiesen, die Märchen in erster Linie als Ausdrucksformen der unterprivile-

gierten, werktätigen Bevölkerung auffaßte (vgl. *Deutsche Volksdichtung. Eine Einführung* (Autorenkollektiv) Leipzig [2]1987, zuerst 1979.

13 Empfohlen sei hier das Vorwort von Hartmut v. Hentig in Ariés' Buch, das sich mit den Determinanten der Kindheit in den siebziger Jahren befaßt. Für den heutigen Stand sei verwiesen auf die 1998 angefertigte Jugend-Studie der Stiftung Shell, sowie zu früheren Jahrhunderten auf die von Brüggemann herausgegebenen Bände.

14 Zusammen mit F. Jacobs: *Blaue Bibliothek aller Nationen.* Gotha/Weimar 1790-1800.

15 Vgl. Halub, Marek: *Johann Gustav Gottlieb Büsching. 1783-1829. Ein Beitrag zur Begründung der schlesischen Kulturgeschichte* (Acta Universitatis Wratislawiensis; No. 1978). Wroclaw: Wydawn. Uniw. Wroclawskiego, 1997 (Habilitation in deutscher Sprache). Für diesen Hinweis danke ich Herrn Dr. Lothar Bluhm, Wuppertal.

16 *Volksmärchen der Deutschen,* 1782-87.

17 Johann Gottfried Herder: *Vorrede zu den ›Palmblättern‹* (1786). In: Sämtl. Werke. Hg. von Bernhard Suphan. Bd. 16. Berlin 1887, S.584.

18 Zitiert nach Richter 1987, S.1.

19 In etwa könnte dies dem an sich ja unbestimmten Alter entsprechen, in dem die Märchenhelden und -heldinnen ihrerseits in die Welt hinausziehen, um sich zu bewähren, um zu heiraten und damit das Märchen zu beenden.

20 Rölleke hat das Alter der kindlichen Handlungsträger in den KHM einmal genau ausgezählt, um mögliche sozialhistorische Realien zu überprüfen, vgl. »Zeiten und Zahlen in Grimms Märchen«. In: U. und H.-A. Heindrichs (Hg.): *Die Zeit im Märchen.* Kassel: Röth 1989. Im übrigen war die Kinderehe zu allen Zeiten, in allen Schichten und in vielen Kulturen eine soziale Realität, die sich nicht zuletzt auch im Märchen spiegelt.

21 Jean Paul: *Sämtliche Werke.* 1. Abt. Erzählende und theoretische Werke. Hg. von Norbert Miller, 6 Bde. München 1960. 3. Aufl. 1970, Bd. 3, S.23.

22 Nämlich weil es seine »Notwendigkeit in sich trägt« und »gewiß aus jener ewigen Quelle gekommen (ist), die alles Leben betaut...« (Vorrede zu Rölleke: *KHM*, S.16).

Literatur

Ariès, Philippe: *L'enfant et la vie familiale sous l'ancien régime.* Paris: Plon 1960. Dt.: *Geschichte der Kindheit,* übers. v. Caroline Neubaur und Karin Kersten. Vorw. Hartmut v. Hentig. Wien, München: Hanser 1975, 2. Aufl. 1976, letzte Aufl. 1996.

Basile, Giambattista: *Der Pentamerone oder Das Märchen aller Märchen,* aus dem Neapolitanischen übertragen von F. Liebrecht. Bd. 1, Breslau: 1846 (Nachdruck), Hildesheim: Olms 1973.

Bertuch, Friedrich Justus (Hrsg.): *Blaue Bibliothek aller Nationen.* Bd. 1, Gotha 1790 ff.

Brüggemann, Theodor (Hrsg.): *Handbuch zur Kinder- und Jugendliteratur.*

Bd. 1: *Vom Beginn des Buchdrucks bis 1570;* Bd. 2: *Von 1570 bis 1750;* Bd. 3: *Von 1750 bis 1800;* Bd. 4: *Von 1800-1850.* Stuttgart: Metzler 1982-1998.

Brunken, Otto: *Handbuch zur Kinder- und Jugendliteratur.* Hrsg. von Theodor Brüggemann, Bd. 4: 1800-1850. Stuttgart: Metzler 1998.

Ewerts, Hans-Heino: *Kindheit als poetische Daseinsform. Studien zur Entstehung der romantischen Kindheitsutopie im 18. Jh. Herder, Jean Paul, Novalis und Tieck.* München 1989.

Ewerts, Heino: »Jugend – ein romantisches Konzept? Die zweifache Bedeutung der Romantik in der Geschichte moderner Jugendentwürfe«. In: Günter Oesterle (Hrsg.): *Jugend – ein romantisches Konzept?* Würzburg: Königshausen und Neumann 1997.

Grätz, Manfred: *Das Märchen in der deutschen Aufklärung. Vom Feenmärchen zum Volksmärchen.* Germanistische Abhandlungen, Bd. 63. Stuttgart: Metzler 1988.

Ders.: »*Deutschland*«, Passus »Aufklärung«, in *Enzyklopädie des Märchens* (im folgenden zitiert als EM) 3, 1981, Sp. 498-510.

Horn, Katalin: *Kind* in *EM* 7, 1993, Sp. 1223-1240.

Maurer, Michael: *Die Biographie des Bürgers. Lebensformen und Denkweisen in der formativen Phase des deutschen Bürgertums (1680-1815).* Veröffentlichungen des Max-Planck-Instituts für Geschichte 127. Göttingen: Vandenhoeck und Ruprecht 1996.

Mause, Lloyd de (Hrsg.): *Hört ihr die Kinder weinen? Eine psychogenetische Geschichte der Kindheit.* Frankfurt a.M. 1977.

Moritz, Karl Philipp: *Anton Reiser. Ein psychologischer Roman.* 4 Bde (1785-1790). München: Goldmann 1961.

Postman, Neil: *The Disappearance of Childhood.* New York: Delacorte 1982. Deutsch: *Das Verschwinden der Kindheit* (aus dem Amerikanischen von Reinhard Kaiser). Frankfurt: Fischer 7. Aufl. 1983.

Richter, Dieter: *Das fremde Kind. Zur Entstehung der Kindheitsbilder des bürgerlichen Zeitalters.* Frankfurt a.M.: Fischer 1987.

Richter, Dieter: »Die Reise in die Kindheit. Ein romantisches Motiv«. In: G. Oesterle (Hrsg.): *Jugend – ein romantisches Konzept.* Würzburg: Königshausen und Neumann 1997, S. 181-192.

Röhrich, Lutz: *Erzählungen des späten Mittelalters und ihr Weiterleben in Literatur und Volksdichtung bis zur Gegenwart. Sagen, Märchen, Exempel und Schwänke,* mit einem Kommentar hrsg. von L. R. Bern/München: Francke 1962.

Röhrich, Lutz: *Märchen und Wirklichkeit.* Wiesbaden: Steiner 3. Aufl. 1974.

Röhrich, Lutz: »Wechselwirkungen zwischen oraler und literaler Tradierung«. In: *Wie alt sind unsere Märchen?* Hrsg. von Charlotte Oberfeld. Veröffentlichungen der Europäischen Märchengesellschaft, Bd. 14. Regensburg: Röth 1990.

Rölleke, Heinz (Hrsg.): *Brüder Grimm: Kinder- und Hausmärchen. Ausgabe letzter Hand mit den Originalanmerkungen der Brüder Grimm.* 3 Bde., Stuttgart: Reclam 1991, 1994, 1995.

Rölleke, Heinz: »Büsching«. In: *EM* 2, 1979, Sp. 1053-1054.

Rölleke, Heinz (Hrsg.): *Grimms Märchen, wie sie nicht im Buche stehen.* Frankfurt: Insel 1993.

Rölleke, Heinz: »»Daß unsere Märchen auch als ein Erziehungsbuch dienen‹. Die Kinder- und Hausmärchen der Brüder Grimm: Aufnahme und Veränderungen der Märchentexte und ihre Intention«. In: *Märchen in Erziehung und Unterricht heute*, Bd. II, hrsg. im Auftrag der Märchenstiftung Walter Kahn. Hohengehren: Schneider 1997.

Scherf, Walter: »Kindermärchen«. In: *EM* 7, 1993, Sp. 1329-1336.

Tomkowiak, Ingrid: Lesebuchgeschichten. *Erzählstoffe in Schullesebüchern 1770-1920*. Berlin/New York: de Gruyter 1993.

Uther, Hans-Jörg (Hrsg.): *Brüder Grimm – Kinder- und Hausmärchen*. Nach der großen Ausgabe von 1857, textkritisch revidiert, kommentiert und durch Register erschlossen. 4 Bde. (Die Märchen der Weltliteratur), München: Diederichs 1996.

Weber-Kellermann, Ingrid: *Die Kindheit. Kleidung und Wohnen, Arbeit und Spiel. Eine Kulturgeschichte*. Frankfurt: Insel 1979.

Winter, Matthias: *Kindheit und Jugend im Mittelalter*. Hochschulsammlung Philosophie, Geschichte, Bd. 6 (zugl. Diss. Freiburg 1984). Freiburg: Hochschulverlag 1984.

Wilhelm Solms

Was sind Kindermärchen?

Welche Märchen sind Kindermärchen? Die weitestgehende Antwort
wäre: alle Märchen. Wenn die Brüder Grimm ihrer Sammlung den Titel »Kinder- und Hausmärchen« gaben, so taten sie dies in der Erwartung, daß die darin enthaltenen 200 Texte zu Hause im Kreis der Familie den Kindern vorgelesen würden. In der Vorrede bezeichneten
sie es als ihre Absicht, daß ihre Sammlung »als ein Erziehungsbuch
diene«. Sie waren demnach überzeugt, daß die von ihnen gesammel-
ten Märchen für die Erziehung der Kinder geeignet seien.

Andererseits bemühten sie sich bei der Textbearbeitung, jeden »für
das Kinderalter nicht passenden Ausdruck« zu löschen (Vorrede zu
den späteren Ausgaben), und ließen die beiden Erzählungen, in denen
ein Kind ein anderes schlachtet, in der Zweitausgabe von 1819 weg.
Demnach wären nicht alle mündlich oder schriftlich überlieferten
Volksmärchen, sondern erst die durch Wilhelm Grimm bearbeiteten
Texte »Kindermärchen«.

Auch wenn Kinder »immer noch die wichtigsten Märchenrezipien-
ten« sind, so ist »die Gleichsetzung von Märchen und Kinderliteratur«,
wie Katalin Horn (EM, Artikel »Kind, Kinder«) zu bedenken gibt,
doch ein »Vorurteil«. Erstaunlich ist nur, daß dieses Vorurteil anhält,
obwohl es durch die bis heute andauernde Diskussion darüber, welche
Märchen für Kinder geeignet und welche für sie gefährlich seien, per-
manent widerlegt wird. Wenn Pädagogen und Psychologen daran festhalten, daß alle Märchen für Kinder geeignet, ja bestimmt seien und
von den Kindern ›gebraucht‹ würden, und sie deshalb als »Kindermärchen« bezeichnen, so betrachten sie diese als »Erziehungsmärchen«
oder »Therapiemärchen«.

Was heißt »Kindermärchen«?
»Märchen« ist in dieser Wortzusammensetzung das Grundwort,
»Kinder« das Bestimmungswort. »Kindermärchen« sind also von der
Wortbedeutung her nicht alle, sondern nur ganz bestimmte Märchen.
Wie aber lassen sie sich bestimmen? Wie sind die beiden Wortteile
aufeinander zu beziehen? Sind Märchen *für* Kinder gemeint oder
Märchen *von* Kindern oder Märchen *über* Kinder?

Heinz Rölleke hat diese Frage auf dem Umweg über den Vergleich mit einem »Jägerschnitzel« beantwortet. Dieser Vergleich ist zwar witzig, weil er die Vorstellung suggeriert, man würde ein Schnitzel von Jägern oder aus Jägerfleisch verzehren, aber schief. Natürlich ist ein Jägerschnitzel ein Schnitzel *für*, aber nicht *von* Jägern, ein Kindermärchen kann jedoch ebenso *für* Kinder wie *von* Kindern erzählt werden. Außerdem läßt es sich nicht nur einmal, sondern immer wieder konsumieren und ist auch nach 200 Jahren noch frisch wie am ersten Tag.

Näher liegt es, Kindermärchen mit »Tiermärchen«, noch näher, sie mit »Frauenmärchen« zu vergleichen. »Tiermärchen« sind völlig eindeutig Märchen *über* Tiere, noch genauer: Märchen, in denen Tiere die Hauptfiguren sind. »Frauenmärchen« kann Märchen *für*, *von* und *über* Frauen bedeuten. Frauenmärchen sind zunächst Märchen *über* Frauen oder Märchen, in denen eine Frau die Hauptfigur und meist auch die Titelfigur darstellt wie »Aschenputtel«, »Dornröschen«, »Schneewittchen«oder »Rotkäppchen«, die deshalb seit jeher zu den bekanntesten und beliebtesten Märchen zählen. Weil hier eine Frau in der Rolle des Helden agiert, wurden diese Märchen mit Vorliebe *von* Frauen *für* Frauen erzählt. Die erste Bestimmung, Märchen *über* Frauen, betrifft die Märchen selbst, die zweite und dritte, *für* und *von* Frauen, betrifft ihre Rezeption und Produktion, ist also von sekundärer Bedeutung.

Dieses Ergebnis läßt sich auf die Kindermärchen übertragen. Kindermärchen sind zunächst Märchen *über* Kinder oder Märchen, in denen Kinder die Hauptrolle spielen, und demzufolge auch Märchen *für* Kinder und *von* Kindern, also Märchen, die mit Vorliebe Kindern erzählt oder vorgelesen und dann von ihnen nacherzählt, umerzählt, illustriert oder gespielt werden.

Märchen *für* Kinder sind Märchen, die auf Kinder besonders anziehend wirken, weil sie sich mit einem kindlichen Helden oder einer kindlichen Heldin sofort identifizieren, aber nicht, wie manche Pädagogen und Psychologen meinen, Märchen, die sich für die Erziehung oder Therapierung von Kindern eignen oder ihrer zweckorientierten Definition des Märchens entsprechen. So beginnt der Artikel von Walter Scherf über »Kindermärchen« in der »Enzyklopädie des Märchens« mit dem Satz: »Der Streit um die Eignung von Märchen für das Kind ist alt und spiegelt zu allen Zeiten die Gegensätze erzieherischer Grundeinstellung und besonders die Achtung oder Nichtachtung eigenständiger Wachstumskräfte des Kindes wider.« Damit ist viel über das zweifellos sympathische märchenpädagogische Anliegen des Verfassers gesagt, nämlich daß er die »eigenständigen

Wilhelm Solms

Wachstumskräfte des Kindes« geachtet wissen will und daß ihm die
Märchen zur Vermittlung dieses Erziehungsziels geeignet scheinen,
aber nur wenig über die Kindermärchen.

Wenn man je nach Handlungsträger Frauenmärchen, Kindermärchen und Tiermärchen registriert, dann müßte man auch die »Männermärchen« hinzunehmen. Sonst würde man unterstellen, daß Märchen, ausgerechnet Märchen, Männersache seien. So ist kürzlich in der EM ein von Rainer Wehse verfaßter Artikel über den sonst selten gebrauchten Begriff »Männermärchen« erschienen. »Er (der Begriff) bezeichnet in Opposition zum Frauenmärchen besonders von Männern (bzw. für Männer) erzählte Märchen.« Doch wenn man schon den Begriff »Männermärchen« bestimmen will, dann sollte man analog zu den Tiermärchen den Inhalt zum Kriterium nehmen und sich mit Märchen befassen, in denen männliche Helden »männliche« Taten verrichten oder als männliche geltende Eigenschaften beweisen. Nimmt man dagegen wie Wehse das Geschlecht von Erzähler »bzw.« Publikum zur Richtschnur, dann müßte man bei sämtlichen überlieferten Märchenvarianten zwischen Männer- und Frauenmärchen unterscheiden. Und man müßte, dem Publikum bzw. Erzählort entsprechend, auch Schüler- und Schülerinnenmärchen, Krankenmärchen, Seniorenmärchen usw. als eigene Gruppen behandeln.

Welche Texte der Grimmschen Sammlung sind Märchen über Kinder?
In vielen Zaubermärchen wächst die kindliche Heldin zu einer jungen, überaus schönen Frau heran, die zuletzt mit dem Königssohn Hochzeit hält. Es gibt aber nur wenige Zaubermärchen, deren kindliche Hauptfiguren bis zum Happy-End Kinder bleiben wie »Hänsel und Gretel«, »Rotkäppchen«, »Fundevogel«, »Die Wassernixe«, »Das Lämmchen und Fischchen« und »Die Sterntaler«.

Zu den Märchen über Kinder gehören auch auffallend viele Märchen mit schlechtem Ausgang wie das »Märchen von der Unke«, das auf einen Sagenstoff zurückgeht, das Schreckmärchen »Frau Trude«, die moralischen Erzählungen »Das eigensinnige Kind«, »Der gestohlene Heller«, »Großvater und Enkel« und das Exempel »Der arme Junge im Grab« – alles Märchen, von denen in hoffentlich vergangenen Zeiten Eltern und Erzieher gemeint haben, daß sie zur »Erziehung«, und das heißt hier: zur Einschüchterung der Kinder, geeignet seien, die aber nach heutiger Auffassung für Kinder völlig ungeeignet sind. Dazu kommen noch das Rätselmärchen vom »Hirtenbüblein« und das Schlußmärchen »Der goldene Schlüssel«, das wohl eher für Erwachsene bestimmt ist. Unter den 200 Texten der Grimmschen

Sammlung befinden sich also nur 14 Märchen über Kinder, das sind sieben Prozent, von denen die meisten wohl kaum *für* Kinder erzählt und ganz bestimmt nicht gerne *von* Kindern gehört werden. Das ist für eine Sammlung mit dem Titel »Kinder- und Hausmärchen« ein unbefriedigendes Ergebnis.

Welche Märchen sind Märchen für Kinder?

Das sind nicht nur die Zaubermärchen, deren Helden Kinder sind und bleiben, sondern auch die vielen Zaubermärchen, in denen sich im Lauf der Handlung die Heldin zu einer jungen Frau oder, allerdings seltener, der Held zu einem jungen Mann entwickelt. Die Heldin, die zu Beginn der Handlung noch gar nicht geboren oder ein kleines Mädchen ist, begegnet wenige Zeilen später einem Königssohn, den sie befreit oder erlöst, oder wird selbst verzaubert und dann von einem Königssohn erlöst und meist zu seiner Frau und damit zur Königin gemacht. Streng genommen müßte man diese Märchen nicht als Kindermärchen, sondern als Frauenmärchen definieren. Dann müßte man aber eng verwandte Märchen wie »Hänsel und Gretel« und »Brüderchen und Schwesterchen« zwei verschiedenen Gruppen zuordnen. Dies wäre vor allem deshalb unsinnig, weil gerade die Entwicklungsmärchen, wie Walter Scherf ausführlich darstellt, für Kinder besonders geeignet sind. Denn sie führen den Kindern ihre künftige Entwicklung vor und machen sie mit den dabei auftretenden Konflikten bekannt wie Loslösung vom Vater oder von der Mutter, Identifikation mit der Geschlechterrolle, Rivalität zwischen gleichgeschlechtlichen Geschwistern, Bindungsangst des künftigen Partners u.a.m.

Zu den Märchenhelden, mit denen sich Kinder leicht und gern identifizieren, gehören auch diejenigen, die winzig klein sind, sich aber mit Mut und Klugheit gegen die Großen zu behaupten wissen wie der »Däumling« oder »Daumerling« oder die zunächst klein sind und später groß und stark werden, wovon vor allem Jungen entsprechend der ihnen anerzogenen Geschlechterrolle träumen. Kinder erkennen sich aber auch in den kleinen Tieren wieder, die im Kampf gegen größere und stärkere Tiere oder gegen den Menschen den Sieg davontragen oder zumindest mit heiler Haut davonkommen. Die kindlichen Zuhörer zittern mit dem jüngsten der »sieben jungen Geißlein«, das sich im Uhrkasten versteckt hat und dann der Mutter die Untat des Wolfs erzählt, sie teilen die Schadenfreude von »Hühnchen und Hähnchen« und dem übrigen »Lumpengesindel«, und sie lachen und weinen, wenn ihnen in der lustigen Form des Kettenmärchens vom »Tod des Hähnchens« oder vom Tod von »Läuschen und

Flöhchen« erzählt wird. Die vielen Diminutive in den Titeln sind ein deutlicher Hinweis, daß diese Märchen *für* Kinder bestimmt sind.

Als Märchen *für* Kinder lassen sich drittens und letztens auch die Unsinn-Geschichten betrachten. Das sind die eigenartigen Erzählungen, die den Märchenforschern bei der Typen- und Gattungsbestimmung so viel Kopfzerbrechen bereiten und die von den Brüdern Grimm in ihren Anmerkungen den »Kinderliedern« (»Des Knaben Wunderhorn«, Bd. 3) an die Seite gestellt werden. Die beiden genannten Tierkettenmärchen sind ihren Anmerkungen zufolge mit »Kinderliedern« verwandt, »Die schöne Katrinelje« war ursprünglich als Kinderlied und als Gesellschaftsspiel im Umlauf, »Das Hausgesinde«, »gleichsam ein Gespräch mit dem Widerhall«, ist ebenfalls als Kinderlied überliefert, in »Lämmchen und Fischchen« wird beschrieben, wie »Die Kinder ... Abzählens« spielten: bei diesem Märchen sind mit einem Wunderhorn-Lied verwandte Abzählverse eingebaut. Hierher gehören auch die Lügenmärchen und die Endlos-Geschichte »Der Fuchs und die Gänse«, die an Unsinn-Gedichte erinnern wie »Dunkel war's, der Mond schien helle«, das wohl viele von uns als Kind aufgesagt haben und heute noch auswendig können. Solche Texte schärfen den Sprachwitz, stärken die Memorierfähigkeit und ermöglichen Kindern, nicht begreifbare Erfahrungen wie den Tod auf kindliche Weise zu verarbeiten. Mit diesen dem Kinderlied verwandten Märchen bin ich bereits beim letzten Abschnitt angelangt:

Märchen von Kindern
Das sind die Märchentypen, -motive und -figuren, die von Kindern nacherzählt, umgedichtet, gemalt, gesungen oder gespielt werden. Dies übersteigt jedoch den Rahmen dieser kurzen Betrachtung, die Kinder- und Hausmärchen der Brüder Grimm. Deshalb kann ich nur auf die Unterrichtsmodelle von Helga Zitzlsperger verweisen und darüber hinaus den nicht nur kindlichen Wunsch äußern, daß die Märchenpädagoginnen und -pädagogen in künftigen Untersuchungen und auf künftigen Kongressen der Europäischen Märchengesellschaft den kreativen Umgang von Kindern mit Märchen genau beobachten, möglichst authentisch wiedergeben und streng immanent beurteilen, statt bei den Begriffen, Theorien und Methoden der Märchendidaktik Zuflucht zu suchen, die sich nicht an Kindern, sondern an »Lernzielen«, an dem, was Kinder lernen sollen, orientieren. Ohne eine genaue Betrachtung, wie die Märchen *von* Kindern aufgefaßt und wiedergegeben werden, bleibt eine Untersuchung der Märchen *über* und *für* Kinder wie die hier skizzierte ein Torso.

Katalin Horn

Märchen – Literatur für Kinder?[1]

Die Frage, ob Märchen Literatur für Kinder seien, impliziert nicht weniger als vier Probleme. Erstens: Sind überlieferte Volksmärchen für Kinder geeignet? Zweitens: Was ist der Unterschied zwischen Kinder- bzw. Jugendliteratur und Märchen? Drittens, und damit im Zusammenhang: Wie definiert man Kinderliteratur, und wie definiert man Märchen? Viertens: Was wissen wir vom *Kind*?

Zum ersten Problem: Die Pädagogik vornehmlich philosophischer und politischer Richtungen hat das Märchen seit dem Altertum bis zu den siebziger und achtziger Jahren unseres Jahrhunderts immer wieder in Frage gestellt. Die Kritik über das Märchen ist gar älter als die älteste schriftliche Überlieferung eines abendländischen Märchens! Platon schreibt nämlich in seiner »Politeia«: »Werden wir nun so ohne weiteres es zulassen, daß die Kinder Märchen anhören, wie sie der erste beste auf gut Glück ersinnt [...]? Den jetzt geläufigen Märchen aber muß man zum größten Teil den Abschied geben.«[2]

So überrascht es nicht, daß auch in der Geburtsstunde der »Kinder- und Hausmärchen« darüber diskutiert wurde, ob diese Märchensammlung ein Buch für Kinder, gar ein Erziehungsbuch oder, im Gegenteil, ob sie für Kinder anstößig sei? Die erste Frage verneinte Jacob Grimm in einem Brief an Achim von Arnim: »Sind denn diese Kindermärchen *für Kinder* erdacht und erfunden? Ich glaube dies so wenig, als ich die allgemeinere Frage nicht bejahen werde: ob man für Kinder etwas eigenes einrichten müsse?«[3]

Und doch wurden die »Kinder- und Hausmärchen«, vor allem die kleine Ausgabe von 1825, für die Kinder »eingerichtet«, und die Vorbehalte der Eltern wurden von den Brüdern mit folgendem Argument zerstreut: »... so mag für einzelne Fälle die Sorge begründet sein, und sie können dann leicht eine Auswahl treffen: im ganzen, das heißt für einen gesunden Zustand, ist sie gewiß unnötig« (Vorrede zur 2. Aufl.).

Zum zweiten Problem: Die Unterscheidung zwischen Märchen und Kinderliteratur ist durch die unsichere Definition der letzteren (und wie wir sehen werden, auch der ersteren!) gar nicht einfach: Der Sonderstatus des Kindes ist historisch nämlich verhältnismäßig jung, ist ein Ergebnis des Zerfalls mittelalterlicher »Sozialität«, in der das

Kind noch in unmittelbarer sinnlicher Gemeinschaft mit den Erwachsenen lebte. Noch Goethe berichtet, daß es in seiner Jugend keine Bibliothek für Kinder gab, denn »die Alten hatten selbst noch kindliche Gesinnungen, und fanden es bequem, ihre eigene Bildung der Nachkommenschaft mitzuteilen«[4]. Und sogar in einem Handbuch unserer Tage heißt es noch wortwörtlich: »Nobody is quite sure what children's literature *is*«.[5]

Drittens: Wenn man vom Märchen (oder vom Volksmärchen) spricht, müßte man das Märchen »endgültig« definieren. Hier melden sich gleich zwei gegensätzliche Probleme: Erstens zeigen volkskundliche, literaturwissenschaftliche und empirische Untersuchungen, daß bloß ein Kanon von etwa einem Dutzend Märchen aus der bekanntesten Sammlung, den »Kinder- und Hausmärchen« der Brüder Grimm, allgemein bekannt ist.[6] Auf der anderen Seite herrscht eine regelrechte Inflation der Definitionen.[7] Diese Vielfalt der Meinungen spiegelt sich in der Konkretheit der Grimmschen Sammlung selbst, in der beileibe nicht nur *Märchen*, sondern alle nur möglichen Gattungen der volkstümlichen Prosa zu finden sind. Außerdem zeigen wiederum empirische Untersuchungen, daß Kinder, Jugendliche und junge Erwachsene nicht immer scharfe Grenzen zwischen Märchen, Kinder- und Jugendliteratur, Fantasy, ja Alltagsgeschichten ziehen können.[8]

Viertens: Im Grunde genommen kennen wir »das Kind« nicht. Trotz umfangreicher tiefen- und entwicklungspsychologischer, pädagogischer und ethnologischer Literatur[9] bleibt immer ein Rest von Geheimnis um das »fremde Kind« (vgl. das gleichnamige Buch von Dieter Richter!). Die Basler Kinderbuchexpertin Anna Katharina Ulrich schreibt sehr schön über die persönliche Erinnerung an unsere Kindheit: »Wir stehen da vor verschlossenen Toren. Zwar wissen wir manches über Kindheit, können auch über die eigene vieles sagen; doch trennt uns ein unaufhebbarer Vergessensschleier von der Kinder*wirklichkeit* [...]. Das ist eine anthropologische Konstante [...]. Auch die Entwicklungspsychologie vermag den Schleier nicht zu lüpfen. Keine Beobachtung, keine Erinnerung führt uns leibhaftig ins Kinderleben zurück, in dem wir doch gesteckt haben müssen.«[10]

Trotz der angeführten Bedenken muß jedoch die Verfasserin gestehen, daß sie sehr wohl – und schon lange – zu begründen sucht, warum wohl Märchen eine offensichtliche Ich-stärkende Kraft (auch) für Kinder besitzen, inwiefern sie andere literarische und unterhaltungsliterarische Gattungen bzw. Funktionen in sich vereinen, wodurch sie offenbar den verschiedensten Bedürfnissen jeder Altersgruppe gerecht zu werden vermögen. Ferner sollte auch darüber diskutiert werden, warum Märchen nicht *nur* entwicklungs-, familien- und schulpsychologisch nutzbar gemacht werden können; warum sie nicht nur Konfliktlösungsmuster in Kindheits-, Adoleszenz- und Erwachsenenalter bieten; warum sie nicht nur Ablösungsängste, Komplexe und Partner-Schwierigkeiten überwinden helfen, wie dies uns die schier unüberblickbare psychologische und pädagogische Literatur nahelegt. Denn der Mensch erscheint im »eigentlichen Märchen« auch in seiner biologisch-anthropologischen Beschaffenheit und agiert als historisches und gesellschaftliches Wesen. Diesbezüglich läßt uns aber »das Märchen« alle möglichen und phantastisch-traumhaften Existenz- und Verhaltensformen durchspielen, ja durch-spielen (vgl.: »… der Mensch spielt nur, wo er in voller Bedeutung des Wortes Mensch ist, und er ist nur da ganz Mensch, wo er spielt«[11]) und befriedigt außerdem viele *ästhetische* Bedürfnisse. Max Lüthi, der auch die psychologische Märchenforschung gebührend würdigte (er sah das Märchen gar als »Psychologen«)[12], wurde nie müde zu betonen, daß der Entwurf eines gültigen und somit modellhaften Menschenbildes ein Hauptanliegen des Märchens sei. Es ist kein Zufall, daß er seinem 1975 erschienenen Buch »Das Märchen als Dichtung« den Untertitel gab: »Ästhetik und Anthropologie«. Im folgenden nun soll zusammengefaßt werden, was hier unter dem anthropologischen, sozialen, psychologischen, literarästhetischen und logischen Aspekt der Märchen verstanden wird. Dazu muß man freilich viel mehr Märchentypen betrachten als die zehn bis zwölf bekanntesten, immer wieder gedruckten, verfilmten und dramatisierten Grimmschen Klassiker!

Der anthropologische (und »metaphysische«) Aspekt

Der Mensch ist ein weltoffenes, handelndes *Mangelwesen* mit ausgeprägter *Entlastungstendenz*: Er muß sich als instinktarmes und unspezialisiertes Geschöpf mit selbstentwickelten Fähigkeiten, Werkzeugen und Mitteln entlasten.[13] Er versucht seine biologischen, physikalischen, räumlichen und zeitlichen Grenzen zu sprengen. Das Märchen nun steigert diese Grenzüberschreitungen keck ins Phantastische und versetzt seine Zuhörer und Leser in eine »Leichtigkeit des Seins«: Die Märchenhelden, die Märchenheldinnen können sich in Tiere, Pflanzen, Sterne und in Alltagsgegenstände verwandeln; sie können ungewöhnliche Stärke und Zauberkraft besitzen, sie sind oft unverletzbar, ja unsterblich. Sie verstehen die Sprache der Tiere, legen sieben Meilen mit einem Schritt zurück, versetzen Berge in einer

Nacht. Durch diese Leichtigkeit aber schimmert neben dem »technischen Können« auch der Traum einer Wesensverwandtschaft von Mensch, Tier, Pflanze und Kosmos hindurch. In dieser seiner »Welt-Anschauung« ist das Märchen auch der lyrischen Dichtung nahe. Man vergegenwärtige etwa das schöne Gedicht Rose Ausländers:

> Menschen haben mir
> mein Ich verboten
>
> Sie wissen nicht
> daß ich auch
> Baum bin Vogel Stern
>
> und Architekt
> der Märchen baut
>
> die sie nicht sehen
> obwohl sie
> bis in den Himmel reichen.[14]

Der große Schweizer Pädagoge Johann Heinrich Pestalozzi hat den Menschen u.a. als egoistisches Wesen charakterisiert, das sich durch höhere Anlagen des menschlichen Geistes und des menschlichen Herzens über seine Triebgebundenheit erheben kann.[15] Die Einrichtung der Welt im Märchen scheint nun diesem Egoismus zu entsprechen. Alles auf, unter und über der Erde dient dem Helden und der Heldin, auch wenn – oder gerade weil – sie unterdrückt und verfolgt werden: Die Wege führen sie wie ein Zauberknäuel zur Aufgabe, zum Ziel und Partner; sie finden am Ende des Weges unfehlbar die Lösung ihrer existentiellen Fragen. Die Gestalten unterwegs, die Bewohner dieser Wege scheinen nur auf Held und Heldin gewartet zu haben, welche sich ihrerseits mit Tieren, mit jenseitigen und diesseitigen Helfern, mit den Winden und Sternen in schöner »Allverbundenheit« (Lüthi) befinden: der Mensch als Mangelwesen; die Hauptfigur der Märchen – der unscheinbare Held, das Aschenmädchen – als Überwinder jeglicher Schwierigkeiten. Kein Wunder, daß V. Propp das Zaubermärchen geradezu durch den Mangel und dessen Aufhebung definiert hat.[16]

Der soziale Aspekt

Held und Heldin sind auch in ihren gesellschaftlichen und familiären Bezügen frei. Sie leben oder begeben sich in eine vorläufige Bindungslosigkeit: Sie sind *isoliert*, sie sind *Wandernde* (Lüthi) und fähig in immer neue Beziehungen zu treten. Sie dürfen wählen zwischen Aktivität und Passivität, sie können sich den schönen Luxus der Faulheit leisten, den Versuchungen des Wohllebens und des Reichtums (vorderhand) widerstehen.[17] All das ist freilich nur eine Ruhe vor dem Sturm, d. h. ein *far niente* zur Kräftesammlung, das auch im Sinne der Kantschen Ethik moralisch nicht verwerflich ist.[18] Was aber für Kinder besonders wichtig ist: Märchenhelden und -heldinnen dürfen manchmal schwindeln und lügen, vor allem aber ungehorsam sein: *auf Umwegen zum Ziel gelangen*. Denn der Mench *ist* ein Umwegswesen (Lüthi)! Märchen zeigen, daß viele »Einschärfungen«, welche die Mahnungen der Erwachsenen erhalten, übertreten werden können und daß nicht *jeder* Gehorsam sinnvoll ist. Sehr schön »prädigt« diesbezüglich der Schweizer Dichter Kurt Marti: »liebe gemeinde / wir befehlen zuviel / wir gehorchen zu viel / wir leben zu wenig«.[19]

Darüber, daß im Märchen unentwegt vom Sieg des Kleinen über den Großen erzählt wird, brauchen wir hier nicht viele Worte zu verlieren: Märchenheld und Märchenheldin sind meistens die Jüngsten, die Unterdrückten, die Verlachten, die Dummen; sie sind winzig oder verwünscht. Helfer und Zaubergaben sind meistens unscheinbar, alt und klein. Und doch ist nur diese »Gemeinschaft der Kleinen« – mit der sich das Kind identifizieren kann – fähig, Vermittler zwischen den verschiedenen Welten zu sein, deren gestörte Ordnung wiederherzustellen, wobei oft eben auch Mittel erlaubt sind, die nach einer engen Moral verboten wären.

Psychologischer und pädagogischer Aspekt

Ebensowenig brauchen wir viele Worte über dieses Thema zu verlieren: Wie erwähnt, kann man sich dazu an unzähligen Abhandlungen und Büchern orientieren.[20] Nur stichwortartig sollen hier folgende Probleme genannt werden, die in den Märchen oft eine modellhafte Lösung erfahren: Entwicklung, Ablösung, Erlösung zu eigentlicher Gestalt, Partnerwahl, Partnerfindung. Und nicht zu vergessen ist die widersprüchliche und oft diskutierte Rolle der Grausamkeit im (Kinder-)Märchen.[21]

Literarischer und logischer Aspekt

Zu der befreienden Wirkung des (Volks-)Märchens tragen nicht zuletzt seine formale und stilistische Art, seine ästhetischen Qualitäten bei: Das Märchen als Dichtung ordnet unsere komplizierte Welt zu einer klar durchschaubaren Gestalt, in der sich der (kindliche) Mensch orientieren kann. Unter anderem ist es auch in diesem Sinne mit der individuellen Dichtung verschwistert: Der englische Dichter T. S. Eliot sieht z. B. die Funktion der Kunst darin, uns eine Vorstellung von Ordnung im Leben zu vermitteln: »It is a function of all art to give us some perception of an order in life, by imposing an order upon it.«[22]

Da Max Lüthi in seinem Lebenswerk die literarästhetischen Grundzüge des Märchens so erschöpfend behandelt hat, möchte ich hier nur auf einige seiner allgemein bekannten Begriffe hinweisen: abstrakter Stil, Welthaltigkeit und Sublimation, Vorliebe für Wiederholung und Variation, Kontraste und Steigerungen, für Polarisation und Präzision, Mineralisierung und Metallisierung, Formelhaftigkeit und Strukturiertheit usw.

Das Märchen besitzt eine »naive Ästhetik« (Volker Klotz), die so naiv auch gar nicht ist! Zu ihr gehört auch eine Portion Humor, der vor allem im Unsinn, in der Groteske, in zeitweiliger Beurlaubung von jeglicher Alltagslogik besteht. In der Unsinnsdichtung aber nimmt der Mensch (und vor allem das Kind!) Urlaub von der Last des logischen Denkens und Berechnens. Wie sieht nun der spielerische Unsinn im Märchen aus? Hier nur einige Beispiele: In einer Mandel hat eine ganze silberne (goldene, diamantene) Stadt Platz, in einem schlanken Baum ein Soldatenregiment. Ein Mensch säuft vierzig Fässer Bier aus und verwandelt sich mit einem Purzelbaum in eine Maus. Das zappelnde Fischlein auf dem Ufer kann nicht aus eigener Kraft ins Wasser springen, wenn aber der Held seine Schuppe reibt, kann es aus meilenweiter Entfernung herbeigewünscht werden. In ein paar Sekunden wird der Held am Seil in die Unterwelt hinuntergelassen, Tage braucht der Wundervogel, bis er ihn wieder ans Licht befördert. Und ist es nicht auch ein wunderschöner Unsinn und doch eine kraftspendende ästhetische Erfahrung, daß am Ende (fast) jeden Märchens uns das Glück entgegenlacht?

Was ist also »das« Märchen, was bedeutet es u.a. auch für das Kind? Es ist Familien-, Entwicklungs- und Bildungsroman en miniature; es ist ein kleiner Abenteuer- und Schelmenroman; es ist Krimi, phantastische Literatur und Science Fiction, Horror- und Lügengeschichte sowie Unsinnsdichtung.[23] Es berichtet von unserem Alltag und ist gleichzeitig mythische Erzählung. Es lehrt uns das Gruseln und zeigt den Weg zur Glückfähigkeit:»Das« Märchen ist eine ganze Universalbibliothek, und vielleicht ist dies mit ein Grund, warum es möglicherweise der Vergessenheit trotzen wird, und vielleicht ist es auch dank dieser seiner Vielseitigkeit der guten Jugendliteratur einen Schritt voraus: Wenn diese ihr gestecktes Ziel erreicht, ruft das Mädchen:»Ick bün all (schon) hier!« Vielleicht. Aber damit soll weder Alice im Wunderland, noch Pinocchio, Pipi Langstrumpf oder Momo die Langlebigkeit abgesprochen werden.[24]

Was aber neben seiner Polyvalenz das Märchen besonders auszeichnet, ist etwas, was auf folgende einfache Formel gebracht werden kann:»Der Mensch ist in hohem Grade gefährdet, gleichzeitig aber fähig, ferne, hochgesteckte Ziele zu erreichen.«[25] Können wir denn unseren Kindern und Kindeskindern eine realistischere Ermunterung auf ihren Weg mitgeben?

Anmerkungen

1 Dieser Beitrag erschien in leicht veränderter Form zuerst in: *Märchenspiegel (MSP), Zeitschrift für internationale Märchenforschung und Märchenkunde*, hrsg. v.d. Märchen-Stiftung Walter Kahn, Bayersoien 7. Jg. (1996), Ausgabe 3/96, S. 1-3.
2 Vgl.: Lutz Röhrich: *Märchen und Wirklichkeit.* Wiesbaden ⁴1979, S. 123-126.
3 *Achim von Arnim und die ihm nahe standen*, hrsg. von Reinhold Steig und Herman Grimm. Bd. 3. Stuttgart und Berlin 1904, S. 269.
4 *Goethes Werke* (Hamburger Ausg.) Bd. 9: *Autobiographische Schriften 1.* München ⁷1974, S. 35f.
5 Peter Hunt (ed.): *Children's Literature.* Oxford/New York 1995, IX.; Zu Kinder- und Jugendliteratur vgl. den gleichnamigen Artikel von Ingrid Tomkowiak in: *Enzyklopädie des Märchens.* Bd. 7. Berlin/New York 1993, Sp. 1297-1329. Vgl. auch: Walter Scherf:»Kindermärchen«, ebda. Sp. 1329-1336.
6 Vgl. z.B. Dieter Richter:»Wie populär sind Märchen, heute? Eine empirische Untersuchung«. In: *MSP* 4/1995, S. 5-9.
7 Vgl.: Max Lüthi: *Märchen.* 8., durchges. und erg. Aufl. bearb. von Heinz Rölleke. Stuttgart 1990, S. 1-5; Felix Karlinger: *Geschichte des Märchens im deutschen Sprachraum.* Darmstadt ²1988, S. 1-7.
8 Richter, wie Anm. 6; vgl. verschiedene Arbeiten von Kristin Wardetzky, z.B.»Phantasiewelten von Kindern aus Ost und West«. In: MSP 3/1994, S. 2-5.
9 z.B. William Stern: *Psychologie der frühen Kindheit bis zum sechsten Lebensjahr.* Heidelberg ⁷1952 (Nachdruck 1993); Jean Piaget: *Der Aufbau der Wirk-*

Katalin Horn

lichkeit beim Kind (Gesammelte Werke 2). Stuttgart 1975; Hedwig von Beit: *Das Märchen. Sein Ort in der geistigen Entwicklung.* Bern/München 1965.

10 In: *Neue Zürcher Zeitung* Nr. 4 (1996), S. 59.

11 Friedrich Schiller: *Werke.* (Nationalausg.) Bd. 20. Weimar 1962, S. 359.

12 Max Lüthi: »Psychologie des Märchens und der Sage«. In: *Die Psychologie des 20. Jahrhunderts.* Bd. 15. Zürich 1979, S. 935-947.

13 Arnold Gehlen: *Der Mensch.* Wiesbaden [12]1978, S. 32f., 62-73.

14 Rose Ausländer: *Und preise die kühlende Liebe der Luft. Gedichte 1983-1987* (Gesammelte Werke Bd. 7). Frankfurt am Main 1988, S. 48.

15 »›Der Anfang und das Ende meiner Politik ist Erziehung‹. Sigurd Hebenstreit über Johann Heinrich Pestalozzi«. In: *Basler Magazin* 1/1996, S. 15.

16 Vladimir Propp: *Morphologie des Märchens.* Frankfurt am Main 1975, S. 36-66, 91.

17 Katalin Horn: *Der aktive und der passive Märchenheld.* Basel 1983.

18 Immanuel Kant: *Werke in zwölf Bänden.* Hrsg. von W. Weischedel. Bd. 12. Frankfurt am Main 1964, S. 613 f.

19 Kurt Marti: *Leichenreden.* Neuwied/Berlin [5]1971, S. 35; Hermann Bausinger: »Anmerkungen zu Schneewittchen«. In: Helmut Brackert (Hrsg.): *Und wenn sie nicht gestorben sind.* Frankfurt am Main 1980, S. 39-70.

20 Vgl.: Max Lüthi, wie Anm. 7, S. 103–112 in: *Märchen in Erziehung und Unterricht.* Hrsg. von Ottilie Dinges, Monika Born und Jürgen Janning. VEMG Bd. 9, Kassel 1986; in verschiedenen Nummern des *MSP* wurde das Thema auch immer wieder behandelt, vgl.: Oktober 1991; Mai 1992; Oktober 1992; Februar 1994; Mai 1995; April 1995.

21 Lutz Röhrich: »Grausamkeit«. In: *Enzyklopädie des Märchens.* Bd. 6. Berlin/New York 1990, Sp. 97-110.

22 Eliot, T. S.: *Poetry and Drama.* London 1950, S. 33f.

23 Stellvertretend für andere Gattungen vgl.: Christine Shojaei Kawan: »Holmes, Marlowe, Bond & Co. Kleine Typologie der Krimihelden«. In: *Hören Sagen Lesen Lernen.* Hrsg. von Ursula Brunold-Bigler und Hermann Bausinger. Bern u.a. 1995.

24 Bettina Hurrelmann (Hrsg.): *Klassiker der Kinder- und Jugendliteratur.* Frankfurt am Main 1995.

25 Max Lüthi: *Das Volksmärchen als Dichtung.* Düsseldorf/Köln 1975, S. 168.

Helga Zitzlsperger

Was macht Märchen
auch für Kinder geeignet?

Einführung

Fragen wir heute, welche Volksmärchen denn nun auch als Kindermärchen bezeichnet werden könnten, so gehen darüber die Meinungen beträchtlich auseinander. Kriterien wie Strukturen, Überschau-
barkeit und Inhalte spielen bei der Bewertung natürlich eine
wesentliche Rolle. Die Meinungen aber, welche Märchen für welches
Alter ausgewählt werden könnten, divergieren bereits in den Emp-
fehlungen auffällig. Einen interessanten Überblick hierüber, der zugleich die Meinungsvielfalt zeigt und erste Orientierung für eigene
Entscheidungen geben mag, bietet Ingrid Bergmann mit ihrem Artikel »Welche Märchen für welches Alter?« im »Märchenspiegel«[1].

Gewiß werden Kinder Märchen erst verstehen, wenn sie die Welt
auch über Begriffe erfassen, abbilden und kleine Handlungszusammenhänge überblicken können. Wann aber ist ein Kind soweit? Kinder hungern nach Geschichten. Können sie nicht vielleicht mit ihrem
passiven Wortschatz schon mehr verstehen, als wir ahnen?

Mein Gedanke nun, das Thema Kindermärchen mit Hirnphysiolo-
gie und kognitiver Entwicklung zu verbinden, mag vielleicht den einen oder anderen zunächst befremden. Auf der Suche nach Zusammenhängen aber, weshalb Kinder sich denn so intensiv auf Märchen
einlassen können und wollen, wird ein eindrucksvolles Beziehungsgeflecht zwischen dem Erzählgut, dem Kind und seiner Umwelt offenbar – in Grundzügen etwa so:

Auf der einen Seite besitzen Märchen besondere Merkmale und Po-
tentiale, für die sich geistige und seelische Korrespondenzen im
menschlichen Denken und Erleben finden lassen. Denken andererseits entsteht ursprünglich durch Bewegung und motorisch-sensori-
sche Integrationen (im Sinne einer ›sensomotorischen Intelligenz‹
nach J. Piaget): Kinder entwickeln sich über aktive Auseinandersetzungen mit ihrer Umwelt, wobei vielseitige Wahrnehmungen und
Bewegungen neben der körperlichen Entwicklung auch die wesentlichen Grundlagen für Vorstellungsvermögen und Erinnerung, Denken und Gedächtnis, Emotionalität und Sprache veranlassen. Kinder

erleben auf ihren körperlich-geistig-seelischen Entwicklungswegen in Kommunikation mit ihrer Umwelt ständig Dinge, Ereignisse und Gefühle, die ihren Spiegel in vielen Märchen finden, die von Liebe, Freude, Vertrauen, aber auch von Einsamkeit, Angst und Eifersucht erzählen. Das will heißen, Märchenwelten bringen – unter diesem Blickwinkel – beim zuhörenden Kind bereits konkret Erlebtes (wie Zufriedenheit, Angst, Wut usw.) zum Klingen, können innerlich nachvollzogen und schließlich auch spielerisch bearbeitet werden.

Dieser Ansatz einschließlich einiger hirnphysiologischer Ausführungen soll als Ausgangspunkt dienen, Märchen darauf hin zu untersuchen, welche Elemente sie enthalten, die dem kindlichen Erlebnis-, Gefühls- und Fragehorizont entsprechen und dem Kind eben als »Kindermärchen« entgegenkommen können. Meine Ausführungen betrachte ich selbstverständlich als hypothetisch; sie stehen für weitere Diskussionen offen. Ab Kapitel 2 greife ich immer wieder auf die hirnphysiologischen Teile zurück.

1. Einige Grundlagen kognitiver Entwicklung

1.1 Neuronale Vernetzung und Aufbau des Denkens[2]

Der Säugling kommt mit einem Gehirn auf die Welt, das bereits aus einem feinen Netz von Neuronen (Hirnzellen und ihren festen Verbindungen untereinander) besteht, das aber gleich nach der Geburt und in den folgenden Lebensjahren eine geradezu stürmische Weiterentwicklung erfährt: Die Neuronen werden durch milliardenfache Verbindungen über Neuriten (zur Weitervermittlung von Impulsen) und Dendriten (Fasern an den Hirnzellen für den Empfang von Reizen) und über Synapsen (Schaltköpfchen als Kontaktstellen zu weiteren Zellen) miteinander vernetzt, so daß vielfältigste Eindrücke in diesem Nervengeflecht verarbeitet werden und Gedanken in Bruchteilen von Sekunden hindurchziehen können. Bei Wiederholungen von Handlungen und Wahrnehmungen entstehen sogenannte Bahnungen, die eine Absicherung des Erfahrenen und Gelernten bewirken und das Gedächtnis zunehmend aufbauen. Je mehr Eindrücke über Sehen, Hören, Riechen, Schmecken und Fühlen (die äußeren fünf Sinne) empfangen werden, um so nachhaltiger werden sie gespeichert und bilden das Gehirn als leistungsfähiges Neuronennetz aus. Zu den äußeren Sinnen treten als bedeutsame Faktoren eines Gehirnaufbaues innere Sinne wie Gleichgewichtssinn und die Tiefensensibilität. Sie geben auf ›sensorischen Bahnen‹, d.h. von den Sinneszellen des Körpers aus, Rückmeldung an das Gehirn über Spannungen der Muskeln und Sehnen und die Stellung der Gelenke (sog. Kinästhetik). Der Weg läuft über das Zentrale Nervensystem (ZNS), das das Rückenmark und Gehirn einschließt. Das Neuronennetz reagiert flexibel und mit angemessenen Veränderungen (z. B. seiner ›Bahnungen‹), wenn neue Eindrücke einlaufen und damit Speicherungen ständig auch wieder beeinflußt und verändert werden können.

Ein gesundes Kind ist von Natur aus neugierig und drängelt aktiv untersuchend in die Welt hinein. Es greift, bis es be-greift, es faßt an, bis es er-faßt, es steht und schaut, bis es ver-steht, es sieht, bis es Einsichten gewinnt, es fühlt und verbindet Erfahrungen mit Ge-fühl… Es untersucht, zerlegt, bohrt, fragt, baut… Neben einem kontrollierten Sehen und Hören spielen die Tastempfindungen im Zusammenspiel mit dem Körpergefühl (Gleichgewicht, Lage, Haltung, Empfinden für Körperschema) und Bewegungsentwürfen eine wesentliche Rolle dabei, sinnliche Eindrücke zu verarbeiten, sie als Erfahrungen zu speichern, erinnerbar und nach und nach vorstellbar zu machen: Selbermachen während der ganzen Kindheit ist die Devise, nicht virtuelles Erleben am Bildschirm.

Die Integrationen verschiedener Sinne bauen sich erst langsam auf: Nach und nach lernt das Kind in den ersten Lebensjahren, verschiedene Empfindungen als Wahrnehmungen zu verknüpfen, um sich von etwas Gefühltem, Gehörtem, Geschmecktem, Gesehenem eine Gesamtvorstellung machen zu können. Gedächtnis und Denken, also Leistungen auf kognitiver Ebene, sind nur auf der Basis gelungener Wahrnehmungsintegrationen möglich. Das heißt, Denken und Vorstellungskraft entspringen einem integrierten Sinnesempfinden, Wahrnehmungsvermögen und koordinierten Bewegungen. (Wir ahnen diese Zusammenhänge noch, wenn uns beim Spazierengehen besonders leicht Gedanken durch den Kopf wandern, wenn wir beim Denken Männchen malen, uns nachdenklich am Arm reiben usw.) Auch werden im Zwischenhirn (Thalamus-Bereich) alle Wahrnehmungen und Bewegungen mit Affekten besetzt. Diese – noch unbewußten – inneren Wahrnehmungen laufen über das sogenannte Limbische System zum Großhirn, wo sie als emotional besetzte Gedanken nun auch bewußt werden. Im Kreislauf zwischen Thalamus und Großhirnregionen werden Gedanken und Gefühle reflektierbar und beherrschbar. Dabei gibt es keine Gedanken und Wahrnehmungen ohne Gefühlsassoziation![3]

Im Zuge der Entwicklung bildet sich die Lateralisierung (Seitigkeit) der beiden Hirnhemisphären aus: Jede Hirnseite kann sinnliche

Wahrnehmungen verarbeiten und über Assoziationsfelder mit weiteren Wahrnehmungen sinnvoll verknüpfen, so daß z. B. Gehörtes oder Gerüche auch innere bildliche Vorstellungen hervorzurufen vermögen, daß Ertastetes auch Klangbilder erzeugt usw. Die Hirnseiten arbeiten qualitativ verschieden und ergänzen sich dabei gegenseitig. Klangmuster, bildliche und räumliche Vorstellungen, emotionale Einfärbungen, Ganzheiten, Analogien als bildliche Vergleiche und Metaphern werden in der Regel in der rechten Hirnhälfte aufgenommen und bewußt. Anders als auf der linken Seite werden hier ganze Reizbündel verarbeitet und damit komplexe Ganzheiten gebildet.[4] Da diese Prozesse auch emotional besetzt sind, entsteht für den Rezipienten eine lebhafte Spannnung. Hier ›wohnen‹ die Märchen mit ihren großräumigen, oft symbolisch verdichteten Sprachbildern.

Die linke Hirnseite geht logisch und formal vor, verarbeitet Daten nacheinander, sucht nach Ursache und Wirkung und regelt die Sprache unter den Aspekten von Wortschatz, Satzbau, sinnvoller Aussage und Grammatik: Ohne sprachliche Präzision könnten Märchen nicht vermittelt und in ihrer Tiefe verstanden werden. Lebensbilder und Vorstellungen von Märchenabläufen werden auf Figuren und Handlungen in beschreibbaren Situationen komprimiert und ihre Ausdruckskraft wird im Prozeß des Abstrahierens und Sublimierens verstärkt. Solche Bilderfolgen strukturieren den Erzählablauf und bestimmen zugleich seine äußerlich wahrnehmbare Dramaturgie. Um Märchen zu verstehen, die bis ans Ende der Welt oder durch tiefe Brunnen führen, wo Zeit im Abwetzen eiserner Schuhe gemessen wird und wo Wunder und Magie die physikalischen Gesetze aufheben, benötigt man das ganze Gehirn mit seinem komplementären Leistungsvermögen!

Die Hemisphären-Lateralisierung ist beim Schuleintritt schon weit entwickelt. Gleichermaßen vermögen Kinder nun auf phantastischer Ebene zu denken und dennoch zunehmend logisch und formal vorzugehen. Sie können im Vorschul- und besonders Grundschulalter auf umfassende Weise gerade durch Märchen und phantastisch-realistische Geschichten konstruktiv gefördert werden! Märchen prägen sich in dieser Zeit tief ein, verzaubern mit eindringlichen Bildern und werden doch schon sprachlich präzisiert. Meines Erachtens kann einem Kind nichts Besseres passieren, als schon im Vorschulalter mit Fingerspielen, Kinderreimen, Minitheater, kleinen Geschichten und Märchen erfreut zu werden. Wenn es hört, mitspricht, Mimik und Gestik nachahmt und seine Sinne im Malen, Gestalten, Spielen anregt, werden Märchen gleichsam zu Bausteinen im Körper- und Denkaufbau – zu Teilen der Sinnesintegration und der kognitiven Entwicklung! Solche Märchen werden ein unauslöschlicher Teil der Kindheit – sie umfassen Körper, Geist und Seele.

Märchen mit einprägsamen Bildern, die spielbar und gestaltbar sind, erscheinen mir für Kinder besonders geeignet. Dabei kann das Kind gewiß schon mehr verstehen als selber versprachlichen: Der ganze Kontext an Vorerfahrung, dazu Mimik, Gestik und ein passiver Wortschatz werden in der Erzählsituation verstehbar.

1.2 Phantasie und Sprache im Spiegel von Märchenwelten

Ein Spiel mit der Phantasie ist erst möglich, wenn ein Kind die gespeicherten Elemente seiner Wahrnehmungen und Erinnerungen kombinieren und sie in – auch ungewöhnliche – neue Beziehungen setzen kann – wenn es »das Gefundene noch einmal erfindet«, wie es M. Reich-Ranicki ausdrückt[5]. Erst das Schulkind verfügt über so viel Distanz und Kombinationsfähigkeit, daß es kreativ und phantasievoll mit Gedächtniselementen umzugehen vermag. Ab dem ersten oder zweiten, zunehmend dann im dritten, vierten, fünften Schuljahr kann es auch eigene Märchen und Fabulate schreiben und erzählen, die in sich stimmig sind, die also einen Sinnbogen besitzen und den fiktionalen Rahmen auch weit ins Phantastische ausdehnen. Man könnte sagen: Kleine Kinder sind aufmerksame, innerlich bewegte ›Verbraucher‹, die die Märcheninhalte aus der Erinnerung reproduzieren können, ältere Kinder können auch anverwandeln und sich Inhalte durch Umgestaltungen aktiv und produktiv zu eigen machen. Beide Phasen sind wichtig und bauen aufeinander auf.

Auch Sprache ist das Ergebnis gelungener Wahrnehmungsintegration.[6] Eine differenzierte Koordination der Sprechwerkzeuge (Kiefer, Lippen, Zunge, Stimmbänder usw.) ermöglicht klare Artikulation bei angemessener Klangfärbung, so daß das Erzählgut geheimnisvoll und spannungsgeladen, aufregend oder beruhigend oder eher berichtend klingen wird. Zum Erzählen gehören körpersprachliche Mittel wie Mimik und Gestik – ein bewegungsloses Märchenerzählen für Kinder mag man sich gar nicht vorstellen.

Im Prozeß der Evolution haben sich die feineren Handtätigkeiten und die Lautsprache, die auch Vergangenes, Abwesendes oder Zukünftiges thematisieren kann, wechselseitig in ihrer Entwicklung beeinflußt.[7] Es gibt Dispositionen im Gehirn, die zeigen, wie eng die Großhirnfelder für Hand-, Gesichts- und Sprechbewegungen zusammenhängen und sich gegenseitig anregen – so beschaffen, daß Laut-

oder Bewegungssprache, wie sie Taubstumme verwenden, sich gleichermaßen entwickeln können.[8] Forschungen von Mariela Kolzowa schließlich haben ergeben, daß Fingerspiele und Handbetätigungen die Sprechversuche und die Präzision der Artikulation des Kleinkindes (im zweiten Lebensjahr) nachhaltig fördern.[9] In diesem Alter sind solche Spiele wirkungsvoller als Märchen, und für das spätere mimisch-gestische Erzählen von Märchen wird damit Vorarbeit geleistet. Wie spannend können Hände und Gesicht miterzählen, wenn der Wolf kommt, die Hexe anschleicht, die Kinder naschen und später die Schätze einpacken... Früh lernt das Kind, Mimik und Gestik in die Sprache lebendig einzubeziehen und, sobald es geht, Geschichten auch zu malen und zu spielen. Hier gilt als Kriterium für kindergeeignete Märchen: Spielbarkeit und facettenreiche Gestaltbarkeit, in der sich Sprache und Körper im Ausdruck verbinden und dadurch Inhalte besser verstanden werden können. Vorreiter solcher Geschichten sind Fingerspiele, Kettenmärchen und einfache Tiergeschichten, dann auch eingliedrige Märchen (wie »Der Wolf und die sieben Geißlein«) oder Zwillingsführungen (wie bei »Frau Holle«).

1.3 Kognitive Entwicklung in Kommunikation mit der Umwelt

Ich beziehe mich noch einmal auf Kap. 1.1: Die neuronale Vernetzung vollzieht sich nicht nach einem festgelegten Bauplan, sondern ergibt sich aus der Wechselwirkung einer Grundausstattung und den ab der Geburt gemachten Umwelterfahrungen. Jeder Mensch erlebt diese Umweltreize anders und gibt an Hand seiner Empfindungen eigene ›Antworten‹ darauf, die neuronal wieder bearbeitet werden und zur Disposition für die Weiterentwicklung immer neuer Eindrücke und Erfahrungen werden. Man kann sagen: Das Gehirn organisiert sich auf der Basis eigener Vorerfahrungen[10], und naturgemäß müssen die Auswirkungen für körperliche Fähigkeiten, Denken und Fühlen jeweils unterschiedlich und individuell ausfallen. Sie hängen z.B. ab vom Einfluß der Eltern, Spielpartner, sozialen Situation, von Kindergarten, Schule und Lehrern, Wohlbefinden und Ängsten, Lernangeboten, Märchen, Liedern, Bilderbüchern usw. »Dem Gedächtnis wird dabei eine kreative Rolle zugeschrieben.«[11] Piaget sieht »Intelligenz als ›erfinderisches Denken‹, [...] das Strukturen konstruiert und damit Wirkungen ›organisiert‹«.[12]

Ein Kind, das keine spezifische Angst vor etwas erlebt hat, wird eine solche Angst auch nicht im Gedächtnisaufbau speichern. Ein Kind, das keine Freude kennt, nicht geherzt und geliebt wird, wird kaum solche Gefühle als Gedächtnisstruktur aufbauen. Aber: Ein Kind, das schon Angst, Freude und Liebe erlebt hat, kann mit diesen Vorerfahrungen auf neue entsprechende Situationen zunehmend angemessen reagieren oder versuchen, sich darin zu orientieren. Und da haben die vergnüglichen Abzählreime, Kniereiter, Minidramen, Provokationen, Singspiele und dann vor allem Kindergeschichten und erste Märchen ihren bedeutsamen Stellenwert. Ihre ver-dichteten Motive von Freud und Leid, Angst und Wonnegraus, Sehnsucht und Eifersucht können Vorerfahrungen im Kind zum Klingen bringen. Da kommt ihm etwas bekannt vor, da spürte es doch auch einmal jene Gefühle des Alleinseins, der nagenden Eifersucht, der Wut oder übergroßen Freude, des Vertrauens oder eines ungefilterten Hasses.

Das war einmal konkret erlebt. Nun kommt dieses Gefühlspaket in Sätzen verpackt wieder: Zuerst wird das wohl nachempfunden wie leibhaftig erlebt – man sieht es an den aufgerissenen Augen, dem erschrockenen oder lachenden Gesicht, den ängstlichen Reaktionen... Dann gelingt – bei Wiederholungen – langsam eine Distanz zum Geschehen. Nicht nur bemerkt das Kind, daß erzählte Situationen sich wiederholen lassen. Es ahnt nun, daß auch andere (also die Figuren in der Geschichte) solche Gefühle und Konflikte haben können. Mit denen kann man sich vergleichen oder identifizieren, kann auf sie projizieren, kann die Situationen im Spielen und Sprechen wiederholen, dann spielerisch verändern, kann sie für sich erleb- und beherrschbar machen; ja, man kann die Rollen verkehren, kann selber Angstmacher, Dämon oder Held sein. Solcher ›Märchenkonsum‹ wirkt heilsam, ausgleichend, er kann kindliches Leben regeln helfen. Märchenhören und innerliches Verarbeiten werden nun Teil der Gedächtnisstruktur, auf der sich das Gehirn mit Erinnern und Denken weiter organisiert. Dieser Zusammenhang mag erklären, weshalb man lebenslänglich früh gehörte märchenhafte Geschichten nicht mehr vergißt – in positivem wie negativem Sinne.

Märchen sind meines Erachtens dann für Kinder geeignet, wenn die Erlebniswelt des Märchens mit der des Kindes in etwa vergleichbar ist, um Handlungen, Figuren, Requisiten und Gefühle wiederzuerkennen und mit ihnen geistig umzugehen, um sie als erlebbaren Anteil in Denken und Fühlen zu integrieren.

2. Welche Erfahrungen können Märchen in Parallele zu frühen Lebenserfahrungen vermitteln?

Einige der bekanntesten »Kindermärchen« sollen plakativ auf Lebenserfahrung befragt werden:

2.1 Erfahrungen in Märchen und im Kinderleben

»Hänsel und Gretel« (KHM 15): Zwei Kinder fühlen sich anfangs geborgen, werden dann aber von den Eltern ausgesetzt. Sie trösten sich gegenseitig, irren im Wald umher und entkommen endlich dem Dickicht. Eine steinalte Frau lockt sie in eine Falle, die Kinder erleben Todesangst, entdecken aber, daß man sich mit Cleverneß durchaus vor Bösewichten retten kann. Sie bringen die Hexe um, werden mutig, stehlen, was ihnen vermeintlich zukommt, und finden selber den Weg nach Hause, wo der (inzwischen verwitwete) Vater sich über ihre Rückkehr freut.

Im Leben: Kinder erleben vorbehaltlose Fürsorge der Eltern und sind enttäuscht, wenn Mutter und Vater irgendwann nicht mehr völlig zur Verfügung stehen. Sie fühlen sich allein gelassen, existentiell bedroht, reagieren ängstlich, geben sich aber auch untereinander Trost. Sie ergreifen Liebe, Nahrung und Schätze als selbstverständliche Gaben an ihre Existenz, müssen aber mit der Zeit lernen, mit Verlockungen eigenständig umzugehen und mit dem Verstand schwierige Situationen zu lösen. Dann empfinden sie auch ein neues Gefühl von Geborgenheit.

»Der Wolf und die sieben jungen Geißlein« (KHM 5): Geißenkinder hören auf die Ratschläge ihrer Mutter, können aber mit den nur verbal vermittelten Mahnungen im Umgang mit dem nun wirklich auftauchenden Wolf nicht flexibel umgehen. Sie lassen sich vom Wolf täuschen, erleben Todesangst und werden aufgefressen. Die Mutter rettet sie aber, und gemeinsam bringen die Geißen den Bösewicht um.

Im Leben: Kinder hören die Ermahnungen der Eltern, können aber in konkreten Situationen wenig damit anfangen. Natürliche Neugier oder Gewalt, die sie hilflos macht, führen zu bedrohlichen Situationen, die in der Regel von den Eltern rettend aufgefangen werden. Die Kinder lernen das Bedrohliche kennen und schaffen es aktiv aus der Welt.

»Rotkäppchen« (KHM 26): Rotkäppchen ist neugierig, läßt sich vom Wolf umschmeicheln und ablenken und geht trotz mütterlicher Ermahnung vom Weg ab. Es erlebt wachsende Angst, wird verschlungen, vom Jäger gerettet und erholt sich rasch in der Obhut von Großmutter und Jäger. Es verspricht, den Mahnungen der Mutter von nun an zu folgen.

Im Leben: Kinder sind von Natur aus wißbegierig und müssen ihre eigenen Erfahrungen machen. Selten wirken rein verbal vermittelte Hinweise auf Gefahren. Sie lassen sich von freundlichen Worten und schönen Dingen verlocken, erleben dann aber auch Verrat, Ängste und Gefühle der Vernichtung. Helfend und tröstend sind am Ende Erwachsene da.

»Der gestiefelte Kater« (KHM: Anh. 5): Ein armer Müllersbursche hört auf seinen Kater, sein einziges Erbstück. Dieser Kater zeigt, wie man mit List und Klugheit König werden und sogar einen gefürchteten Zauberer aus der Welt schaffen kann.

Im Leben: Den Mut braucht man nicht zu verlieren, auch wenn man sich arm und ausgenützt vorkommt. Wer genau auf kluge Ratgeber hört, macht sein Glück. Man muß nur die Ohren spitzen und Vertrauen in andere setzen. Auch eine gute Portion Frechheit hilft einem, durchs Leben zu kommen.

»Die Sterntaler« (KHM 153): Ein Waisenkind geht auf's Feld und gibt seine letzte Habe an Bettler ab. Als es gar nichts mehr besitzt, wird es mit einem Hemd von »allerfeinstem Linnen« und mit Sterntalern belohnt.

Im Leben: Manche Kinder erleben tatsächlich, daß sie Waisen werden. Übertragen aber machen sie immer wieder die Erfahrung der – meist vermeintlichen – völligen Verlassenheit und Einsamkeit, wenn Eltern sich zurückziehen. Wenn es Kindern gelingt, aus ihrer egozentrischen Haltung herauszufinden, zu teilen und auch anderen zu helfen, erfahren sie erneute Zuwendung und Freundschaft. Für Ältere gilt es, auch einmal einen Neuanfang zu wagen.

»Fundevogel« (KHM 51): Ein Baby wird aus dem Schoß seiner schlafenden Mutter von einem Raubvogel entführt. Ein Förster rettet es. Dieses Kind namens Fundevogel wächst mit Lenchen als Geschwister in enger Freundschaft auf. Die alte Sanne, eine Hexe im Haushalt des Försters, will Fundevogel kochen und fressen. Sie teilt dieses Vorhaben Lenchen mit, das versprechen muß, nichts darüber weiterzusagen. Lenchen verrät Fundevogel aber das bedrohliche Geheimnis. Die beiden halten nun zusammen und fliehen. Lenchen tötet am Ende die Hexe, die Kinder kehren zum Vater zurück.

Im Leben: Es gibt gute und schlechte Geheimnisse (z. B. im Zusammenhang mit Kindesmißbrauch). Kinder können von denkwürdigen Geheimnissen der Erwachsenen und auch von Gleichaltrigen in Bann gezogen oder erpreßt werden. Sie sollen erfahren, daß man sich echten Freunden anvertrauen kann und daß bedingungsloses Vertrauen und Verläßlichkeit lebensrettend sein können. Sogenannte Geheimnisse sind zu überprüfen und als gute oder schlechte Geheimnisse zu enttarnen. Kinder werden auch vor Liebe ›gefressen‹ und von ihren Müttern unter Umständen völlig vereinnahmt. Das bedroht die kindliche Entwicklung. Aber: So wie Liebe Berge versetzen kann, kann Geschwisterliebe oder Freundschaft, also eine Orientierung an Vertrauenspartnern, größte Hindernisse überwinden helfen.

»Frau Holle« (KHM 24): Ein fleißiges Mädchen muß schwer arbeiten, wird aber von der Mutter lieblos behandelt. Um eine blutige Spule aus dem Brunnen zu holen, stürzt es sich selbst in die Tiefe. Es bewährt sich in einer Reihe von Pflichten und wird von einer geheimnisvollen Frau, die sie mütterlich behandelt, mit Gold belohnt. Die Mutter nimmt diese ›Goldmarie‹ nun wohlwollend auf. Die verwöhnte zweite Tochter springt ebenfalls in den Brunnen, entzieht sich aber allen Aufgaben, wird von Frau Holle mit Pech bestraft und muß mit diesem Makel weiterleben.

Im Leben: Einzelne Geschwister erleben sich bisweilen als ungeliebt oder werden tatsächlich ungleich behandelt. Durch Arbeit, Leistung und Nachdenklichkeit über die eigene Lebenssituation werden sie aber auch lebenstüchtig. Verwöhnte Kinder haben es da oft schwerer, sie erleben am Ende Ablehnung. Kinder nehmen an ihren Müttern im übrigen oft verstärkt deren Schattenseiten wahr.

Weitere Märchen in aller Kürze – auch für etwas Ältere:
»Sneewittchen« (KHM 53) zeigt die mörderische Eifersucht einer Mutter auf ihre Tochter. Es überlebt jedoch durch Mitleid und die Liebe anderer. Obwohl es nicht auf die Zwerge hört, kann es immer wieder auf deren Geduld und später auf Liebe setzen. Auch Kinder fühlen sich bei vielerlei Anlässen emotional bedroht, finden aber immer wieder Hilfe und Zuneigung. Gefühle des Abgelehntseins – Mitleid – Neugier – Geduld – Liebe… es geht im Märchen offenbar zu wie im Leben. »Das Waldhaus« (KHM 169): In diesem Märchen spielt Tierliebe und Einfühlungsvermögen in andere Wesen eine wesentliche Rolle. Im »Rumpelstilzchen« (KHM 55) dominiert das Gefühl, völlig überfordert und allein gelassen zu sein – es finden sich aber wieder Helfer. In »Froschkönig oder der eiserne Heinrich« (KHM 1) droht väterliche Autorität zum Fiasko zu werden – aber in einem Wutausbruch erfährt die Prinzessin Befreiung und Liebe. In »Dornröschen« (KHM 50) bringen wieder einmal Neugier und Unternehmungslust große Probleme mit sich. In der »Bienenkönigin«

(KHM 62) wird der Jüngste für seine Sensibilität und Tierliebe belohnt und kann deshalb mit Hilfe ›seiner Tiere‹ schwere Aufgaben lösen. In »Die drei Federn« (KHM 63) wird der Dummling durch sein Vertrauen zur Kröte belohnt. Einfalt bewahrt ihn vor jenem ränkischen Spiel, das seine Brüder treiben. In »Die weiße Schlange« (KHM 17) erfährt ein Diener Hilfe und am Ende Glück, weil er die Sprache der Tiere versteht und Respekt vor jeglichem Leben in Not hat. Die Tiersprache aber ist ihm zugefallen, weil er neugierig war und ein Verbot mißachtet hat!

2.2 Ertrag

Eine Sichtung der Motive zeigt gerade bei jenen Märchen, die man üblicherweise Kindern erzählt, daß Gefühle der Geborgenheit zu existentiellen Ängsten mutieren können. Oft entstehen in diesen Märchen Probleme, weil die ›Helden‹ neugierig sind, mit Tabus brechen und Grenzerfahrungen suchen. Sie kommen aber im Zau-ber-, Wunder- und Erlösungsmärchen immmer wieder mit heiler Haut davon. Die Helden geben sich nicht mit guten Ratschlägen der anderen zufrieden, sondern suchen konkrete Erfahrungen: aktiv durch Übertretungen, passiv, indem sie sich verleiten lassen. Verbote und Belehrungen alleine scheinen als Lebenserfahrung nicht zu genügen. Märchen laden nicht nur zum Handeln ein, sondern verlocken nachgerade zu Grenzerfahrungen und Grenzverletzungen. Das darauffolgende Unglück wird aber am Ende immer durch beschützende Eltern, Freunde oder Partner aufgehoben; zugleich ist der Held um einige Einsichten reicher geworden: Er hat Verzweiflung erlebt und mußte Geduldsproben bestehen, hat gelernt zu kämpfen, hat den Nutzen von List und Betrug, den Gewinn aus seiner Liebe zur Kreatur erfahren und ist insgesamt reifer geworden. Ein besonders schönes Beispiel dafür, Fehler machen und dennoch auf einen geduldigen Helfer setzen zu dürfen, ist gewiß das Märchen »Der goldene Vogel« (KHM 57).

Kinder im Leben suchen ebenfalls eigene Erfahrungen: Märchen spiegeln hier das Normalverhalten von Kindern wider. Nur: In unserer Gesellschaft riskieren Kinder das Lebensabenteuer und erleben dabei immer wieder auch Enttäuschungen. Sie werden am Ende oft nicht beschützend aufgefangen, sondern bestraft, verletzt, mißbraucht; sie werden krank, erleben Feindschaft, Mißtrauen, Bevormundung, Tod, Krieg… Das Leben ist für Kinder sicher oft viel grausamer als das Kinderleben im Märchen, wenn man hier den gesamten Handlungsbogen mit dem Zuwachs an Erfahrung und Glück beachtet.

Ich denke: Märchen sind für Kinder geeignet, wenn sie ›lebensnah‹ von konkreten Kindeserfahrungen erzählen. Dazu gehören Angst und Eifersucht, Freundschaft und Feindschaft, Verlockungen, Neugier, Irrungen, Gefühle existentieller Bedrohung, Mordlust und Hilfsbereitschaft, Rettung, Freude und Liebe...

Es hieß: Das Gedächtnis organisiert sich auf der Basis eigener Vorerfahrungen. Wenn Kinder im Leben beunruhigende Erfahrungen machen, muß es doch heilsam und bereichernd sein, nun von solchen Märchen zu hören, in denen eine Resonanz auf entsprechende eigene Vorerfahrungen anklingt. Das Kind lernt ja mit der Zeit, daß Märchen nicht konkrete Wirklichkeit sind, sondern sich in vorgestellten Welten abspielen. Nach den gehörten Märchenerlebnissen kann es die Ereignisse gedanklich wiederholen, kann über sie nachdenken und sie drehen und wenden, wie es Lust hat, bis es Sicherheit in der fiktionalen Welt dieser Ereignisse gewonnen und sie – bewußt oder unbewußt – mit eigenen Erlebnissen abzugleichen wagt. Märchen der Grimmschen Art besitzen wesentliche Grundkonstellationen, die geistig und seelisch positiv wirksam werden können – je nach Motiven eher für Kinder oder für Jugendliche (und Erwachsene). Dabei interessieren sich schon Grundschulkinder für Pubertätsmärchen wie Dornröschen, Froschkönig, Sneewittchen usw., obwohl sie Themen wie Liebe, Partnerschaft und Sexualität noch nicht recht begreifen: Ein vorahnendes Interesse wird geweckt, scheint latent längst aktuell...

Der ›Held‹ muß für Kinder als Identifikationsfigur geeignet sein, die Notlage muß nachvollziehbar und das Ende gut sein. Deshalb nun einige Gedanken zur Konstellation: Helfer und Schädiger, Vertrauen, Grausamkeit und Tilgung des Bösen.

2.3 Von Helfern und Schädigern

2.3.1 Helfer, Schädiger, Vertrauen und Tilgung des Bösen

Ohne Helden und Schädiger bzw. Widersacher läßt sich ein Erlösungs- und Zaubermärchen nicht denken. Helfer (und zugleich Schenker) greifen lebensbestimmend in den Handlungsverlauf ein. Die Erscheinungsweisen der Heldenfiguren sind ebenso vielfältig wie ihre Arten der Hilfestellungen und Gaben. (Ich verweise der Kürze halber z.B. auf den Artikel »Helfer« in der »Enzyklopädie des Märchens«). Helfer können Alte und Weise sein, häufig sind es aber Jenseitsfiguren oder Tierhelfer.

Jenseitsfiguren sind oft ambivalent: helfend und schädigend. Die meisten Kinder sind in Erzählungen schon Hexen, Feen, Riesen, Zwergen und Zauberern begegnet. Auch Tierhelfer kommen dem kindlichen Verständnis entgegen – dank des kindlichen magisch-animistischen Denkens und der besonderen Arbeitsweise des Gehirns im allgemeinen. Wir alle sind an sich offen für das Wunder, das naturwissenschaftlich nicht Erklärbare. Märchen erzählen den Kindern, daß man Tieren und anderen Wesen mit Achtsamkeit zu begegnen habe und sie nicht quälen oder töten darf (s. z. B. »Die weiße Schlange«, »Das Waldhaus«, »Die Bienenkönigin«…). Wer sich gegen die Natur richtet, kein Mitleid zeigt oder hochmütig ist, dem wird nicht geholfen; der wird gar bestraft. Otto Betz weist in diesem Zusammenhang auf die gegenseitige Abhängigkeit der Schöpfung hin. Heutige Eingriffe in ökologische Zusammenhänge zeigen die gefährlichen Folgen für Mensch und Natur deutlich genug.[13] Ethisches Gedankengut wie Hilfsbereitschaft und Achtung vor dem Leben stoßen bei Kindern rasch auf Verständnis, wobei man nicht vergessen darf, daß beliebte Zaubermärchen ebenso fröhlich von List, Betrug und Mord erzählen – allerdings nicht auf Kosten von Tieren und Hilfsbedürftigen. Maßt sich der Held listige Vorgehensweisen an, gilt ihm oft dennoch die Sympathie der Kinder: Er ist eben stark und meistert das Leben.

Helfer können, bringt man ihnen das nötige Vertrauen entgegen, einfach alles: beschützen und ernähren, retten und beleben, bekleiden, befördern, Zaubergaben und -formeln schenken. Sie werden einem grenzenlosen Vertrauen in Glaube und Wunder gerecht, so wie Kinder ›gläubig‹ hinnehmen, was ihnen vertraute Personen sagen und mit ihnen tun – um so schmerzlicher, wenn sie dann die Schattenseiten ihrer Vertrauenspersonen erleben müssen!

Kinder werden im Laufe ihrer Entwicklung auch geschlagen, belogen, erschreckt, mißbraucht; es wird ihnen Liebe entzogen, sie leiden an Einsamkeit oder existentiellen Ängsten.[14] Das Motiv des Schädigers und Widersachers ist Kindern mit Sicherheit vertraut; es wird zu einem prägenden Bestandteil seiner bisherigen Denk- und Vorstellungsmuster. Dabei sind die ambivalenten Charaktere der Bezugspersonen im Leben oft schwer durchschaubar. Märchen dagegen polarisieren solche Züge deutlich. Ambivalente Figuren geben sich rasch durch klare Verhaltensweisen zu erkennen, wenn sich auch ein subtiles Kräftespiel zwischen beschenkten Helden und ambivalenten Helferfiguren entfaltet:

Die Hexe in »Hänsel und Gretel« lockt erst mit Süßem und Wärme, bevor sie menschenfresserische Gelüste zeigt. Der Teufel schenkt erst

Reichtum, bevor er seinen Anteil einfordert, der Zwerg im »Wasser des Lebens« beschenkt und berät nur den höflichen Jüngsten, während er die ungezogenen Brüder in eine Schlucht klemmt. Rumpelstilzchen hilft zuerst in Todesnot... Im Märchen wachsen die Ereignisse koordiniert aufeinander zu: In diesem Augenblick...Gerade um jene Zeit... »Die Helden des Märchens treffen die richtigen Helfer und drücken die richtige Taste, um die Hilfe zu erlangen – die Unhelden begegnen oft gar keinem Helfer, und wenn, dann reagieren sie falsch und verscherzen die Gabe. Der Held ist der Begnadete. Es ist, als ob er in unsichtbarem Kontakt stünde mit den geheimen Mächten oder Mechanismen, die Welt und Schicksal gestalten.«[15]

Märchen, die sich für Kinder eignen, sollten, um den Lebensoptimismus zu erhalten, Heldenfiguren ins Spiel bringen, mit denen sich das Kind identifizieren kann, dazu Helferfiguren, die verläßlich und eindeutig helfen und am Ende alles zum Guten wenden. Der Kontrast zum Schädiger kommt in Märchen dabei klar heraus. Märchenhelfer sind einfach da, und auch Kinder gehen in der Regel davon aus, daß ihre Bezugspersonen im Leben ganz selbstverständlich zur Verfügung stehen.

Fragt man Kinder, woran man ein Märchen erkenne, so antworten sie so gut wie immer im Sinne von: »Es geht gut aus.« Fragt man weiter, warum es so gut ausgehe, herrscht in der Regel bei Kindern der Grundschule und Orientierungsstufe zuerst Verwirrung, dann folgt eine Antwort wie: »Da kommt immer irgendeiner und hilft. Er sagt, was zu tun ist oder schenkt Zaubermittel, die helfen.« Diese Meinung vertieft sich, wenn in mehreren Märchen erfahren wird, daß der Abenteurer, Verstoßene, Erlöser selber irgendwann erlösungsbedürftig wird. Dann muß und darf er Hilfen annehmen: Er ist deshalb kein Versager! Märchen erzählen von Helden, die plötzlich versteinern, verunstaltet sind, zu Gefangenen oder Tiergestaltigen werden oder im Todesschlaf dahindämmern. Sie erzählen auch von solch menschlichen Situationen wie denen, daß der Held einfach verzweifelt dasitzt, wartet, weint und passiv die kostbare Zeit verstreichen läßt... Helfer als Behüter und Not-Wender bringen sich irgendwann verläßlich ins Spiel. Lüthi schreibt: »Gerade dann, wenn die Märchenhelden ganz isoliert handeln, stehen sie, ohne es zu wissen, im Schnittpunkt vieler Linien und genügen blind den Forderungen, die vom Ganzen aus an sie gestellt werden. Sie denken nur an ihren eigenen Weg – und erreichen so das eigene Ziel. Der Märchenheld gleicht denen, die den Gral finden, gerade weil sie ihn nicht suchen.«[16] Diesen Lebensoptimismus möchte man auch Kindern wünschen.

Nach Ottilie Dinges wird durch Märchen das Offensein für das Jenseitige und Transzendente gefördert: »Märchen sind keine religiöse Dichtung im christlichen Sinn, aber sie ermöglichen eine Hinführung (Propädeutik) zu Inhalten, Werten und Verhaltensweisen, ohne die Religiosität sich nur schwer entfalten kann.«[17] Dazu zählen Werte wie Liebe, Freundschaft, Geborgenheit, Zuwendung, das Vertrauen in eine gute und sinnvolle Weise des Lebens. Märchen hätten aktuelle Bedeutung für Menschen in Extremsituationen, so Dinges, weshalb sie auch den Erlebnisraum ausweiteten. Für jüngere Kinder geschehe dies in einer unvergleichlich einfachen und faßbaren Weise, wie sie keine andere Literatur zu bieten vermöge. Nicht nur die Durchsetzungskraft der Aktiven und Tüchtigen zähle, sondern auch die positive Veränderung für die Schwachen und Geprellten.

Diese Züge erscheinen mir wieder für Kinder und Jugendliche besonders wichtig: Märchen können das Gefühl vermitteln, in einer höheren Ordnung geborgen zu sein[18], und Glücklosen winkt die Chance, sich zu wandeln und mißglückte Wege noch einmal zu gehen. Märchen bleiben in didaktischer Sicht offen für solche Veränderungen und Ausweitungen – für Kinder sind die entsprechenden Erfahrungen wichtig.

2.3.2 Umgang mit Grausamkeiten im Märchen

Im allgemeinen ertragen Kinder die Dramatik der Volksmärchen gut, auch wenn körperliche und seelische Grausamkeiten darin bedrängen. Ich teile die Meinung von Karlheinz Mallet, der sagt, daß man nicht sonderlich pingelig bei der Auswahl der Märchen zu sein brauche, wenn man bedenke, was Kinder heute alles im Fernsehen oder auf Video zu sehen bekämen. Man könne den Kindern Märchen mit ihren heimlichen und weniger heimlichen erzieherischen Tendenzen getrost zumuten. Die Märchenhandlungen sprächen für sich allein und müßten weder verändert noch geschönt werden.[19]

Das Thema ›Grausamkeit‹ wurde hinlänglich diskutiert.[20] Ich möchte hier nur folgende Gedanken ausführen: In Märchen geschehen aufregende Dinge, die einerseits in Vorerfahrungen des Kindes einhaken (siehe Kap. 1), die aber andererseits durch ihre konkreten und kontrastscharfen Bilder erschrecken. Da gibt es Wölfe, die Menschen- und Geißenkinder fressen, eine Köchin, die Fundevogel sieden will, Eltern, die ihre Kinder täuschen und verstoßen, eine Hexe, die kleine Kinder auf ihren Speisezettel setzt, Prinzen, die in Dornenhecken verbluten; es gibt mordlustige Stiefmütter und ein durch Pech

verunstaltetes Mädchen und ... und ... und ... Hierzu vier Gedankengänge im Zusammenhang mit dem vorliegenden Thema im Umgang
mit Grausamkeit:

1. Menschliche Nähe: Es ist eine Sache der Vernunft, erste Märchen
dieser Art Kindern so zu erzählen, daß Worte und körperliche Nähe
des Erwachsenen dem Kind ein Gefühl von Sicherheit vor den vorgestellten, vielleicht für real gehaltenen Gefahren schenken – Erwachsene oder ältere Geschwister als Helfer und Beschützer!

2. Auswahl und sprachliche Mittel: Für Kinder wenig geeignet halte
ich beispielsweise Märchen wie »Fitchers Vogel« (KHM 46), »Der
Räuberbräutigam« (KHM 40), »Das Mädchen ohne Hände« (KHM
31), auch »Die sechs Schwäne« (KHM 49) oder »Von dem Machandelboom« (KHM 47): Die Partnerbeziehungen sind punktuell einfach entsetzlich und in ihrer symbolischen Beziehung erst für Ältere
verstehbar. Bei anderen Märchen ist durch den straffen, abstrakten,
›unblutigen‹ Stil bald seelische Distanz zu den Vorkommnissen möglich. Das Kind erfährt: Der Bösewicht verliert am Ende sein Leben,
wird bestraft oder verschwindet von der Bildfläche, für den Helden
aber als echtem Abenteurer stellt die Spannung in Höchstform das
mögliche, nicht das *wirkliche* Ende dar; und wenn er sich doch verwandelt oder stirbt, so ist sein Tod oder sein sonstiger Zustand, der
ihn des Menschseins entfremdet hat, reversibel. Epische Spannung
dient als Mittel, den Helden aus der Vernichtung auszugrenzen.[21]
Diese stilistische Eigenart (auch intuitiv) wahrzunehmen, bedeutet
für Kinder mit Sicherheit eine große Erleichterung, wenn es darum
geht, auch die dramatischsten Ereignisse im Märchen zu ertragen und
die Solidarität mit ihrer Identifikationsfigur dabei nicht zu verlieren.

3. Entwicklungspsychologischer Aspekt: Das Kind wächst nach
und nach in das Thema Grausamkeit hinein. Es lernt einerseits verläß-
liche Handlungsweisen der Bezugspersonen kennen, andererseits gewinnt es zunehmend Distanz zu inneren Vorstellungen: Schon bei
den Kniereitern und Nennversen, bei denen man das Kleine ein
bißchen stupst, zwickt und zupft, lernt es, daß es nicht wirklich ab-
stürzt oder verletzt wird. Finger- und Bewegungsspiele erzählen dann
z. B., daß jemand vom Pferd fällt, beim Stehlen erwischt oder vom
Krokodil gefressen wird... das Kind erfährt, daß sich diese Situationen nur in Worten abspielen, daß sie stets wiederholbar sind und daß
bei den Schmäh- und Spottsprüchen und den ganzen Gereimtheiten
und Beleidigungen solcher Subpoesie der angesprochene Spielpartner
nicht wirklich gekränkt wird – der kontert vergnügt ebenso destruktiv mit anderen Reimen. Grausliches wird hier auf die Sprach- und

Spielebene verlegt, es erlaubt Spaß und Schadenfreude und ermöglicht so Distanz von fiktiven Handlungen. Dabei wird ein *Vertrauen in die Reaktionen des Spielpartners* aufgebaut. In Rotten-, Kreis- und Laufspielen, bei denen Dämonen und Untiere beschworen werden, entscheidet nun die eigene Schnelligkeit, ob man von der Hexe, der Katze, dem Wolf oder dem »Ochsen am Berg« erwischt wird.[22] Hier geht es um das Vertrauen in Spielregeln, die alle verläßlich einhalten – sonst ist das Spiel verdorben. In Kindergeschichten und Märchen schließlich entscheidet das *Vertrauen in den guten Ausgang* der Abenteuer. All diese Spiele, in denen Vertrauen in Partner, in Regeln, in Handlungsweisen und Erzählstrukturen (Rhythmus, Wiederholung, Spannungsaufbau) gesetzt wird, erzeugen ein *Gefühl für innere Ordnungen*, die man überschauen, dann auch wiederholen und innerlich beherrschen kann. Selbst grausame Märchendetails werden in die Welt der wiederholbaren und manipulierbaren Vorstellungen verlegt.

Ich denke, Märchen sollten durchaus Grausamkeiten enthalten, sofern sie für Kinder erträglich dargestellt sind und das Vertrauen in Menschen, Regeln und Abläufe rechtfertigen. Kinder leben in keinem Schonraum, sie können aber im Erlebnisraum der Phantasie lernen, mit Grausamem umzugehen und ihre Vorerfahrungen zu verarbeiten.

4. Hirnphysiologischer Aspekt: Im Zwischenhirn werden – wie erwähnt – alle Erfahrungen, Bewegungen und Erinnerungen mit Affekten besetzt (siehe Kap. 1). Bei Schrecksituationen reagiert man heute noch rein affektiv und instinktiv, also stammhirngesteuert, und man ›antwortet‹, wie es unsere Vorfahren taten: mit Angst und Flucht oder Angriff. Auch Kinder, die mit Motiven wie Kindesaussetzung, Mord, Verrat und schrecklichen Bestrafungen konfrontiert werden, reagieren in der Regel erst mit Angst- und Fluchtreflexen: Sie *sind* in der Geschichte, es passiert wirklich… Und deshalb halten sie sich die Ohren zu, wollen nicht weiter zuhören, bekommen Herzklopfen, atmen schneller, die Augen sind aufgerissen … Aber da ist ja auch die angeborene Neugier. Sie hilft, Ängste zu überwinden und sich das Erzählte doch durch den Kopf gehen zu lassen, vor allem, wenn Mutter oder Vater dabei sind. Man kann über das Gehörte vorsichtig nachdenken: Solche Gedanken laufen über das Großhirn und können zunehmend bewußt gesteuert werden. Es handelt sich hierbei um den sogenannten neokortikalen Neuronenkreis zwischen Groß- und Zwischenhirn[23], der geistig-seelische Verarbeitung ermöglicht, da Gedanken und Emotionen miteinander verbunden sind.

Nach einigen Wiederholungen, bei denen immer wieder das Gleiche passiert, ohne daß das Kind real gefressen wurde, wird es nun beginnen, unbewußt oder bewußt, mit eigenen Vorerfahrungen zu vergleichen. Es erkennt Zusammenhänge. Ein kognitiver Prozeß setzt ein, in dem weitere Informationen nützlich werden und in denen Ungenaues präzisiert wird: »Hat der Wolf die Geißlein ganz geschluckt oder gekaut? Warum ist er nicht aufgewacht, als er aufgeschnitten wurde? Wie weit fällt man, wenn man in den Brunnen springt? Hätten die Eltern nicht Hänsel und Gretel in ein Kinderheim geben können?«

Wichtig ist aber, daß eine erste Begegnung mit Grausamkeiten in Anwesenheit von Erwachsenen erfolgt, die beruhigen und zu einem ›Darüber-Reden‹ anregen. So erfahren Kinder, daß es sich bei der Geschichte tatsächlich›nur‹ um eine ausgedachte Situation handelt, daß die Vorstellungen darüber aber Herzklopfen und weitere Erinnerungen auslösen können. Elemente ihrer im Leben gewonnenen Vorerfahrungen gewinnen plastische Gestalt. Diese erinnerten Elemente, ausgelöst von der Geschichte und nun im Handlungszusammenhang mit dieser, können besprochen, gemalt und gespielt werden, wobei Kinder im allgemeinen nicht über ihre eigentlichen Ängste sprechen, sondern tatsächlich auf die Handlungen und Angstmotive im Märchenkleid eingehen. Angesichts der dabei ablaufenden kindlichen Projektionen muß man sich bei den Kinderbildern nicht über aufgeblähte Drachen und Dämonen, über köpfende und kämpfende Recken und eigenwillige Proportionen wundern: Mit ihnen werden Rollen bedürfnisorientiert verändert; eigene, subjektiv gesteuerte Märchenwelten bewegen sich im Kopf. Diese Vorstellungen, Bilder und Gedanken schaffen Bahnen, auf denen man sich das Schreckliche zu denken und zu wiederholen wagt und die zu Gedächtniselementen weiterer Erfahrungen werden können. Oft sind die frühen Eindrücke von Freude und Schreck in Märchen wohl deshalb so tief eingeprägt.

Grausamkeiten in Märchen für Kinder besitzen einen konstruktiven Stellenwert, wenn man sie auf subjektive und eigengesteuerte Weise und spielerisch bearbeiten kann. Das Kind lernt, mit Angst und Wut umzugehen und seine Gefühle willentlich zu beeinflussen. Es kann sein Ich daran stärken und auch auf sachlicher Ebene ein Stückchen Leben kennenlernen, das nicht unmittelbar verletzt, sondern sich mit seinen drastischen Motiven nur in Geschichten abspielt, das aber doch etwas mit eigenen Erfahrungen und Gefühlen zu tun hat. Wichtig sind allerdings eine Wiederholbarkeit der erschreckenden Situation, das Anverwandeln in eigene Vorstellungsbilder und das Gefühl des Kindes, in diesen Spielen seine Gefühle zeigen und ohne Zensur seine Phantasien ausspielen zu dürfen. Für Kinder eignen sich Märchen, deren bildliche Situationen sich vorstellen lassen, in denen Gefühle und Dinge bildlich-symbolisch vorkommen, die sich mit den kindlichen Erfahrungen vergleichen und sich gut wiederholen lassen: als Erzählgut, im Spiel oder gemalt.

2.3.3 Kinder als Geheimnis- und Schatzhüter

Kinder sammeln gerne schöne Steine und Muscheln, heben in geheimen Kästchen Federn, Photos, ein Schmuckstück, alte Münzen und sonstige ihnen kostbare Erinnerungen auf. Sie teilen nur mit ihrem besten Freund Geheimnisse. Der Mythos vom verborgenen Schatz lockt, Freunde verwenden Geheimzeichen und dem abschließbaren Tagebuch werden die geheimsten Gedanken und Ereignisse anvertraut.

Bedenkt man es genau, so bieten Märchen ähnliches: Sie erzählen immer wieder von lebensentscheidenden Gaben, die nur einem auserwählten Abenteurer geschenkt werden; dazu von Ge- und Verboten: Tu dies, laß das... Erst wenn du dort bist, dann... Menschen und Dinge dürfen bis zu einem bestimmten Zeitpunkt nicht angesehen oder benützt werden... Formeln der Höflichkeit, Hilfsbereitschaft und des Respektes vor anderem Leben werden zum Schlüssel für glückhaftes Handeln. Diese ›Formeln‹, die oft einfach konventionelles Verhalten spiegeln, ebnen den Weg zum ›Schatz‹, zu dem, was Leben lebenswert und sinnvoll macht. Der Rat der Helfer bedeutet ein großes Geheimnis, das man nun mit dem weisen Helfer teilen darf, das einem aber auch Verantwortung im rechten Gebrauch aufbürdet. Wer einen guten Rat des Helfers nicht richtig anwendet, verliert oft seine Chancen auf das Glück. (Sagen erzählen besonders deutlich, wie jemand seinen ›Schatz‹, den er von Jenseitigen erhalten hat, wieder verliert, wenn er das Geheimnis der Herkunft solcher Güter ausplaudert.)

Nur mit dem besten Freund oder Vertrauenspartner hütet man gemeinsame Geheimnisse, und auch im Märchen begegnen sich gleichsam füreinander bestimmte Figuren, die sich das Wissen um wichtige, sinnstiftende Mittel teilen. Kinder, die von Märchen hören, in denen wichtige Gaben und Ratschläge vergeben werden, kommen diesen Vorgängen wie selbstverständlich entgegen – schließlich verknüpft sich die Erfahrung eines hilfreichen Wissens mit der Erfahrung, daß Helfer verläßlich da sind.

Es gibt aber Kinder, die aus der Bahn gerissen wurden, die keine Zeit für kindliche Geheimniskrämereien haben. Sie verbrauchen geistig und seelisch ihre Energien für das alltägliche Überleben. Gemeint sind Kinder aus Kriegsgebieten, Flüchtlingskinder, kranke und mißbrauchte Kinder, Kinder aus zerrissenen Familien, mit Erfahrungen von Hunger, Angst und Tod. Hier können Märchen mit grausamen Elementen, die von Verstümmelungen, Aussetzung, Todesangst oder Gefressenwerden erzählen, schwer belasten. Diese Kinder sind ihres Schutzraumes kindlicher Träumereien beraubt, sie sind ohne Hülle und ohne das Polster einer Phantasie, die spielerisch mit Grausigem umgehen kann.

Für sie sollte man behutsam Märchen auswählen: solche mit einem optimistischen Grundton, die Hoffnung auf Zukunft schenken und mit ihren gehaltvollen Bildern verzaubern. Bei »Fundevogel« z.B. läßt sich konstruktiv über ›gute‹ und ›schlechte Geheimnisse‹ und Freundschaft reden, sofern dieses Thema (z.B. Kindesmißbrauch betreffend) gerade aktuell ist. »Rumpelstilzchen« könnte sogar zur Identifikationsfigur werden: Hat der kleine Dämon nicht auch Anrecht auf etwas Lebendiges, das Freude macht? Bei »Frau Holle« fühlen sich unglückliche und zurückgesetzte Kinder oft gerade der Pechmarie nahe – könnte die nicht den Weg noch einmal gehen und dabei ihre Fehler gutmachen? Im »Waldhaus« wendet sich die Liebe den Tieren zu, die einem Wärme schenken... Allgemein erscheinen Märchen mit Tieren wohl beruhigender als solche mit problembeladenen, unberechenbaren menschlichen Beziehungen: »Der gestiefelte Kater« hat Witz und Verstand, die »Bremer Stadtmusikanten« überzeugen mit ihrem Lebensmut, der Bär in »Schneeweißchen und Rosenrot« wirkt so anschmiegsam und zugleich stark: Das Mögliche, Menschliche, Tröstende sollte in der Auswahl dominieren.

Manche anspruchsvollen zwei-gliedrigen Märchen wie »Die Bienenkönigin«, »Die weiße Schlange«, »Die drei Federn« oder »Der goldene Vogel« entfalten abstrakt-schöne, klare Bilder, in denen zwar auch etwas Dramatisches geschieht, das aber im allgemeinen nicht schutzlos in die seelische Substanz des Kindes greift, sondern mehr von Tieren und anderen freundlichen Wesen, von Hilfsbereitschaft, Liebe, guten Geheimnissen, Geduld, Schlaf, Verzauberung und Erlösung erzählt. Nicht jedes Märchen, das für Kinder geeignet scheint, ist auch ein ›Kindermärchen‹. Die Motive müssen daraufhin untersucht werden, ob sie konstruktiv und ermutigend wirken und verletzte Seelen nicht noch schädigen. Hier richtet sich die Auswahl nach der Situation des Kindes.

3. Strukturen, Sprache, Bilder, Rezeption

3.1 Strukturen als Hilfe für geistige Ordnung

Wenn ich den durchaus bekannten linearen und mehrgliedrigen Aufbau der Volksmärchen erwähne, so nur deshalb, weil die Erzählstruktur meines Erachtens mit der geistigen Ordnung des Kindes zu tun hat: Die Stileinheit des Märchens wirkt ordnend. Die Bauformel funktioniert nach dem Schema Schwierigkeit/Bewältigung (Kampf/ Sieg, Aufgabe/Lösung). Damit werden die Kernvorgänge erfaßt. Die Ausgangsphase wird durch Mangel bestimmt, ihr folgt dessen Bewältigung.[24] Die Vorhersehbarkeit dieses Ablaufs gibt Kindern mit der Zeit die Gewißheit vom guten Ende des Konfliktes. Eine Projektion auf die Mangelsituation (Hunger, Not, Aussetzung, Lieblosigkeit, im positiven Sinne auch Lust auf Abenteuer) ist Kindern aufgrund eigener bisheriger Lebenserfahrung durchaus möglich (siehe Kap. 1) – sie hören von Lebensumständen, die bei ihnen Assoziationen auslösen dürften, wobei der Transfer der Verhältnisse von der Lebens- zur Märchensituation gewiß meistens noch unbewußt geschieht.

Der einsträngige, mehrgliedrige Handlungsweg wird im allgemeinen durch Zweier- oder Dreierrhythmen ausgestaltet, in Tiergeschichten und Kindermärchen treten statt dessen Reihungen und Motivketten auf, die durch Wiederholungen rhythmisch gegliedert sind. Diese verschiedenartigen Ordnungen zeichnen sich formelhaft durch Wiederholungen und Steigerungen der Begegnungen, Aufgaben, Gefahren oder Erlösungsversuche aus, womit epische Spannung erzeugt wird. Dazu zählen auch Anfangs- und Schlußformeln, Reime und Sprüche, Dialoge in wörtlicher Rede oder in Form eines indirekten Meinungsaustausches zwischen den Mit- bzw. Gegenspielern. Gleichbleibend inhaltliche Konstante ist das Happy-End des Märchens. Eben diese ordnenden Strukturen schenken den Kindern beim Zuhören offenbar Sicherheit. Der Gesamtablauf wird transparent und damit verfügbar. Wenn Kinder das Grundmuster als verläßlich erfahren, wird Antizipation auf das immer gute Ende möglich.

Wiederholungen haben eine bekräftigende Wirkung auf das jeweilige Märchengeschehen. Kinder können den formelhaften Aufbau gut nachvollziehen und sich bald am Erzählen beteiligen, ihre Gedanken und Gefühle am nun beherrschbaren Erzählstoff ordnend ausrichten. Sie übernehmen dabei Sprachmuster und Redensarten, die ihr Sprachvermögen in teilweise ungewöhnlicher Weise bereichern.[25] Auch le-

gen Wiederholungen nahe, daß Erfolge sich nicht schon beim ersten
Anlauf einstellen, vielmehr mühsam, mit Rückschlägen – und dann
endlich doch – erarbeitet werden müssen. All diese Strukturen, die
ordnend wirken und Antizipation auf den weiteren Handlungsverlauf ermöglichen, machen, sofern sie überschaubar bleiben, Märchen
schon für Kinder geeignet; ja, sie kommen ihnen geradezu entgegen.
Man kann annehmen, daß wortreiche, angeblich ›kindgemäße‹ Nach-
erzählungen von Märchen deshalb eher die klaren erzählerischen Ge-
füge verwischen und nicht mehr in der Weise ankommen, wie man es
Kindern für ihr inneres Sicherheitsgefühl wünschen möchte.

Eine weitere Besonderheit sind die dichten Sprachbilder an den Interaktionspunkten, an denen die wesentlichen Figuren handeln. Kinder verstehen meist mehr, als sie sprachlich bereits formulieren können, auch das, was ›zwischen den Zeilen‹ durch Stimme, Gestik und
Mimik vermittelt wird. Unterschätzen wir nicht ihr intuitives Verständnis für Mehrdeutigkeiten, Symbolik und Metaphern, wenn auch
tiefenpsychologische Zusammenhänge und volks- und völkerkundli-
che Relikte in den Erzählungen noch nicht wirklich wahrgenommen
werden. Dennoch: Diese Bilder sind offen für verschiedene Verständ-
nisebenen. Als Erwachsene begegnet man den Märchen der Kindheit
dann noch einmal mit anderem Verständnis, man stellt neue Bezüge
zu eigenen Vorstellungen, Vorerfahrungen, Wünschen und Träumen
her.

Die klaren, bunten, innigen Vorstellungsbilder bleiben, wenn sich
das Kind damit in Ruhe auseinandersetzen darf, offen für Meinungs-
und Perspektivenwechsel. Sie lassen Toleranz und Neugier auf andere
und anderes wachsen und bilden dadurch auch günstige Grundlagen
für Friedenserziehung und interkulturelle Erziehung: Sie verleiten
nämlich kaum dazu, mit Klischees und dauerhaften Vorurteilen zu
hantieren. Voraussetzung wäre aber, daß Kinder viele Märchen hören
– und dies kontinuierlich. Dann breiten die vielen verschiedenen Mär-
chenszenerien eine bunte Fülle an Lebensmöglichkeiten aus, in denen
jeder irgendwo einen Nistplatz findet – einen Platz, an dem er sich
orientieren kann, den er dann aber wieder wechseln möchte angesichts der übrigen Fülle an märchenhaften Lebensbildern: weil auch
hier irgendwie Vertrautes anzieht, Neues lockt oder gar mögliche
Antworten auf Fragen des Alltags und der eigenen Lebenswelt gegeben werden.

3.2 Sinnenfreundlichkeit der inneren Bilder und Handlungsweisen

Durch das Merkmal der Flächenhaftigkeit (Lüthi) werden Eigenschaften, äußere und innere Vorgänge als kräftige Bilder und Handlungsfolgen an die Oberfläche gewendet. Dabei lassen sich auch Symbole und sprachliche Bilder, die Vergleiche freisetzen, offenlegen, desgleichen Handlungsweisen, die auffallend mit Sinneswahrnehmungen verbunden sind. Zuerst einige ›Bilder‹, die zum Teil sogar zu Redensarten geworden sind:

Wenn eine Prinzessin den König, den sie heiraten soll, nicht leiden mag, weil er keine Nase hat (»Ferenand getrü un Ferenand ungetrü«, KHM 126), so mag dies aus psychoanalytischer Sicht bereits genügend besagen – wer mag schon einen König, der kein rechter Mann ist... Im Spiel der Sprache erkennen aber bereits Schüler noch mehr: Wer keine Nase hat, besitzt ›kein Profil‹ und ist gewiß keine ›profilierte Persönlichkeit‹. Er hat keinen ›guten Riecher‹, besitzt also kein Gespür für andere und seine Geschäfte. – Wenn die Köchin den »Fundevogel« (KHM 51) in einen Kessel siedenden Wassers werfen und ihn kochen möchte, so wird bereits im Spiel der Sprache – unbesehen volkskundlicher Informationen über Opferkessel und ähnliche Gehäuse – Erkenntnis über den Märchenvorgang möglich: Man will sich jemanden ›zurichten‹, ›einverleiben‹, man möchte jemanden (vor Liebe) ›fressen‹ oder (im Zorn) ›umbringen‹. Da ist einer ein ›ausgekochter Bursche‹, noch ›grün hinter den Ohren‹ oder ›noch nicht ganz durchgebacken‹. Redensarten im entsprechenden Märchenkontext können so verborgene Wirklichkeitsnähe und ein entsprechendes Verständnis für innere Handlungszusammenhänge hervorlocken. Der »treue Johannes« (KHM 6) als Steinstatue im königlichen Schlafzimmer oder der versteinerte Drachentöter im Märchen »Die zwei Brüder« (KHM 60) wecken Assoziationen zu erlebten Zuständen, wenn man ›wie erstarrt‹, ›versteinert‹, handlungsunfähig, empfindungs- und gefühllos dasteht. Im Märchen sind solche Figuren erlösungsbedürftig – und im Leben auch: Ohne Helfer geht es nicht weiter.

Wer mit Pech überschüttet wird (»Frau Holle«, KHM 24), ›hat Pech‹, ist ein ›Pechvogel‹ oder ›vom Pech verfolgt‹. Die Glückshaut eines Märchenkindes (vgl. ›Glückshaube‹ als Embryonalhaut, die bei der Geburt am Neugeborenen gelegentlich hängenbleibt) mag für ein ›Glückskind‹, einen ›Glücksvogel‹ stehen, der sich ›in seiner Haut wohlfühlt‹. Die Hexe als ›steinalte Frau‹ in »Hänsel und Gretel« (KHM 15) hat offenbar kein lebendig schlagendes Herz mehr, alles an ihr ist gefühllos geworden. Jedes Kind versteht heute aus der Alltagssprache oder durch Erfahrungen mit Märchen, was eine ›Lebensreise‹ bedeutet und daß man mit ›Siebenmeilenstiefeln‹ besonders rasch vorwärts kommt. Es ahnt, daß ein ›Dornröschenschlaf‹ lang und tief ist, in dem das Mädchen der Welt entrückt wurde, daß sich ein ausgenütztes Kind als ›Aschenputtel‹ fühlt, daß man sich mit einem ›Tischlein-deck-dich‹ wie ein Magier gebärden oder sich mit einem ›Sesam-öffne-dich‹ alle Wünsche erfüllen kann und daß man sich aus Wut ›mitten entzwei‹ reißen möchte... Innere Wirklichkeit läßt sich im Ansatz auf analoge Weise über Sprachbilder erschließen, und Kinder und Jugendliche können zum aufmerksamen Verstehen sprachlicher Wendungen geführt werden – eben schon als Kinder.

Hinzu kommen Handlungsweisen, die sich immer dann deutlich über konkrete Sinnesempfindungen und Wahrnehmungen äußern, wenn sie dabei den Sinn des Märchens öffnen und zu einem ›Erkennen‹ führen. Wenn der Helfer z. B. Anweisungen gibt, muß der Held genau zuhören. Es ist ein Hören, Lauschen, letztendlich wohl in dem Sinne, wie es Alfred Tomatis in seiner »Pädagogik des Horchens« faßbar macht: »Das Horchen ... setzt eine gute Unterscheidung des Gehörten, die Fähigkeit zur Klanganalyse voraus [...]. Es ist aber auch die Fähigkeit, sich auf die ›Wellenlänge‹ seines Gegenübers einzustellen, ihn wirklich zu verstehen.«[26] Nach Tomatis kann man auch auf das Leben und den ›Lebensklang‹ horchen. Selbst schlecht hörende Ohren können gut ›horchen‹: auf feine Untertöne, auf Botschaften zwischen den Zeilen. Märchenhelden können das, Unhelden nicht. Die hören nicht zu, wenden sich ab, antworten hochmütig, lachen über Ratgeber oder weigern sich, ihr Brot mit einem Hungrigen zu teilen...

Ein sinnvolles Ablauschen des Gehörten als ›Horchen‹ gibt dem ›Gehorchen‹ einen neuen, konstruktiven Sinn: Was Alte und Weise raten – und hier schwingen ethnologisch und historisch wohl als Motiv auch die einstigen Anweisungen der Helfer an Initianden mit – das kann ›gehorchenswert‹ sein. Die bitteren Erfahrungen des Nichthorchens bekommen dann die Unhelden zu spüren. Wenn Kinder ›gehorchen‹ sollen, dann bedeutet das im Sinne des Horchens keine Unterwerfung unter Willkür, sondern das Akzeptieren fremder Erfahrungen oder das Einordnen in verstandene kognitive Strukturen. Ich meine, daß gerade solche Märchen für Kinder geeignet sind, die für wahrnehmungsorientierte, sinnlich-sinnvolle sprachliche Formulierungen sensibilisieren! Einige Beispiele mögen das noch näher veranschaulichen:

Neben dem Horchen kann ein verändertes ›Sehen‹ zu neuen ›Einsichten‹ und ›Wahr‹-nehmungen führen und so eine Wende auslösen: In der »Kristallkugel« (KHM 197) sieht der Jüngling im Spiegel das wunderbare Abbild der – äußerlich häßlichen – Jungfrau, wie sie ›in Wahrheit‹ war. In der »Nixe im Teich« (KHM 181) begegnen sich eine Schäferin und ein Schäfer. Sie erkennen sich nach schweren Schicksalsschlägen nicht mehr als ihre Ehepartner. Nachdem der Schäfer einmal auf seiner Flöte ein trauriges Lied gespielt hat, weint die Schäferin und erinnert sich durch die Melodie an ihren einstigen Geliebten, dessen Haupt bei ihren Erlösungsversuchen aus dem Wasser hochgekommen war. Dann heißt es: »Er sah sie an, und es war ihm, als fiele eine Decke von seinen Augen, er erkannte seine liebste Frau; und als sie ihn anschaute und der Mond auf sein Gesicht schien, erkannte sie ihn auch.« Auch im »Liebsten Roland« (KHM 56) spielt eine Melodie eine wesentliche Rolle. Es heißt am Ende: »Aber wie es [das Mädchen] seinen Gesang anfing und er zu Rolands Ohren kam, so sprang er auf und rief: ›Die Stimme kenne ich, das ist die rechte Braut, eine andere begehr ich nicht.‹ Alles, was er vergessen hatte und ihm aus dem Sinn verschwunden war, das war plötzlich in sein Herz heimgekommen...« In »Jungfrau Maleen« (KHM 198) führt der Goldschmuck am Hals der wahren Braut zum Erkennen, nachdem zuvor schon schrittweise eine Reihe von Zeichen das Erkennen vorbereitet hat. »Es wurden Lichter herbeigeholt, und da bemerkte er [der Königssohn] an ihrem Hals den Goldschmuck...«: Das kostbare Geschmeide hatte er ihr vor der Kirche selber angelegt und die Kettenringe ineinander gehakt. Er berührte sie dabei, und Rede und Gegenrede und letztendlich das Licht veranlassen nun das Erkennen.

Immer wieder hört und liest man in Märchen, wie sich die Handlungsweisen auf sinnlicher Ebene vollziehen und wie es dadurch zu wesentlichen, sinnstiftenden Begegnungen und Erkenntnissen kommt. In seiner Ausdrucksweise bedient sich das Volksmärchen jener grundlegenden Prozesse, die in Kapitel 1 als Wahrnehmungsintegration beschrieben wurden, die die Grundlage für Vorstellungsvermögen und Imaginationskräfte, für Sprache, Gedanken und Gefühle sind. Volksmärchen äußern sich über jene Wege, die das Kind von Natur aus für eine integrierte, ganzheitliche körperlich-geistig-seelische Entwicklung geht. Diese Darstellungsweise begünstigt auch die handlungsorientierte Form des Märchens. Kinder können intuitiv diese Wege des Hörens, Sehens, Fühlens innerlich gut mitgehen.

3.3 Rezeptionsweisen und Wirkungen

Diese gehaltvollen sprachlichen Bilder nun sind ebenfalls strukturbildend. Sie kennzeichnen die Interaktionspunkte, an denen etwas Wesentliches geschieht. Man könnte diesen Ablauf mit Filmschnitten vergleichen: Die Handlung schreitet stetig fort und schafft dann an den Interaktionspunkten Standszenen, in denen bedeutsame Begegnungen und Handlungsweisen ablaufen. Bei diesen Standbildern kann das Kind stehenbleiben. Es bewegt sich in einem Rahmen, in dem es die abstrakten, offenen Bilder mit persönlichen Vorstellungen ausgestalten und sich zu eigen machen kann. Es assimiliert förmlich die mit Worten gemalten Szenen in seine Innenwelt und bewegt sich darin; es wird zum Subjekt seiner aus dem Märchen umgeschaffenen Eigenwelt. Darin kann es stehen, wandern, mitkämpfen, mitleiden oder nur zuschauen, bis die Bereitschaft für eine nächste Interaktion wächst. (Man wird die Verantwortung einer reflektierten Märchendidaktik ahnen!)

Ich meine, daß die Bauformeln auch in dieser Hinsicht Märchen für Kinder geeignet machen. Fülle und Vielfalt, Wiederholbarkeit und Assimilierbarkeit an bisher gewachsene Verhaltensmuster (Schemata) werden zu einem Angebot an Kinder, sich im Eigenrhythmus und bedürfnisorientiert auf die Lebensabenteuer der Märchenhelden einzulassen (zu Piagets Begriffen s. Anm. 27). Irgendwann kommt dann auch der Punkt, an dem Kinder bereit sind, vorhandene Meinungen und Vorurteile in Frage zu stellen und an ganz neue Einsichten und Erfahrungen zu akkomodieren. Assimilationen unterstützen die innere Sicherheit und erweitern vorhandene kindliche Denk- und Verhaltensmuster. Bei Akkomodationen riskieren Kinder vorläufige Unsicherheit und gewinnen dafür (möglicherweise) Neuorientierung, Abbau von Vorurteilen, Veränderungen von Einstellungen und Lernzuwachs.

Man empfindet Korrespondenz zwischen dem sprachlichen Mittel einerseits, Tätigkeiten, Wahrnehmungen und bildsprachlich gerade wesentliche Lebensvorgänge zu schildern, und den Integrationen von Wahrnehmungen und Tätigkeiten andererseits: sie regen den stetigen Aufbau des Gehirns an und bilden die Grundlagen für emotionale und kognitive Entwicklung. Volksmärchen im Stile der Grimms verbleiben im angedeuteten sprachlichen Rahmen, gehen vorsichtig mit eher abstrakten Begriffen um und vermeiden ein Überangebot an präzisierenden Adjektiven. Sie kommen damit, meine ich, dem kindlichen Vorstellungsvermögen besonders entgegen und aktivieren es.

Märchen eignen sich bereits für jüngere Kinder, weil sie Impulse zum Lernen aus Erfahrung setzen und flexibles Denken fördern. Dabei sollte man ein regelmäßiges Märchenhören und -lesen eben nicht auf einfachem, sogenannten kindlichem Niveau ansetzen. Volksmärchen, besonders Zaubermärchen, stellen an das hörende Kind Ansprüche, fordern seelische Kräfte heraus und regen die kognitive Entwicklung an.

4. Gespräche mit Kindern

Wenn sich ein Kind mit den bunten Vorstellungen und Handlungsweisen eines Märchens auseinandersetzt, beginnt es mit mentalen Spielen im Raum seiner Phantasie. Es agiert innerhalb eines fiktionalen Rahmens, in dem ihm gewiß manches irgendwie ›schon erlebt‹ vorkommt, manches aber auch neu, eigenartig oder erschreckend. Es befaßt sich mit ›fragwürdigen‹ Dingen, wendet diese mit höchst subjektiven Deutungen hin und her, schiebt sie vielleicht vorläufig beiseite, oder aber es fragt weiter. Solche Fragen sind interessanterweise in der Regel auf die Gegenwart und das Morgen gerichtet, nicht auf ein Vergangenes, das lässig als ›Babyzeit‹ abgehakt wird.

Das Kind steckt voller ›Warum?‹ und einem herausfordernden ›Und dann? und dann?‹. In Gesprächsrunden kann man solchen Gedankengängen gemeinsam nachspüren. Allerdings erfordert das gegenseitige Rücksichtnahme und das Einhalten vereinbarter Gesprächsregeln, damit nicht einzelne Gesprächspartner die anderen mit ihren Meinungen dominieren. Das Sprechen selber nun erzeugt durch die anzuwendende Grammatik und Syntax, durch einen angemessenen Wortschatz und die sprachliche, ›logische‹ Ordnung der märchenhaften Handlungen bei aller subjektiven Phantasie und emotionalen Beteiligung eine Strukturierung der bildverdichteten Interaktionspunkte, die auch in die Tiefe führen und besonders für Ältere Tiefenpsychologisches, Symbolisches, Anthropologisches, Kultur- und Volkskundliches, Religiöses u.s.w. entdecken lassen. Auf dem Wege des Fragens, Nachbohrens und Vermutens können Zusammenhänge aufgehellt und (vorläufig) formulierbar werden.

Wenn bereits Kinder sich mit Märchen befassen dürfen, die ihrem Fragehorizont entsprechen, dann sind für sie durchaus Tore für eine solche Nachdenklichkeit offen. Hans-Ludwig Freese weist in seinem Werk »Kinder sind Philosophen«[28] darauf hin, wie überrascht er anfangs war, als Kinder aus eigenem Antrieb – ohne geringste Belohnung oder eine Note zu erwarten – zu einem längerwährenden Gesprächskreis über ›philosophische Fragestellungen‹ bei ihm erschienen. Erinnerungen aus eigener Kindheit, Gesprächserfahrungen mit Kindern, auch »die Erfahrungen mit der philosophischen Besinnungslosigkeit der Schule« (S. 19) boten Freese das Ausgangsmaterial für Gespräche.

Meine eigenen Erfahrungen zeigen ebenfalls, daß z. B. Grundschüler der 3. und 4. Klasse bereits sehr kritisch das Tun und Lassen mancher Figuren überdenken. Sie stellen bereits rational betonte Fragen, suchen Zusammenhänge, Begründungen, eine gewisse Logik des Handelns, und sie werten moralisch. Dabei spielen – zumindest in diesen Gesprächen – Mitleid, Umweltgedanken, Tierschutz, Gerechtigkeit, begründbares Handeln von Autoritäten und eine autonome Entscheidungsfähigkeit wesentliche Rollen. Das Aufrollen solcher Gedanken aber geschieht im Kontext dennoch akzeptierter, magisch wirkender Geschehnisse, die mit ihren geheimnisvollen Welten möglicherweise wie eine Schutzhülle das allzu Rationale und vordergründig Erklärbare ausgrenzen.

Das Fragen und Nachdenken lenkt den Blick auf noch Hintergründigeres, auf Mehrdeutiges oder Unbegreifliches, auf sprachliche Bilder, Analogien oder symbolische Andeutungen, die in ihrer Vielfalt und Offenheit gedankliche Freiräume schaffen. Ich denke, daß man früh mit Kindern beginnen kann, über Motive und Zusammenhänge nachzudenken, ohne den Gegenstand zu zerreden. Gespräche lichten Schatten auf, geben diffusen Beunruhigungen Gestalt und trösten auch durch die Entdeckung, daß andere ähnliche Zweifel und Gedanken haben. Befreiend wirke eben, so Freese, die Erfahrung, daß es auf fundamentale Fragen nicht nur *eine* Antwort geben könne und daß Menschen verschiedene Ansichten über die gleiche Sache haben könnten.

Ein Sprechen und Diskutieren über Märcheninhalte (neben anderem Gedankengut) kann also zu Nachdenklichkeit und Gedankentiefe, zu Toleranz gegenüber Andersdenkenden, zum Staunen und Erschauern, zur Lust am Spiel mit Gedanken und Worten, zugleich zum Argumentieren und zur präzisen Sprachverwendung führen. In solchen Prozessen verbinden sich kognitive und emotionale Erfahrungen innig und können zu Bestandteilen ganzheitlichen Lernens werden. Beispiele aus der Praxis sind unter anderem folgende Fragen und Gedankengänge:

Warum können Tiere im Märchen sprechen, und warum versteht sie der Held? Was geschieht mit den Unhelden am Ende? Bekommen sie eine weitere Chance? Gibt es wirklich Hexen, Dämonen, Zwerge,

Feen? Ist ein menschenfressender Drache nicht tatsächlich wirklich, wenn man doch bei seiner Vorstellung Herzklopfen bekommt? Was bedeutet es, hundert Jahre lang zu schlafen und jung zu bleiben, was geschieht in dieser Zeit? Haben Steine, Pflanzen, Sterne irgendwie Gefühle? Woher wissen Tiere und andere Helfer im Märchen, wer der Richtige und wer der Falsche ist? Warum wissen sie Rat, obwohl der Held seinen Weg doch noch gar nicht weitergegangen ist? Darf ein Vater seiner Tochter die Hände abhacken, auch wenn es ihr eigener Wunsch ist? Darf man das Lügen, Betrügen, Stehlen, Töten eines Helden gutheißen, nur weil am Ende für ihn alles gut ausgeht?

Kinder finden es spontan in Ordnung, daß Lenchen trotz des abgegebenen Versprechens, nichts von den Mordabsichten der Köchin zu verraten, ihr Geheimnis an Fundevogel verrät: Das sei kein Wortbruch, denn wichtiger sei natürlich Fundevogels Leben. Streng gingen Viertkläßler mit dem hilfreichen Zwerg in »Wasser des Lebens« ins Gericht, weil er zwei unschuldige Pferde in eine Schlucht geklemmt hatte: Zufällig saßen eben die beiden hochmütigen, älteren Brüder auf den armen Tieren! Die Schüler erwarteten differenzierte Strafmaßnahmen, unter denen Tiere nicht leiden sollten. Sie fanden es wichtig, daß der Jäger in »Wasser des Lebens« den Jüngsten trotz des königlichen Befehls nicht tötete: Eigene, menschliche Entscheidung und Befehlsverweigerung fanden jede Sympathie, während das Verhalten des königlichen Vaters kommentiert wurde, als ob der König geisteskrank und unfähig zu moralischen Entscheidungen sei. Sympathie gilt immer wieder dem Unglücklichen und Allzumenschlichen. Man gönnt gelegentlich einem hilfsbereiten Rumpelstilzchen etwas Lebensglück und gesteht den Schwachen zu, auch mal Fehler machen zu dürfen: Dazu gehören die Pechmarien und Dummlinge, die Neugierigen und Grenzübertreter. Schon Kinder durchdringen rasch die Gut-Böse- und Klug-Dumm-Polarisierung und erahnen für die zeitweilig Benachteiligten neue Chancen.

Es müßte uns Erwachsene nachdenklich stimmen, wie besinnlich bereits Kinder das, was da im Märchen zwischenmenschlich geschieht, ethisch abwägen wollen und können – besonders unter dem Aspekt der Gerechtigkeit. Ich denke, Märchen sind u.a. für Kinder geeignet, wenn die Themen darin für die kindliche Gegenwart und nächste Zukunft aktuell sind. Viele der Grimmschen ›Kindermärchen‹ enthalten gerade solche Lebensbilder, die schon Kinder aufgreifen können und die Zündstoff zum Weiterdenken liefern.

Helga Zitzlsperger

5. Zusammenfassung

Welche Merkmale können Märchen bereits für Kinder geeignet machen?[28] Es handelt sich hier um keine Festschreibungen, sondern nur um Erträge aus den Ausführungen dieses Artikels!

- Vorab ganz allgemein: Märchen sollten eine überschaubare Länge haben. Für Drei- bis Vierjährige sind kleine Geschichten, Fingerspiele, Lieder und eingliedrige kurze Märchen bzw. Kettenmärchen geeignet; für Kinder ab Grundschulalter eignen sich auch Märchen in ihrer Vollform (in der Art zweigliedriger Wunder-, Zauber- und Erlösungsmärchen), sofern die Handlungen nicht zu kompliziert sind und der Personenbestand nicht zu umfassend ist. Meine Angaben schließen ein, daß die gleichen Märchen mehrmals gehört und gelesen werden können.
- Bei der Auswahl sollte man die psychische Belastbarkeit der zuhörenden Kinder im Auge behalten, so daß letztlich jeder Erzähler die Auswahl nach individuellen Gesichtspunkten entscheiden muß.
- Da sich das Gehirn auf der Basis eigener Vorerfahrungen weiter organisiert, bringt das Kind mit seinen Denk- und Verhaltensmustern von klein auf jene ›Lebenserfahrungen‹ mit, die in Märchen so oft als Empfindungen von Freude, Geborgenheit, Trauer, Angst, Verlassenheit oder Eifersucht und Wut thematisiert werden. Märchen eignen sich für Kinder, wenn sie mit entsprechenden Themen und Konflikten Resonanz auf bereits Erlebtes und Empfundenes auslösen. Märchen für Kinder sollten lebensnah von konkreten Kindeserfahrungen erzählen und dabei durchaus ermöglichen, das Schöne, aber auch das Schreckliche zu überdenken.
- Märchen laden zu Assimilationen der ›irgendwie‹ schon vertrauten Inhalte an eigene Denkmuster (Schemata) ein. Sie sollten deshalb wiederholbar und gut darstellbar sein, z. B. durch Spielen und Malen, um sich die Figuren und Handlungsweisen genüßlich aneignen zu können. Das Kind kann sich dabei mit Figuren identifizieren, sein Ich daran stärken, kann aber auch auf Distanz gehen und Belastendes vorläufig ausgrenzen.
- Schon Kindermärchen sollten inhaltlich ein solch anspruchsvolles Niveau besitzen, daß sie neben Elementen aus kindlichen Vorerfahrungen auch Neues bieten, z. B.: Figuren, Handlungen oder besondere Ereignisse, die zum Nachdenken herausfordern, die Vorurteile und gewohnte Denkmuster in Frage stellen, die also zum Akkomodieren an Fremdes und Neues einladen. Solche Märchen

stoßen bei Kindern Lernprozesse an und unterstützen ihre neugierige, weltoffene Haltung.

- Im Zuhören lernen Kinder früh, daß die Ereignisse im Märchen über Sprache abgebildet werden, daß sie deshalb wiederholbar sind und nicht wirklich passieren, daß sie aber erinnerbar und in der Vorstellung manipulierbar werden. Die poetische Sprache der Grimms und gleichwertig anderer Autoren sollte dabei nicht vereinfacht werden. Sie wird für Kinder zum Modell für anspruchsvolles Ausdrucksvermögen beim Erzählen und für eigenes (schriftliches) Texten. Schon jüngere Kinder können einer solchen Sprache folgen, weil sie intuitiv Begriffe aus dem Kontext heraus verstehen, die eigentlich noch nicht zu ihrem Wortschatz gehören.
- Solche Märchen sind für Kinder geeignet, die für andere Wesen sensibilisieren, die mit der Natur, mit Tieren und Hilfsbedürftigen sensibel umgehen und solche Sensibilität zum Wesenskern der Handlung machen. Kinder haben offene Sinne für die Kreatur und für Motive, die Mitleid, Hilfsbereitschaft und Empathiefähigkeit herausfordern. Langsam gehen Kinder so auf Abstand zum eigenen Ego.
- Ein überschaubarer Bestand an Personen und Dingen sollte gegeben und Handlungsweisen und Figurenkonstellationen sollten so beschaffen sein, daß sie den Vorstellungsrahmen der Kinder nicht sprengen. Die Auswahl kann hier von Fall zu Fall verschieden sein und kann auch vorsichtig ambivalente Figuren einschließen.
- Helferfiguren müssen zuverlässig reagieren – sie sind wahre Not-Wender. Ein Wissen hierüber und das gründliche Ausgrenzen oder Besiegen der Schädiger sollten durch wiederholtes Hören von Märchen so sicher werden, daß auch aufregende und grausam wirkende Handlungen durch die mögliche Antizipation auf das gute Ende zumutbar sind. Schädliches und Grausames aber sollte nicht bizarr wirken, sondern so viel mit Vorerfahrungen gemein haben, daß diese im Erlebnisraum der Phantasie bearbeitet werden können. So verlieren im spielerischen, wiederholten Agieren auch die Dämonen, die Unberechenbaren und das Seltsame ihre Schrecken.
- Kinder werden durch die Identifikation mit ihren Helden zu ›Schatzhütern‹. Sie lernen, mit guten Ratschlägen und Geheimnissen umzugehen und sie gewissenhaft zu verwalten, da sonst – im Märchen – ein Unglück geschieht.
- Die Strukturen des Märchens sollten als rhythmisch gegliederte Handlungssequenzen, als Eingangs-, Schluß- und Zauberformeln, Proben und Aufgaben klar zum Ausdruck kommen, damit kleinere

Kinder den Überblick behalten. Solche Strukturen tragen zur geistigen Ordnung und zur inneren Sicherheit bei, weil sie kindgerecht zum Mitmachen, Mitsprechen und Handeln einladen und sich immer wieder absichernd wiederholen lassen.

– Die bildlichen Interaktionspunkte mit ihren Requisiten, handlungsfreudigen Figuren und einem Umweltrahmen sollten möglichst früh original erhalten und nicht vereinfacht werden. Innere Auseinandersetzungen und Gespräche über einzelne Motive geben dann den Blick frei für die offenen Bilder. Klischeedenken wird durch die ungewöhnlichen Motive überwunden, Nachdenklichkeit wächst aus Gesprächen, Gedanken führen dabei möglicherweise in geistige und seelische Weiten und Tiefen. Schon Kinder lassen sich für Perspektivenvielfalt sensibilisieren. Dabei kann frühzeitig Toleranz gegenüber anderen Menschen und anderen Denkweisen wachsen.

– Kindermärchen sollten Helden aufweisen, die auch versagen dürfen. Kinder machen dann die tröstliche Erfahrung, daß jeder Fehler machen kann, daß dann aber einer kommt und trotz allem wieder hilft. Kinder sind voller Neugier und Tatendrang. Dadurch werden sie im Leben zu Grenzverletzern, denn sie riskieren etwas, und auch Märchenhelden sind mal hilflos oder verführbar und mal risikofreudig, mutig oder dreist. Märchen wirken auf Kinder ermutigend, wenn sie davon erzählen, wie die Abenteurer trotz aller Risiken in einer höheren Ordnung geborgen sind: die Helden ebenso wie letztlich die Glücklosen, Ungeschickten. Sie erhalten eine Chance, die Wege noch einmal und dann erfolgreicher zu gehen. Helden gehen ihren Weg ohnedies, zugunsten der auf der Schattenseite Stehenden, aber es sollte Raum zum Weiterfabulieren bestehen, da sich Kinder oft auch mit den Erfolglosen identifizieren. Mißerfolge werden dann nach einigem Nachdenken in Erfolge umgewandelt. Solche Märchen machen Kindern Mut. Sie sollten auch bei geschlossenem Handlungsbogen so viel Freiraum lassen, daß Kinder sie für die Benachteiligten, die Unhelden erfolgreich fertig denken können.

– Viele Märchen verwenden eine ausgesprochen handlungsorientierte Sprache und setzen dazu die menschlichen Sinne und Wahrnehmungen ein. Diese werden auf sprachlicher Ebene zum Mittel, um Wesentliches auszudrücken – Sehen und Schauen, Hören und Horchen, Fühlen, Greifen und Handeln: Die sensorischen Empfindungen verändern sich qualitativ im aufmerksamen Handeln und führen im Märchen am Ende zu Einsichten und Anschauungen, zum Hinhorchen, zu Gefühlen, zum Begreifen usw. Sie ermöglichen die Entwicklung zur autonomen Persönlichkeit und zum Glück. (Und Kapitel 1 berichtete, daß der Aufbau des Denkens beim Kind ähnlich verläuft.) Die Märchensprache wirkt dadurch sinnlich, sinnhaft, sinnvoll. Für Kinder sind Volksmärchen meines Erachtens gerade dann geeignet, wenn sie im Erzählstil der Grimms gehalten sind. Ihre Sprache prägt sich unmittelbar ein und fördert zugleich das Verständnis für Spiele mit der Sprache, für bildliche Vergleiche, für Metaphern und für symbolische Ausdrucksformen.

– Märchen sind vielschichtig und anspruchsvoll. Sie besitzen besonders viele (hier ausgeführte) Merkmale, die schon bei Kindern eine hingebungsvolle Bereitschaft zum Zuhören und gedanklichen Bearbeiten der Inhalte auslösen können. Sie regen früh die Phantasie an und aktivieren das Gehirn mit dessen komplementären Leistungsbereichen, so daß Märchen ganzheitliches Lernen und Verstehen fördern.

– Ich halte es für sinnvoll, nicht von ›Kindermärchen‹ zu sprechen, sondern von ›Märchen, die sich (auch) für Kinder eignen‹.

Anmerkungen

1 Bergmann, Ingrid: »Welche Märchen für welches Alter?« In: *Märchenspiegel* (MSP). Hrsg.: Märchenstiftung Walter Kahn, 4/97, S. 103-106. – Eine sinnvolle Auswahl an Kindermärchen bietet z. B. Schieder, Brigitta: *Erzähl mir doch ein Märchen – Eine methodische Märchensammlung für Kinder ab 4.* München 1998.

2 Die folgenden Ausführungen nach Hannaford, Carla: *Bewegung – Das Tor zum Lernen.* Freiburg i. B., 2. verb. Aufl. 1997. – Zimmer, Renate: *Handbuch der Sinneswahrnehmung.* Freiburg i. B. 1995. – *Spektrum der Wissenschaft: Gehirn und Nervensystem.* Heidelberg ^{9}1988.

3 Piaget, Jean und Inhelder, Bärbel: *Die Psychologie des Kindes.* Olten 1972.

4 Rico, Gabriele: *Garantiert schreiben lernen.* Reinbek b. Hamburg 1984.

5 Arbeitskreis für Jugendliteratur, K.E. Maier (Hrsg.): *Phantasie und Realität in der Jugendliteratur.* Bad Heilbrunn 1976, 3. Jahrbuch, S. 17.

6 Ayres, Jean: *Bausteine der kindlichen Entwicklung.* Berlin, Heidelberg, New York 1984.

7 Eccles, John. In: Popper, Karl / Eccles, John: *Das Ich und sein Gehirn.* München 1982.

8 Radigk, Werner: *Kognitive Entwicklung und zerebrale Dysfunktion.* Dortmund 1991, 3. durchges. Aufl. – Sacks, Oliver: *Stumme Stimmen.* Reinbek b. Hamburg 1990.

9 Kolzowa, Mariela: »Untersuchungen zur Sprachentwicklung«. In: *Der Kinderarzt.* Lübeck 1975, Nr. 6.

Helga Zitzlsperger

10 Schmidt, Siegfried: »Gedächtnisforschungen: Positionen, Probleme, Perspektiven«. In: Schmidt, S. (Hrsg.): *Gedächtnis. Probleme und Perspektiven der interdisziplinären Gedächtnisforschung*. Frankf.a.M. 1992, S. 11/12.

11 Zitzlsperger, Helga: »Haben Märchen einen Bildungswert?« In: Wardetzky Kristin und Zitzlsperger, H. (Hrsg.): *Märchen in Erziehung und Unterricht heute*, Band I. VEMG, Bd. 22, Rheine 1997, S. 41.

12 Piaget, J.: *Theorien und Methoden der modernen Erziehung*. Frankf.a.M. 1974, S. 30 f.

13 Betz, Otto: »Der verborgene Gott – Über die religiöse Dimension der Volksmärchen«. In: *MSP 3/97*, S. 65 f.

14 S. z. B. Rusch, Regina (Hrsg.): *So soll die Welt nicht werden – Kinder schreiben über ihre Zukunft.*, Kevelaer 1989. – Grefe, Christiane und Jerger-Bachmann, Ilona: *›Das blöde Ozonloch‹ – Kinder- und Umweltängste* (wiss. Untersuchung). München 1992.

15 Lüthi, Max: *Das europäische Volksmärchen*. München 1978, S. 37 f.

16 Lüthi, M.: *Volksmärchen*, S. 61.

17 Dinges, Ottilie: »Märchen und religiöse Erziehung«. In: Dinges, O., Born, M. und Janning, J. (Hrsg.): *Märchen in Erziehung und Unterricht*. VEMG, Bd. 9, Kassel 1986, S. 173 f.

18 Betz, O.: *Der verborgene Gott.*

19 Mallet, Karlheinz: »Märchen als heimliche Erzieher. Märchenfiguren als Vorund Leitbilder«. In: *Grundschulunterricht*, Päd. Zeitschriftenverlag, 3/1997, S. 4 f.

20 Exemplarisch hierzu: Scherf, Walter: *Die Herausforderung des Dämons. Form und Funktion grausiger Kindermärchen*. München 1987. – Zitzlsperger, H.: »Von der Grausamkeit im Märchen und seiner Wirkung auf das Kind«. In: *Das selbstverständliche Wunder – die Welt im Spiegel des Märchens.* Evangel. Akademie Baden (Hg.) 1996, S. 30 ff. – Röhrich, L.: *Märchen und Wirklichkeit*. Darmstadt 1974.

21 Röhrich, L.: *Märchen und Wirklichkeit.*

22 Scherf, Walter: »Kinderspiele als Funktion des Grausigen«. In: Baumgärtner, A. und Maier, K.E. (Hg.): *Märchen, Mythen und moderne Zeit. Beiträge zur Kinder- und Jugendliteratur* (Schriftenreihe der Deutschen Akademie für Kinder- und Jugendliteratur Band 9). Würzburg 1987.

23 Radigk, Werner: *Kognitive Entwicklung*, S. 120 f.

24 Lüthi, M.: *Märchen*. Stuttgart [6]1976, S. 28 f.

25 Hierzu Details z. B. in: Wardetzky, Kristin: *Märchen-Lesarten von Kindern. Eine empirische Studie*. Berlin 1992. – Dieselbe: »Zwischen Traum und Realität – Kindertexte aus Ost- und Westdeutschland«, Teil 1. In: *Die Grundschulzeitschrift*. Friedrich Verlag in Velber, Heft 91, Jan. 1996, S. 46-49. Teil 2 in Heft 92, März 1996, S. 46-51.- Zitzlsperger Helga: »Bericht und Ertragsbeschreibung über Märchenwettbewerb an Schulen Nordrhein-Westfalens«. In: *MSP 4/1998*, S. 99-102.

26 Manassi, Sabina: »Pädagogik des Horchens«. In: Tomatis, Alfred: *Der Klang des Lebens*. Reinbek b. Hamburg 1987.

27 Jean Piaget bezieht seine These menschlicher Entwicklung aus der Biologie. Jeder Organismus durchläuft einen Reifungsvorgang, der durch ›Anpassung‹

reguliert wird. Dieser Vorgang kann durch die Begriffe zweier komplementä-
rer Prozesse beschrieben werden: durch ›Assimilation‹ und ›Akkomodation‹.
»Mit dem Prozeß der Akkomodation ist die Tendenz der Person gemeint,
sich in Antwort auf Anforderungen der Umwelt zu verändern. Die funktio-
nale Invariante Assimilation ist der komplementäre Prozeß. Die Person behandelt Ereignisse in der Umwelt so, daß sie für ihre Strukturen passender
werden...« (H. Ginsburg und S. Opper: *Piagets Theorie der geistigen Entwicklung*. Stuttgart 1975, S. 33). Solche ›Anpassungen‹ können auf biologi-
scher und intellektueller Ebene geschehen; die Person steht dabei in Interaktion mit der Umwelt. In der Assimilation werden Elemente der äußeren
Realität in die eigene psychologische Struktur übernommen, in der Akkomodation modifiziert oder akkomodiert die Person ihre vorhandene psychologische Struktur, um dem Druck der Umwelt zu begegnen. Durch organisierte
Verhaltensmuster (aufgrund von Erfahrungen) entsteht ein ›Schema‹. Die
meisten Schemata sind nicht angeboren, sondern werden durch aktive Wahrnehmungen und Handlungen erworben. Schemata vermitteln Sicherheit in
der Auseinandersetzung mit der Umwelt, werden durch Assimilationen be-
reichert, durch Akkomodationen verändert und neuen Erfahrungen gerecht.
Auch Märchen stellen Erfahrungen dar, in denen Assimilationen und Akkomodationen die bisherigen geistigen Strukturen verändern – je nach Grad der
Vorerfahrungen. Märchen mit ihren teilweise ungewöhnlichen Bildern und
Mitteilungen stellen an die geistige Entwicklung immer wieder hohe Anforderungen, erzeugen Resonanz oder fordern mit Neuem heraus.

28 Freese, Hans-Ludwig: *Kinder sind Philosophen*. Weinheim, Berlin 1989,
⁶1996.

Sabine Lutkat

Das Märchen im (Er-)Leben von Kindergartenkindern

Ergebnisse einer Befragung von Erzieherinnen und Müttern[1]

Märchen – welche Rollen spielen sie heute noch im Leben von Kindern im Kindergartenalter? Auf der einen Seite wird das Verschwinden der mündlichen Erzähltradition, das Verschwinden der Märchen beklagt. Auf der anderen Seite erfreuen sich Märchen heute wieder großer Beliebtheit. Und: Das Märchen scheint nach wie vor zum Kanon der Vorschulliteratur und Schulliteratur zu gehören. Märchen sind aber längst nicht mehr auf das Buch begrenzt, sondern in allen Medien zu finden, sie sind ein fester Bestandteil der Kindermedien. Durch alle Bereiche der Kindermedien und Kinderkultur ziehen sich Märchen, Märchenmotive und Anspielungen auf Märchen. Allerdings besteht eine deutliche Tendenz dahingehend, Märchen altersmäßig immer mehr dem Vorschulbereich zuzuordnen. Trotz dieser allgemein verbreiteten Verbindung von Märchen mit der Gruppe der Kinder im Vorschulalter sowie der Kindermedien ist das Bild, in welchem Ausmaß und auf welche Art und Weise Kinder heute mit Märchen konfrontiert werden, unklar.

Ob Märchen auf Kinder wirken und wie sie das tun, war und ist ein vieldiskutiertes Thema, zu dem es viele Veröffentlichungen gibt. Auffällig ist allerdings, daß kaum empirische Arbeiten dazu zu finden sind. Die meisten Veröffentlichungen, die sich mit dem Thema Kind und Märchen beschäftigen, sind im weitesten Sinne theoretischer Art oder beruhen auf Erfahrungsberichten. Es gibt aber eine ganze Reihe von Aspekten und Themen, die in allen Veröffentlichungen immer wieder angesprochen werden. Die Wege, die dabei gegangen werden, können recht unterschiedlich sein, aber es wird immer eine besondere Affinität zwischen Märchen und Kind angenommen.[2] Es würde den Rahmen dieses Artikels sprengen, hierauf genauer einzugehen, generell kann man aber sagen, daß – aufgrund der vielfachen strukturellen und inhaltlichen Parallelen zwischen kindlichem Weltbild und dem Weltbild des Märchens – Märchen neben den allgemeinen menschlichen Konflikten auch kindliche Entwicklungskonflikte und deren

Lösungen darstellen. Das Kind fühlt sich durch diese Geschichten angenommen, ernst genommen und verstanden.

Die Tatsache, daß Märchen und Kinder so viel gemeinsam haben, schlägt sich am deutlichsten in der Annahme nieder, daß es so etwas wie ein Märchenalter gibt, ein Alter also, in dem Märchen besonders beliebt und wichtig sind. Die Einschätzung, in welchen Jahren dieses angebliche Märchenalter anzusiedeln ist, schwankt zwar bei heutigen Veröffentlichungen etwas, pendelt sich allgemein aber bei einem Alter von vier/fünf bis zehn Jahren ein.[3] Märchenerzähler und Märchenerzählerinnen legen einer Befragung zufolge das Märchenalter zwischen fünf und zwölf Jahren fest, wobei die intensivste Phase bei fünf bis sieben Jahren gesehen wird.[4]

Schaut man nun nach empirischen Belegen zur kindlichen Märchenrezeption innerhalb der Mediennutzungsforschung, so muß man feststellen, daß es für die Altersgruppe der drei- bis sechsjährigen Kinder sehr wenig empirische Studien zur Mediennutzung allgemein, zu inhaltlichen Medienpräferenzen fast keine Daten gibt. Schaut man noch spezifischer nach empirischer Forschung zum Thema Vorschulkinder und Märchen, so sieht das Ergebnis noch schlechter aus. Es sind so gut wie keine konkreten Aussagen über das Ausmaß der Märchenrezeption von Vorschulkindern in welcher medialen Form auch immer möglich. Und auch empirische Belege für mögliche Wirkungen von Märchen auf Kinder gibt es nur in Ansätzen. Die Vorgänge der Märchenrezeption sind, mit wenigen Ausnahmen, noch unerforscht, insbesondere für Kinder im Kindergartenalter, ja es ist noch nicht einmal geklärt, ob Kinder heute, und wenn ja, in welchem Umfang Märchen rezipieren und über welche Vermittlungsformen das geschieht.

Methodisches

Auf dem Hintergrund dieser Forschungslücken entstand die Untersuchung, deren wichtigste Ergebnisse hier vorgestellt werden. Die Hauptfragestellungen der Untersuchung sind: Kommen Kindergartenkinder heute überhaupt noch mit Märchen in Berührung? In welchem Ausmaß und über welche Medien geschieht das? Welche Märchen spielen dabei eine Rolle? Zusammengefaßt: Welche Rolle spielt das Märchen heute in der Erziehung und damit im Leben von Kindergartenkindern? Denn bevor man sich der – eigentlich spannenderen – Frage der Wirkung von Märchen auf Kinder zuwendet, sollte zunächst geklärt werden, ob und in welcher Art und Weise Kinder überhaupt mit Märchen in Berührung kommen. Die Untersuchung betritt damit insofern Neuland, als sie eine neue Zugriffsweise auf das Thema Märchen und Kinder versucht: Sie betrachtet das Phänomen weder von der Textseite her (welche Strukturen und Inhalte machen Märchen für Kinder geeignet) noch von der theoretischen Seite her (warum brauchen Kinder aus psychologischer, pädagogischer oder anderer Sicht Märchen), sondern sie versucht sich empirisch dem Thema zu nähern, und das auf eine Art und Weise, die über das Erstellen von »Märchen-Hitlisten« hinausreicht.

Kinder im Kindergartenalter sind in ihrem Medienverhalten stärker auf die Auswahl und Meinung ihrer Betreuungspersonen angewiesen als Kinder anderer Altersstufen. Deshalb wurden nicht die Kinder selbst, sondern die Erzieherinnen zur Märchenrezeption der Kinder befragt. Hierzu wurde ein ausführlicher Fragebogen auf der Grundlage theoretischer Überlegungen entwickelt. Da Kinder heute zum überwiegenden Teil auch öffentliche Betreuungseinrichtungen besuchen, wurden sowohl die Eltern als auch die Erzieherinnen befragt. In den Einrichtungen wurden die Fragebögen von den Erziehern und Erzieherinnen ausgefüllt, in den Familien ausschließlich von den Müttern.[5] Aufgrund der unterschiedlichen Märchenpädagogik in der DDR und der BRD sind Unterschiede im Umgang mit Märchen in Ost und West zu erwarten. Dieser Aspekt wurde in der Untersuchung ebenfalls beachtet.

Die Befragung wurde an drei Standorten durchgeführt: Berlin, Leipzig und Karlsruhe. Im Zeitraum von Oktober 1996 bis Januar 1997 wurden insgesamt 329 Bögen an Erzieherinnen und 336 Bögen an Mütter verteilt. Die Fragebögen für die Erzieherinnen wurden meistens persönlich durch die Autorin übergeben, die Mütter erhielten die Fragebögen nach einem bestimmten vorgegebenen System von den Erzieherinnen. Die Fragebögen waren jeweils mit einem ausführlichen Anschreiben zum Ziel der Untersuchung sowie einem frankierten Rückumschlag versehen. Die Rücklaufquote von 63,2 % bei den Erzieherinnen bzw. 61,6 % bei den Müttern kann für eine schriftliche Befragung als gut bezeichnet werden.

Die endgültige Stichprobe, auf die sich die vorliegenden Ergebnisse beziehen, besteht aus 203 Erzieherinnen-Bögen und 205 Mütter-Bögen. Bei den Erzieherinnen stammen 56 aus Berlin, 75 aus Karlsruhe, 68 aus Leipzig und 4 sind nicht eindeutig zuordenbar; bei den Müttern stammen 66 aus Berlin, 69 aus Karlsruhe und 70 aus Leipzig. Das Ost-West-Verhältnis beträgt bei den Erzieherinnen 85 Fragebögen Ost und 114 West (zusätzlich der 4 nicht zuordenbaren), bei den Müttern 93 Ost und 112 West.[6]

Der Abgleich der Stichprobe mit der Grundgesamtheit ergab, daß die vorliegende Stichprobe zwar nicht repräsentativ ist, daß jedoch die relativ geringe Höhe der festgestellten Abweichungen von der Grundgesamtheit und die Größe der beiden Stichproben den Schluß zulassen, daß die vorliegenden Ergebnisse durchaus aussagekräftig sind, auch wenn sie nicht im engeren Sinne als repräsentativ bezeichnet werden können.

Möglichkeiten der Märchenbegegnung für Kinder: Materialien und Aktivitäten

Um vorhandene Materialien zu erfassen, wurden die Erzieherinnen und die Mütter zu den sieben in Tabelle 1 aufgeführten Materialien jeweils gefragt, ob diese vorhanden sind, und wenn ja, um welche Titel, Figuren usw. es sich dabei handelt. Die Ergebnisse sind in Tabelle 1 zusammengefaßt.

Tabelle 1: Materialien mit Märcheninhalten in den Einrichtungen bzw. Familien

Material	in % der befragten Gruppen vorhanden	in % der befragten Familien vorhanden
Bücher	81,5 %	86,6 %
Bilderbücher	65,2 %	73,3 %
Figuren oder Puppen	63,2 %	40,2 %
Tonträger	57,6 %	71,0 %
Bastelarbeiten der Kinder	37,9 %	15,2 %
andere Bilder	23,2 %	24,5 %
Videofilme	6,4 %	52,9 %

Generell bestätigen die Ergebnisse die Annahme, daß Kinder im Kindergartenalter von Spielmaterialien mit Märcheninhalten umgeben sind, sowohl zu Hause als auch in den öffentlichen Einrichtungen. Märchen sind in Form bestimmter Materialien allgegenwärtig, besonders im Bereich der Medien. Es kann davon ausgegangen werden, daß die Verbindung von Märchen und Kindern im Kindergartenalter nach wie vor Gültigkeit besitzt und Kinder in den meisten Fällen Zugang zu Märchenmaterialien haben.

In den Kita-Gruppen sind am häufigsten Märchenbücher mit Vorlesecharakter, d.h. mit überwiegend Text und wenigen oder keinen

Sabine Lutkat

Bildern, zu finden. Inhaltlich handelt es sich dabei in erster Linie um Sammlungen mit Märchen der Brüder Grimm; Märchenbücher von Andersen oder Hauff sowie Sammlungen mit Märchen verschiedener Autoren oder Sammler sind nur wenige vorhanden, Märchen anderer Völker sind eher selten. Auch Bilderbücher mit Märchen sind sehr häufig; hierbei gibt es nur wenige Bilderbücher mit Märchen von Andersen, die meisten der genannten Bilderbücher beinhalten Grimmsche Märchen, andere Märchen kommen kaum vor. Die vorhandenen Figuren oder Puppen, die Märchenfiguren im weitesten Sinne darstellen, sind zum überwiegenden Teil Handpuppen aus dem Bereich des Kasperletheaters mit den typischen Figuren von König, Prinzessin, Wolf, Hexe usw. Auch Tonträger, d. h. Kassetten oder Schallplatten mit Märchen, gibt es in über der Hälfte der Gruppen, auch hier sind es mehrheitlich Grimmsche Märchen. Die anderen Bilder sind zumeist Poster z. B. aus Apothekenheftchen oder von Erwachsenen angefertigte Bilder. Videofilme sind in den Kindertagesstätten (Kitas) am seltensten vertreten – nur 6,4 % der befragten Gruppen verfügen über dieses Medium. Auf die Frage nach sonstigen, bisher nicht genannten Materialien mit Märcheninhalten antworten einige Erzieherinnen mit: Puzzles, Spiele (»Sagaland«, Domino, Kartenspiel), Verkleidungsmaterial, Mal- und Bastelbücher und Fachbücher für die Erzieherinnen. Besonderheiten sind: eine Märchenkerze, die beim Erzählen angezündet wird; eine Märchendecke, die beim Erzählen als Mittelpunkt dient; eine Märchenecke. Vergleicht man die Materiallage in den Einrichtungen mit der in den Familien (vgl. Tabelle 1), so läßt sich übergreifend sagen, daß es die meisten Materialien mit Märcheninhalten in den Familien häufiger gibt als in den Einrichtungen. Nur bei den Märchenpuppen und -figuren und bei den Bastelarbeiten der Kinder sieht die Materiallage in den Familien schlechter aus als in den Einrichtungen. Inhaltlich überwiegen bei den Büchern und Tonträgern in den Familien ebenfalls die Grimmschen Märchen. Der größte Unterschied zwischen Einrichtungen und Familien besteht bei den Märchenvideofilmen: Während sie in den Einrichtungen fast gar nicht vertreten sind, gibt es sie in über der Hälfte der Familien. Die Mütter zählen bei der Frage nach sonstigen Materialien ebenfalls Puzzles, Spiele, Verkleidungsmaterialien und Mal- und Bastelbücher auf. Wesentlich häufiger als in den Einrichtungen gibt es in den Familien Gebrauchsgegenstände wie Tassen, Gläser, Kissen, Nachtlampe, Kerzenständer, Deckenlampe, Garderobenhaken, Kalender, Aufdrucke auf Kleidungsstücken und Kuscheltiere, die Märchenfiguren abbilden oder darstellen.

Zu Ost-West-Unterschieden[7] bei den Materialien ist zu sagen, daß die meisten Materialien im Osten häufiger anzutreffen sind als im Westen. Keine derartigen Ost-West-Unterschiede weisen nur Bastelarbeiten der Kinder und Märchenbücher mit Vorlesecharakter auf, und für Märchenbilderbücher gibt es Ost-West-Unterschiede nur in den Familien. Die größten Ost-West-Unterschiede gibt es bei den Videofilmen und den Tonträgern. Videofilme mit Märchen gibt es laut den hier befragten Erzieherinnen in keiner einzigen Einrichtung West. Bevor ich nun allerdings auf mögliche Gründe für die Ost-West-Unterschiede eingehe, werde ich zunächst die Ergebnisse zu den Märchenaktivitäten beschreiben, da sie eng mit den Materialien zusammenhängen.

Da das bloße Vorhandensein von Materialien noch nichts über deren tatsächlichen Gebrauch aussagt, wurden die Erzieherinnen und Mütter auch nach der Häufigkeit bestimmter Märchenaktivitäten gefragt. Zu jeder vorgegebenen Märchenaktivität sollte auf einer sechsstufigen Skala (täglich – wöchentlich – monatlich – weniger als monatlich – jährlich oder seltener – gar nicht) die Häufigkeit angekreuzt werden. Die Ergebnisse hierzu sind im Überblick der Tabelle 2 zu entnehmen.

Tabelle 2: Märchenaktivitäten in Einrichtungen bzw. Familien

Märchenaktivität	mehr als 50 % der Erzieherinnen bzw. Kinder tun es …	mehr als 50% der Mütter/Väter bzw. Kinder tun es …
Kinder schauen sich Märchenbilderbücher an	mind. wöchentlich	mind. wöchentlich
Märchen werden vorgelesen	mind. monatlich	mind. wöchentlich
Kinder hören Märchenkassetten usw.	mind. monatlich	mind. monatlich
Märchen werden erzählt	weniger als monatlich	mind. monatlich
Rollenspiele mit Märchenthemen	weniger als monatlich	*nicht erhoben*
Märchen im Theater	jährlich oder seltener	jährlich oder seltener
Märchenfilm im Kino	gar nicht	jährlich oder seltener
Märchen auf Video oder im Fernsehen	gar nicht	weniger als monatlich
Märchenerzähler kommt zu uns	gar nicht	*nicht erhoben*

Wie Tabelle 2 zeigt, schauen sich Kinder in Einrichtungen am häufigsten Märchenbilderbücher alleine an. In über der Hälfte der befragten Gruppen schauen sich die Kinder täglich oder wöchentlich, d. h. relativ regelmäßig Bilderbücher mit Märchen alleine an. Auch das Vorlesen von Märchen durch die Erzieherin findet relativ regelmäßig statt: In deutlich über der Hälfte der Gruppen werden Märchen regelmäßig mindestens monatlich vorgelesen. Auch das Hören von Märchen auf Kassette oder Schallplatte hat seinen Platz im Kitaalltag. Fast ebenso oft werden Märchen von der Erzieherin erzählt. Rollenspiele mit Märchenthemen kommen in den Gruppen nicht allzu häufig vor, im Durchschnitt weniger als monatlich. Alle anderen Formen der Märchenbegegnung sind Ausnahmen und kommen, wenn überhaupt, im Durchschnitt maximal einmal im Jahr vor. Am üblichsten sind Theaterbesuche von Märchenvorstellungen, aber immerhin ein Drittel der Gruppen machen diese Erfahrung nicht. Das Kino mag vielleicht in einigen Gruppen den Theaterbesuch ersetzen, er erfolgt im Durchschnitt jährlich und seltener bis gar nicht. Über die Hälfte der Gruppen geht allerdings nie ins Kino. Noch seltener als der Theater- bzw. Kinobesuch ist in den Einrichtungen das Anschauen eines Märchenfilms auf Video. Die Seltenheit, in der die Gruppen dies tun, entspricht der Materiallage. Fast drei Viertel der Gruppen sehen nie einen Märchenfilm auf Video. Den niedrigsten Wert in der Häufigkeit hat die Variable »Ein/e Märchenerzähler/in kommt zu uns«. Drei Viertel der Gruppen kennen diese Form der Märchenbegegnung überhaupt nicht. Auf die Frage nach sonstigen Aktivitäten mit Märchenbezug antworten einige Erzieherinnen mit der Aufzählung von Kreisspielen und Liedern, Tischtheater, Puppentheater oder Marionettenspiel in der Einrichtung, Basteln, Märchen selbst ausdenken, Vorspielen von Märchen durch Erzieherinnen oder Eltern, Stegreifspiele oder Rollenspiele der Kinder im Freispiel; vereinzelt werden genannt: Rhythmik, Märchenpark-Besuch, AG für Vorschulkinder, Märchen-Rätsel, ein Projekt zum Thema.

In den Familien sieht es ähnlich aus wie in den Einrichtungen. Am häufigsten kommt das Märchenvorlesen durch Mutter oder Vater vor: In über drei Vierteln aller befragten Familien werden den Kindern mindestens monatlich Märchen vorgelesen. Aber auch das Anschauen von Märchenbilderbüchern, das Hören von Kassetten oder Schallplatten und das Märchenerzählen durch Mutter oder Vater geschieht noch relativ regelmäßig. Das Anschauen von Märchen im Theater oder im Kino ist in den Familien ähnlich wie in den Einrichtungen eher selten: Fast die Hälfte der Kinder sehen gar keine Märchen im Kino, und fast ein Drittel der Kinder sehen keine Märchen im Theater. Der große Unterschied zwischen Familien und Einrichtungen besteht im Anschauen von Märchenfilmen im Fernsehen oder auf Video. Märchenfilme auf Video oder im Fernsehen schauen sich ein Viertel der Kinder nie an, während sich die Hälfte der Kinder mindestens monatlich Märchenfilme auf Video oder im Fernsehen anschaut. Während das Fernsehen in den Einrichtungen so gut wie nicht vertreten ist, gehört es in den Familien zum Alltag.

Die Ost-West-Unterschiede bei den Aktivitäten bestätigen die bei den Materialien vorgefundenen Ost-West-Unterschiede. In den Einrichtungen gibt es bezüglich der Häufigkeit des Anschauens von Märchen im Theater und des Rollenspieles mit Märchen keine Unterschiede. Alle anderen vorgegebenen Aktivitäten weisen in den befragten Einrichtungen Unterschiede zwischen Ost und West dahingehend auf, daß die Durchschnittswerte der Einrichtungen Ost um eine ganze Stufe innerhalb der vorgegebenen Häufigkeitsskala höher liegen als die der Einrichtungen West. Kinder im Kindergartenalter erfahren in den Einrichtungen Ost sehr viel häufiger Aktivitäten mit Märcheninhalten als die Kinder in den Einrichtungen West. Das zeigt sich auch in den Antworten der Mütter, allerdings nicht in solcher Deutlichkeit wie in den Einrichtungen.

Betrachtet man die Ergebnisse zu den Möglichkeiten von Kindergartenkindern zur Märchenbegegnung im Überblick, so ist zunächst festzuhalten, daß das Märchen in erster Linie an das Buch gebunden ist. Sowohl das Vorlesen von Märchen als auch das Anschauen von Märchenbilderbüchern durch die Kinder geschieht in den Einrichtungen und den Familien am häufigsten. Das abendliche Märchenvorlesen durch Vater oder Mutter hat immer noch einen hohen Stellenwert. Demnach hat das Märchen nach wie vor seinen festen Platz in der Erziehung von Kindern im Kindergartenalter. Aber nicht nur über Bücher, auch über andere Medien werden Kinder in diesem Alter mit Märchen konfrontiert. Hier spielen vor allem das Kassetten- bzw. Schallplatten-Hören eine Rolle aber auch das Anschauen von Märchenfilmen, die die Kinder vorwiegend zu Hause rezipieren.

Kinder beschäftigen sich aber auch allein, ohne Bezugsperson mit Märchen. Es kommt in beiden Settings mit am häufigsten vor, daß sich die Kinder Märchenbilderbücher alleine anschauen. Nimmt man das Anhören von Kassetten oder Schallplatten hinzu, das überwiegend alleine ausgeübt wird, so rezipieren Kinder in einem nicht unerheblichen Maße Märchen auch alleine. Möglicherweise steckt dahinter die Annahme der Bezugspersonen, Märchen seien Kinderliteratur

und deshalb für Kinder unproblematisch konsumierbar. Sicherlich ist
es aber ein Zeichen für die Attraktivität des Stoffes bei Kindern im
Kindergartenalter.

Die Kinder haben in den Einrichtungen Ost und den Familien Ost
nicht nur häufiger Materialien mit Märchen zur Verfügung als die
Kinder in den Einrichtungen und Familien West, sondern sie erfahren
auch wesentlich häufiger Aktivitäten mit Märchen über verschiedene
Medien. Mehrere Gründe spielen für diese starken Ost-West-Unterschiede eine Rolle. Ein erster Grund hängt mit der Einstellung der
DDR zum Märchen und den daraus resultierenden Förderungen von
Märchenproduktionen im Bereich Film und Schallplatte zusammen,
die künstlerisch anspruchsvolle Märchenproduktionen zur Folge hatten. Die Märchenschallplatten und Märchenvideofilme, die von den
Erzieherinnen Ost angegeben werden, sind fast ausschließlich Litera-
Schallplatten bzw. DEFA-Filme. Dieses Material ist in den Ost-Ein-
richtungen noch aus DDR-Zeiten vorhanden und wird weiterhin benutzt. In der Zwischenzeit gelten die DEFA-Filme bundesweit als
Klassiker unter den Märchenfilmen. Die Litera-Schallplatten und in
noch höherem Maße die DEFA-Filme scheinen in der DDR eine regelrechte Sozialisationsinstanz gewesen zu sein; es gibt anscheinend
kaum jemanden aus der DDR, der nicht mit diesen Filmen und in be-
grenzterem Maße auch mit den Schallplatten aufgewachsen ist. Vor
allem die DEFA-Märchenfilme stehen heute noch bei vielen Müttern
und Erzieherinnen aus dem Osten hoch im Kurs.

Dies kann aber nicht der alleinige Grund sein. Vielmehr deutet sich
hier etwas an, was als ein ungebrocheneres Verhältnis des Ostens zum
Märchen bezeichnet werden kann, wodurch sich Ost und West unterscheiden. Damit ist das Fehlen der 68er-Bewegung im weitesten Sinne
in der DDR gemeint, innerhalb derer in der BRD das Märchen sehr
kritisiert wurde und die eine sehr viel stärkere Verunsicherung bezüglich des pädagogischen Wertes von Märchen für Kinder auslöste, als
das nach dem Zweiten Weltkrieg der Fall war. Nach dem Ende des
Zweiten Weltkrieges entstand ein heftiger Streit um den pädagogischen Wert der Märchen, bei dem vor allem in den westlichen Besatzungszonen die Grausamkeit im Vordergrund stand und der darin
gipfelte, daß eine direkte Verbindung von den deutschen Märchen zu
den Greueltaten in den Konzentrationslagern gezogen wurde. In den
westlichen Besatzungszonen wurde trotz dieser Kritik aber doch am
pädagogischen Wert der Märchen festgehalten, allerdings mit der
Forderung nach der Eliminierung der grausamen Szenen. In der so-
wjetischen Besatzungszone stand neben der Grausamkeit vor allem

die reaktionäre Ideologie der Märchen im Mittelpunkt der Kritik, doch spätestens ab Mitte der fünfziger Jahre waren die Literaturpädagogen der DDR den Märchen gegenüber wieder positiv gestimmt. Die hauptsächlichen Kritikpunkte der Vertreter der 68er-Bewegung am Märchen bezogen sich dann allerdings auch in der BRD nicht mehr nur auf die angebliche Grausamkeit, auch wenn das weiterhin ein Thema blieb, sondern sie lehnten das Märchen auch deshalb ab, weil sie es für repressiv, frauenfeindlich und unrealistisch hielten. Diese Bedenken gegenüber den Märchen aus dieser Zeit, die in den nachfolgenden Jahren im Westen sehr große Verbreitung fanden, sind im Osten aufgrund der fehlenden Rezeption dieser Position lange nicht so stark ausgeprägt bzw. gar nicht vorhanden.[8]

Kenntnis

Den Befragten wurde zur Erfassung des inhaltlichen Bekanntheitsgrades einiger Märchen eine Liste mit Märchentiteln vorgegeben, zu denen sie auf einer vierstufigen Ratingskala (kenn ich so gut, daß ich es erzählen könnte – kenne ich dem Handlungsablauf nach – kenne ich nur dem Titel nach – kenne ich nicht) ihre eigene Märchenkenntnis einschätzen sollten. Dazu mußte eine Auswahl an Märchentiteln getroffen werden: Der Grundstock setzt sich zusammen aus einigen der bekanntesten Märchen der Brüder Grimm (»Rotkäppchen«, »Hänsel und Gretel«, »Dornröschen«, »Der Wolf und die sieben jungen Geißlein«, »Aschenputtel«, »Frau Holle«, »Schneewittchen«, »Rumpelstilzchen«, »Rapunzel«, »Der Froschkönig«, »Brüderchen und Schwesterchen«), einigen weniger bekannten Grimmschen Märchen (»Das Waldhaus«, »Einäuglein, Zweiäuglein, Dreiäuglein«, »Der Gevatter Tod«, »Die Gänsehirtin am Brunnen«, »Die drei Männlein im Walde«, »Fundevogel«) und aus jeweils zwei bzw. drei bekannten Märchen von Andersen (»Die Prinzessin auf der Erbse«, »Die kleine Seejungfrau«, »Das häßliche Entlein«), Bechstein (»Das Natterkrönlein«, »Siebenschön«) und Hauff (»Der Zwerg Nase«, »Die Geschichte von Kalif Storch«, »Das kalte Herz«). Hinzu kommen einige Grimmsche Titel, die in der Fachliteratur als besonders geeignet für drei- bis sechsjährige Kinder angesehen werden (»Der süße Brei«, »Der goldene Schlüssel«, »Die drei Federn«, »Die Bienenkönigin«, »Die Wassernixe«, »Das Eselein«, »Das Meerhäschen«)[9] sowie drei für diese Altersstufe ungeeignete Märchen der Gebrüder Grimm (»Von dem Machandelboom«, »Frau Trude«, »Das eigensinnige Kind«). Insgesamt enthält die Liste 35 Märchentitel.

Zu den Ergebnissen: Von diesen 35 Märchentiteln sind acht Märchen den meisten Erzieherinnen, d. h. über 75 %, so gut bekannt, daß sie sie erzählen könnten (»Rotkäppchen«, »Hänsel und Gretel«, »Dornröschen«, »Der Wolf und die sieben jungen Geißlein«, »Aschenputtel«, »Frau Holle«, »Schneewittchen«, »Rumpelstilzchen«). Bei allen anderen Märchentiteln nimmt der Anteil der Erzieherinnen, die das Märchen erzählen könnten, stark ab. Zu diesen acht Titeln kommen gerade noch vier Titel, die von über der Hälfte der Erzieherinnen erzählt werden könnten (»Rapunzel«, »Der süße Brei«, »Der Froschkönig oder der eiserne Heinrich«, »Brüderchen und Schwesterchen«). Bis hierhin sind es ausnahmslos Grimmsche Märchen. Erst danach kommen vom Bekanntheitsgrad her zwei Märchen von Andersen, die den meisten Erzieherinnen zumindest inhaltlich bekannt sind, sowie eine kleine Gruppe von Märchen, die sich vom Bekanntheitsgrad eher im Mittelfeld bewegen. Demgegenüber stehen eine ganze Reihe von Märchen, die den meisten Erzieherinnen so gut wie nicht bekannt sind. Hierbei befinden sich fast ausschließlich die für Kindergartenkinder eher geeigneten Märchentitel, das einzige bekanntere Märchen von diesen ist »Der süße Brei«.

Die Märchenkenntnis der Mütter ist bei fast allen Müttern geringer als bei den Erzieherinnen, bei einigen wenigen Märchen maximal gleich hoch. Insgesamt könnten sieben Märchen von über 75% der Mütter erzählt werden (»Hänsel und Gretel«, »Rotkäppchen«, »Schneewittchen«, »Dornröschen«, »Aschenputtel«, »Der Wolf und die sieben jungen Geißlein«, »Frau Holle«), hinzu kommen drei Märchen, die noch von mindestens der Hälfte der Mütter erzählt werden könnten (»Rumpelstilzchen«, »Rapunzel«, »Der Froschkönig oder der eiserne Heinrich«). Diese zehn bekanntesten Märchen sind auch bei den Müttern ausschließlich bekannte Grimmsche Märchen. Neben weiteren fünf Märchen, die das Mittelfeld in der Märchenkenntnis der Mütter bilden, gibt es zwanzig Märchen, die über die Hälfte der Mütter nur vom Titel her oder überhaupt nicht kennen, neun davon kennen über 75 % nicht. Unter diesen zwanzig unbekannten Märchen befinden sich sechs der sieben für Kindergartenkinder geeigneten Märchen, die drei ungeeigneten, die beiden Bechsteinschen Märchen sowie die allgemein unbekannten Märchen.

Über die zehn bis fünfzehn bekanntesten Märchen hinaus ist die Märchenkenntnis von Müttern und Erzieherinnen spärlich. Gerade Märchen wie »Die Bienenkönigin«, »Der goldene Schlüssel« oder »Das Eselein«, die als für Vorschulkinder besonders gut geeignet gelten, gehören zu den unbekannteren Märchen. Zwar haben die Erzieherinnen eine statistisch signifikant bessere Märchenkenntnis als die Mütter, vor allem bezüglich weniger bekannter Märchen, aber auch bei den Erzieherinnen kennen nur wenige diese Märchen über den Titel hinaus. Das bedeutet zusammengefaßt, daß sich sowohl bei den Müttern als auch bei den Erzieherinnen gute inhaltliche Märchenkenntnis auf das herkömmliche Repertoire der zehn bis zwölf bekanntesten, in der Mehrzahl Grimmschen Märchen beschränkt, wobei bei den Müttern die gute inhaltliche Märchenkenntnis innerhalb der vorgegebenen Märchen noch deutlicher als bei den Erzieherinnen auf wenige bekannte Grimmsche Märchen beschränkt ist. Sie verfügen in der Regel über ein Repertoire von sieben bis zehn Märchen, die sie erzählen können. Auffällig ist, daß insbesondere die für diese Altersstufe empfohlenen Märchen sowohl den Müttern als auch den Erzieherinnen so gut wie unbekannt sind.

Die oben beschriebenen Ost-West-Unterschiede setzen sich auch bei der Märchenkenntnis wie ein roter Faden weiter fort: Im Osten stehen nicht nur mehr Materialien mit Märcheninhalten zur Verfügung und werden häufiger Aktivitäten mit Märchen durchgeführt, die Erzieherinnen und die Mütter Ost haben zudem auch eine deutlich bessere Märchenkenntnis als die Erzieherinnen und Mütter West. Erzieherinnen Ost unterscheiden sich von denen West signifikant in 22 Titeln, die Mütter Ost von denen West in nur zehn Titeln. Bei den Erzieherinnen gilt mit zwei Ausnahmen für alle Unterschiede, daß die Märchenkenntnis der Erzieherinnen Ost besser ist als die der Erzieherinnen West. Die beiden Ausnahmen sind »Fundevogel« und »Die drei Federn«. Die bessere Märchenkenntnis der Erzieherinnen Ost bezieht sich auf sehr unterschiedliche Arten von Märchen, d. h. sowohl auf allgemein sehr bekannte Märchen wie z. B. »Rotkäppchen« und »Rumpelstilzchen« als auch auf allgemein unbekannte Märchen wie z. B. »Das Meerhäschen« und »Das Waldhaus«. Bei den Müttern sind die Unterschiede nicht so groß wie bei den Erzieherinnen, aber dennoch deutlich. Nur ein Märchen ist den Müttern West besser bekannt als denen Ost: »Die drei Federn«. Alle anderen neun Titel sind bei den Müttern im Osten besser bekannt. Es handelt sich hierbei in erster Linie um die allgemein unbekannteren Märchen.

Die auffälligsten Unterschiede bei den Erzieherinnen verzeichnen die Märchen »Das Waldhaus«, »Der süße Brei« und »Das kalte Herz«. Während für das letztgenannte Märchen wieder der DEFA-Film als Erklärung herangezogen werden kann, müssen die Unterschiede bei den beiden anderen Märchen anders geklärt werden. In der DDR gab es staatliche Vorgaben, aus welchen Märchen eine bestimmte Anzahl mit der jeweiligen Altersgruppe von der Erzieherin durchgenommen werden soll. Die Angaben aus dem Jahr 1985 beinhalten u.a. für die jüngere Gruppe die Märchen »Der Wolf und die sieben jungen Geißlein«, »Rotkäppchen« und »Der süße Brei«, für die mittlere Gruppe »Frau Holle«, »Das Waldhaus« (!), »Dornröschen«, »Rumpelstilzchen«, »Der Froschkönig« und für die ältere Gruppe »Schneewittchen« und »Die Bienenkönigin«.[10] Die meisten dieser Märchen weisen größere Ost-West-Unterschiede auf. Durch diese staatlichen Vorgaben ist der höhere Bekanntheitsgrad Ost dieser Märchen hinlänglich geklärt, denn für die Erzieherinnen-Ausbildung West gab es keine vergleichbaren Vorgaben. Für die Mütter gilt, daß sie in der DDR sozialisiert wurden und über ihre eigene Kitaerfahrung häufig mit Märchen konfrontiert worden sind, da es bereits seit den sechziger Jahren Vorgaben dieser Art in der DDR gab.[11] Der selbstverständliche Umgang mit Märchen in der DDR und die feste Einbindung von Märchen in die Erziehung von Kindergartenkindern erklärt auch die Unterschiede in der Kenntnis nicht verfilmter Märchen.

Bewertung

Den Befragten wurde eine Liste mit 27 verbreiteten Aussagen über Märchen vorgelegt, zu denen sie jeweils den Grad ihrer Zustimmung auf einer fünfstufigen Ratingskala (stimme voll zu – stimme überwiegend zu – stimme etwas zu – stimme kaum zu – stimme gar nicht zu) ankreuzen sollten. Dadurch sollte erfaßt werden, welche Einstellungen die Bezugspersonen der Kindergartenkinder zu Märchen im allgemeinen haben. Die Aussagen sind für Erzieherinnen und Mütter jeweils nach dem Grad ihrer Zustimmung geordnet in den Tabellen 3 und 4 (s. S. 160–161) aufgeführt.

Generell läßt sich festhalten, daß Erzieherinnen dem Märchen gegenüber überwiegend positiv eingestellt sind, die positiven Aussagen in der Liste erfahren durchweg höhere Zustimmung als die negativen. Bei den ersten sechs Items stimmen über die Hälfte der Erzieherinnen der Aussage voll zu. Es handelt sich dabei um eher allgemein positive Aussagen, aber auch um inhaltlich vertiefte Aussagen wie die über das Böse im Märchen oder ihre unterstützende Wirkung bezüglich der sozialen und emotionalen Entwicklung der Kinder. Weiteren neun Aussagen stimmen über die Hälfte der Erzieherinnen voll oder überwiegend zu. Diese insgesamt 15 Items sind mit einer Ausnahme positive Aussagen über Märchen. Die Ausnahme bildet das Item »Märchen transportieren Rollenklischees«, welches unter den negativen Aussagen am meisten Zustimmung erfährt. Abgesehen von drei weiteren Items erfahren alle anderen Aussagen zu mindestens 50 % kaum oder keine Zustimmung. Diese Aussagen sind alle negativ, mit Ausnahme des Items »Märchen zeigen die Welt, wie sie wirklich ist«. Bei vier dieser Aussagen wird von über der Hälfte der Erzieherinnen »stimme gar nicht zu« angekreuzt. Es sind Aussagen, die eine eher indifferente Einstellung gegenüber Märchen zum Ausdruck bringen. Drei Items unter den 27 erfahren von den Antworten her eine Konzentration auf der mittleren Zustimmungsstufe. Neben dem Item über Walt Disney sind es die beiden Aussagen »Märchen sind grausam« und »Märchen machen Kindern angst«. Dieses Antwortverhalten der Erzieherinnen verweist auf einen wunden Punkt der Märchen, die sogenannte Grausamkeit, und könnte ein Hinweis darauf sein, daß Erzieherinnen, obwohl generell dem Märchen gegenüber eher positiv eingestellt, bezüglich dieses Aspekts verunsichert sind.

Die Mütter tendieren in ihren Antworten mehr zur Mitte als die Erzieherinnen. Es gibt insgesamt nur drei Aussagen, denen über die Hälfte der Mütter voll zustimmt. Diese drei Aussagen sind eher allgemeiner, unverfänglicher Art. Neun weitere Items erfahren von über der Hälfte der Mütter volle oder überwiegende Zustimmung; diese Aussagen sind alle positiv. Sieben Aussagen gibt es, denen mindestens von der Hälfte kaum oder nicht zugestimmt wird, vier davon wird von über der Hälfte nicht zugestimmt. Es sind dieselben vier Aussagen wie bei den Erzieherinnen.

Was die Unterschiede zwischen der Bewertung von Märchen durch Erzieherinnen und durch Mütter anbelangt, so erfahren die meisten Aussagen, die signifikante Unterschiede zwischen der Zustimmung durch Erzieherinnen und Mütter aufweisen, eine höhere Zustimmung durch die Erzieherinnen als durch die Mütter (13 von 17 Aussagen). Diese Aussagen über Märchen sind durchweg positiv und betreffen sowohl die Kindgemäßheit der Märchen als auch deren symbolischen Gehalt.

Die vier Items, in denen die Mütter der Aussage signifikant mehr zustimmen als die Erzieherinnen, sind: »Märchen sind nur Geschichten für kleine Kinder«, »Märchen malen eine schöne, heile Welt, die es nicht gibt«, »Die Märchenfilme von Walt Disney sind sehr schön« und realistische Geschichten sind besser für kleine Kinder als Märchen«. Das bedeutet, daß Mütter den Märchen tendenziell eher einen illusionären, unrealistischen Charakter zusprechen, der Märchen allenfalls für Kinder geeignet erscheinen läßt, aber nicht für Erwach-

Tabelle 3: Einstellung der Erzieherinnen zum Märchen

Aussagen, denen voll zugestimmt wird
(mind. 50 % der Erzieherinnen stimmen voll zu)
• Märchen sind zeitlos
• Kinder mögen Märchen gerne
• Kinder brauchen Märchen
• Die Bestrafung des Bösen ist wesentlicher Bestandteil des Märchens und sollte nicht weggelassen werden
• Märchen unterstützen die sozial-emotionale Entwicklung der Kinder
• Märchen tragen die Weisheit der Völker in sich

Aussagen, denen überwiegend zugestimmt wird
(mind. 50 % der Erzieherinnen stimmen voll oder überwiegend zu)
• Kinder verstehen unbewußt die Bildsprache des Märchens
• Märchen geben Hoffnung
• Auch Erwachsene brauchen Märchen
• Märchen sollten mündlich erzählt werden
• Märchen berühren die Urängste des Menschen
• Märchen sind symbolhafte Geschichten für inneres Geschehen
• Die Grimmschen Märchen sind die schönsten
• Marchen spiegeln Reifungsprozesse des Menschen wider
• Märchen transportieren Rollenklischees

Aussagen, denen etwas zugestimmt wird
(mittlerer Zustimmungsgrad)
• Märchen sind grausam
• Märchen machen Kindern angst
• Die Märchenfilme von Walt Disney sind sehr schön

Aussagen, denen kaum zugestimmt wird
(mind. 50 % der Erzieherinnen stimmen kaum oder gar nicht zu)
• Märchen sind realitätsfern
• Märchen malen eine schöne, heile Welt, die es nicht gibt
• Märchen zeigen die Welt, wie sie wirklich ist
• Im Märchen gibt es nur passive und duldsame Frauen, die erlöst werden müssen
• Realistische Geschichten sind besser für kleine Kinder als Märchen

Aussagen, denen gar nicht zugestimmt wird
(mind. 50 % der Erzieherinnen stimmen gar nicht zu)
• Märchen sind heute für Kinder kein Thema mehr/uninteressant
• Märchen sind nur Geschichten für kleine Kinder
• Märchen sind veraltet
• Märchen sind langweilig

Tabelle 4: Einstellung der Mütter zum Märchen

Aussagen, denen voll zugestimmt wird
(mind. 50 % der Mütter stimmen voll zu)
• Märchen sind zeitlos
• Kinder mögen Märchen gerne
• Kinder brauchen Märchen

Aussagen, denen überwiegend zugestimmt wird
(mind. 50 % der Mütter stimmen voll oder überwiegend zu)
• Die Bestrafung des Bösen ist wesentlicher Bestandteil des Märchens und sollte nicht weggelassen werden
• Kinder verstehen unbewußt die Bildsprache des Märchens
• Märchen tragen die Weisheit der Völker in sich
• Die Märchenfilme von Walt Disney sind sehr schön
• Märchen unterstützen die sozial-emotionale Entwicklung der Kinder
• Die Grimmschen Märchen sind die schönsten
• Märchen sind symbolhafte Geschichten für inneres Geschehen
• Märchen geben Hoffnung
• Märchen berühren die Urängste des Menschen

Aussagen, denen etwas zugestimmt wird
(mittlerer Zustimmungsgrad)
• Märchen sind grausam
• Märchen machen Kindern angst
• Märchen sind realitätsfern
• Märchen transportieren Rollenklischees
• Märchen spiegeln Reifungsprozesse des Menschen wider
• Märchen malen eine schöne, heile Welt, die es nicht gibt
• Märchen sollten mündlich erzählt werden
• Auch Erwachsene brauchen Märchen

Aussagen, denen kaum zugestimmt wird
(mind. 50 % der Mütter stimmen kaum oder gar nicht zu)
• Im Märchen gibt es nur passive und duldsame Frauen, die erlöst werden müssen
• Realistische Geschichten sind besser für kleine Kinder als Märchen
• Märchen zeigen die Welt, wie sie wirklich ist

Aussagen, denen gar nicht zugestimmt wird
(mind. 50 % der Mütter stimmen gar nicht zu)
• Märchen sind nur Geschichten für kleine Kinder
• Märchen sind veraltet
• Märchen sind heute für Kinder kein Thema mehr/uninteressant
• Märchen sind langweilig

sene. Dies zeigt auch die geringere Zustimmung der Mütter zu der Aussage »Auch Erwachsene brauchen Märchen«. Demgegenüber halten Erzieherinnen Märchen sowohl für Kinder geeignet als auch für Erwachsene.

In Übereinstimmung mit den bisherigen Ergebnissen gibt es auch in der Bewertung von Märchen, wie sie sich in der Zustimmung zu den vorgegebenen Aussagen widerspiegelt, deutliche Ost-West-Unterschiede. Erzieherinnen Ost und West unterscheiden sich in ihrer Zustimmung zu neun, die Mütter Ost und West zu dreizehn Items. Die Erzieherinnen West stimmen in nur zwei von neun Items der Aussage mehr zu als die Erzieherinnen Ost: »Märchen sind langweilig« und »Märchen sind symbolhafte Geschichten für inneres Geschehen«. Die Erzieherinnen Ost dagegen stimmen eher Aussagen zu, die die Kindgemäßheit sowie den symbolischen Hintergrund der Märchen betreffen. Bei den Unterschieden zwischen den Müttern Ost und West fällt auf, daß die vier Items, die höhere Zustimmung durch Mütter West erfahren, nur negative Aussagen über Märchen beinhalten: »Märchen transportieren Rollenklischees«, »Märchen sind grausam«, »Märchen sind langweilig«, »Märchen machen Kindern angst«. Die Aussagen, die höhere Zustimmung durch die Mütter Ost erhalten, sind ähnlich denen, denen die Erzieherinnen Ost mehr zustimmen.

Die Ost-West-Unterschiede zeigen deutlich die positivere Einstellung der Befragten Ost zu Märchen insgesamt. Besonders hervorstechend ist das Antwortverhalten der Mütter West, die den Aussagen, die Märchen als grausam, angstmachend und mit Rollenklischees behaftet bezeichnen, stärker zustimmen als die anderen Befragten.

Märchen für Kinder im Kindergartenalter

Märchen waren ursprünglich keine Kinderliteratur, sondern Geschichten für Erwachsene. Es gibt sehr viele Märchen, die für Kinder im Kindergartenalter eigentlich nicht geeignet sind. Trotzdem gibt es eine gesellschaftliche Tendenz, Märchen per se für Kinderliteratur zu halten. Über geeignete und ungeeignete Märchen für Kindergartenkinder wird viel diskutiert; selbst unter den Märchenerzählern gibt es diesbezüglich sehr unterschiedliche Auffassungen. Deshalb wurden die Erzieherinnen und Mütter gefragt, ob sie Märchen kennen, die sie für drei- bis sechsjährige Kinder für besonders geeignet bzw. ungeeignet halten. Zusätzlich wurden die Erzieherinnen nach dem Konstrukt Märchenalter gefragt.

Die Frage, ob es innerhalb der menschlichen Entwicklung ein Märchenalter gibt, beantworten 55 % der Erzieherinnen mit »ja«, 31 % mit »nein« und 14 % mit »ich weiß nicht«. Der Beginn des Märchenalters wird von ihnen zwischen ein und zehn Jahren angesetzt, im Durchschnitt bei 3,6 Jahren. Vier Fünftel der Erzieherinnen (80%) geben den Beginn des Märchenalters mit drei oder vier Jahren an. Das Ende des Märchenalters wird mit Jahresangaben zwischen vier und 99 Jahren angegeben. Die meisten legen das Ende des Märchenalters bei zehn Jahren fest (32%), 17 % vermuten es bei sechs Jahren und 14 % bei acht Jahren. Insgesamt legen drei Viertel aller Erzieherinnen (76 %) das Ende des Märchenalters in den Bereich von sechs bis zehn Jahren, also in das Grundschulalter. Ost-West-Unterschiede sind in diesen Einschätzungen nicht festzustellen. Die Erzieherinnen treffen die theoretischen Vorgaben aus der Literatur gut.[12] Es kann davon ausgegangen werden, daß, unabhängig davon, ob es dieses Konstrukt in Wirklichkeit gibt, Erzieherinnen der Gedanke von der Zuweisung bestimmter Literaturgattungen zu bestimmten Altersgruppen vertraut ist und damit auch die Zuweisung von Märchen zu Kindern im Vorschul- und Grundschulalter.

Gut drei Viertel der Erzieherinnen (77 %) meinen, daß es ungeeignete Märchen für diese Altersgruppe gibt. Die beiden Märchen, die mit Abstand die meisten Erzieherinnen für ungeeignet für drei- bis sechsjährige Kinder halten, sind »Das kalte Herz« von Hauff, das von jeder fünften Erzieherin genannt wird, und das Grimmsche Märchen »Der Gevatter Tod«. Die Gründe der Erzieherinnen, diese Märchen als ungeeignet anzugeben, sind zumeist allgemeiner Art. Am häufigsten wird angegeben, diese Märchen seien zu grausam oder für Kinder von drei bis sechs Jahren nicht nachvollziehbar, zu kompliziert oder zu schwer verständlich. Ein dritter oft genannter Grund besteht in der Länge der Märchen. Alle anderen Begründungen kommen nur vereinzelt vor.

Ungeeignete Märchen für drei- bis sechsjährige Kinder gibt es nach Meinung von 59 % der Mütter. Mütter geben zwar auch häufig die beiden von den Erzieherinnen am häufigsten genannten Titel an, am häufigsten aber ist für die befragten Mütter das Grimmsche Märchen »Hänsel und Gretel« für Kinder von drei bis sechs Jahren ungeeignet. Erst dann kommt in der Rangfolge das von den Erzieherinnen am häufigsten genannte »Das kalte Herz«, gefolgt von »Rotkäppchen« und »Der Gevatter Tod«. Die Gründe der Mütter, Märchen für Kinder von drei bis sechs Jahren als ungeeignet einzustufen, drehen sich ebenfalls um die von den Erzieherinnen genannten Aspekte der

Grausamkeit und der zu großen Kompliziertheit bzw. schweren Verständlichkeit. Am häufigsten wird von den Müttern jedoch angegeben, diese Märchen machen den Kindern angst.

Der überwiegende Teil der befragten Erzieherinnen (88 %) sind der Meinung, daß es Märchen gibt, die für drei- bis sechsjährige Kinder besonders geeignet sind. Von den befragten Müttern glauben 68 %, daß es für die Drei- bis Sechsjährigen besonders geeignete Märchen gibt. Die Märchen, die die meisten Erzieherinnen und Mütter für geeignet halten, entsprechen logischerweise den bekanntesten Märchen und sind daher fast ausnahmslos bekannte Grimmsche Märchen; die in der Fachliteratur empfohlenen unbekannteren Grimmschen Märchen werden nur sehr vereinzelt bzw. gar nicht genannt. Bei den Erzieherinnen werden in der jeweiligen Reihenfolge die Märchen »Frau Holle«, »Rotkäppchen«, »Schneewittchen«, »Dornröschen« und »Hänsel und Gretel«, bei den Müttern »Frau Holle«, »Rotkäppchen«, »Schneewittchen«, »Der Wolf und die sieben jungen Geißlein«, »Schneewittchen« und »Hänsel und Gretel« genannt.

Die Gründe, die von Erzieherinnen für die Eignung am häufigsten angegeben werden, sind gewissermaßen die Umkehrungen der oben genannten Begründungen für die ungeeigneten Märchen: Nachvollziehbarkeit und leichte Verständlichkeit der Märchen, die Kürze der Texte sowie die fehlende Grausamkeit. Ebenfalls recht häufig wird als Grund angegeben, daß die Kinder bestimmte Verhaltensweisen aus den Märchen lernen können. Zur Verdeutlichung seien zwei Erzieherinnen zitiert: »Sie zeigen auf, daß man 1. nicht so leichtgläubig sein soll, 2. Äußerlichkeiten nicht so wichtig sind, 3. keine Versprechungen in der Not geben soll, die man nicht einhalten will und kann, 4. phantasievoll bleiben soll, 5. nicht verzagen soll, 6. nicht so egoistisch und 7. nicht so träge sein soll, weil meistens Fleiß zum Ziel führt, 8. auch ohne Eltern bestehen kann, und 9. Klugheit = Erfolg.« »Wegen ihrer Inhalte, die man auch in der Erziehung der Kinder anwenden kann. Z. B. immer auf das hören, was die Mutter sagt; keinem Fremden die Tür öffnen, niemals vom Weg abgehen.« Etwas weniger häufig werden auch das gute Ende und die Schönheit der Sprache als Gründe angeführt. Nur ganz selten werden Begründungen angegeben, die sich konkreter auf die Aspekte beziehen, die etwas mit der Affinität zwischen kindlichem Weltbild und dem Weltbild des Märchens zu tun haben. Die Gründe, die die Mütter angeben, beschränken sich ebenfalls auf die Umkehrungen der Gründe, die bestimmte Märchen als nicht geeignet erscheinen lassen.

Zusammenfassend läßt sich sagen, daß Erzieherinnen und Mütter in der Mehrzahl geeignete und ungeeignete Märchen für Kinder im Kindergartenalter unterscheiden. Allerdings differenzieren hier die Erzieherinnen etwas stärker als die Mütter. Die Märchen, die von Erzieherinnen am häufigsten als ungeeignet für Kindergartenkinder angegeben werden, entsprechen kaum den bekannten Grimmschen Märchen mit Ausnahme von »Hänsel und Gretel«. Die Mütter halten schon eher die bekannten Grimmschen Märchen für ungeeignet, vor allem »Hänsel und Gretel« und »Rotkäppchen«.

Zusammenfassung und Schlußfolgerungen

Aufgrund der vorliegenden Ergebnisse kann man sagen, daß Märchen nach wir vor ein fester Bestandteil in der Erziehung von Kindern im Kindergartenalter sind. Dies gilt sowohl für die Kitas als auch für die Familien. Es wurde deutlich, daß Kinder in beiden Settings von vielen Materialien mit Märcheninhalten umgeben sind und daß sie häufig die Möglichkeit zu Märchenaktivitäten haben. Die zentrale Instanz zur Vermittlung von Märchen in Kita und Elternhaus ist trotz gegenteiliger Befürchtungen nach wie vor das Buch, sowohl über das Vorlesen als auch über die Bilderbücher, die sich die Kinder alleine anschauen. Ebenfalls weit verbreitet in beiden Settings sind Märchen auf Tonträgern; hinzu kommen Märchenfilme, die die Kinder allerdings fast ausschließlich zu Hause rezipieren.

Mit wenigen Ausnahmen dreht sich alles um die zehn bis fünfzehn bekanntesten Grimmschen Märchen. Sie bestimmen das Bild auch bei anderen Fragen, deren Ergebnisse hier aus Platzgründen nicht dargestellt werden können, wie z. B. bei der zuerst gestellten Frage »Welche Märchen fallen Ihnen spontan ein?« oder bei der Frage nach den Lieblingsmärchen. Diese zehn bis fünfzehn bekanntesten Grimmschen Märchen werden anscheinend als selbstverständlich überliefertes Kulturgut betrachtet und eingesetzt. Die gute inhaltliche Märchenkenntnis vorgegebener Märchen beschränkt sich ebenfalls auf die bekannten Grimmschen Märchen. Die Kenntnis unbekannterer Grimmscher Märchen, zu denen auch einige besonders für Kindergartenkinder geeignete Märchen gehören, ist die Ausnahme.

Das Wissen über mögliche Wirkungen von Märchen auf Kinder scheint bei Erzieherinnen und Müttern relativ gering zu sein. Märchen werden für geeignet gehalten aus Gründen der Verständlichkeit, der Kürze der Texte, der fehlenden Grausamkeit und aus anderen allgemeinen Gründen. Nur selten werden Gründe angegeben, die sich

z. B. auf die Rolle der Phantasie, auf die gerade jungen Kindern entgegenkommenden Strukturmerkmale der Märchen oder auf inhaltliche Parallelen beziehen. Bei den Erzieherinnen drehen sich die Gründe außerdem oft um Verhaltensweisen, die die Kinder aus den Märchen lernen können. Dabei geht es weniger um Lebenshaltungen wie z. B. die Achtung der Kreatur, wie sie etwa »Die Bienenkönigin« vermitteln könnte, oder Zutrauen in die eigenen Möglichkeiten, sondern um den erhobenen moralischen Zeigefinger, der sagt, man soll halten, was man verspricht, nicht vom Weg abkommen, Fremden nicht trauen usw.

Über alle Fragen hinweg zeigen sich sehr deutliche Ost-West-Unterschiede. Im Osten sind die meisten Materialien mit Märcheninhalten häufiger vorhanden, die meisten Märchenaktivitäten finden im Osten häufiger statt, die Märchenkenntnis im Osten ist größer, und insgesamt kann im Osten von einer positiveren Einstellung gegenüber Märchen gesprochen werden. Der hauptsächliche Grund für diese Unterschiede liegt in der ungebrocheneren Märchentradition im Osten. Dort fehlt der Bruch durch eine kritische Auseinandersetzung mit Märchen, wie sie im Westen durch die 68er-Bewegung ausgelöst wurde, völlig. Der Umgang mit Märchen ist im Osten selbstverständlicher als im Westen. Im Westen gibt es vor allem bei den Müttern eine Verunsicherung in bezug auf die sogenannten Kindermärchen (»Rotkäppchen«, »Der Wolf und die sieben jungen Geißlein« und »Hänsel und Gretel«) mit ihren Themen des Gefressen- und Verschlungenwerdens. Allgemein ist der Vorwurf der Grausamkeit und der damit zusammenhängenden Verängstigung der Kinder wesentlich häufiger der Grund, warum Mütter und Erzieherinnen bestimmte Märchen ablehnen, als andere Aspekte.

Viele Fragen bezüglich Märchen mußten offenbleiben. Besonders Fragen, die die Wirkung von Märchen auf Kinder betreffen und Fragen der kindlichen Märchenrezeption allgemein bleiben Forschungsaufgaben. Einen gangbaren methodischen Weg hierzu hat Wardetzky mit ihrer Studie »Märchen-Lesearten von Kindern« aufgezeigt.[13] Leider bleibt diese Methode älteren Kindern, die schreiben können, vorbehalten. Es ist zu überlegen, wie die Rezeption von Märchen bei Kindern im Kindergartenalter und auch im ersten Schuljahr erfaßt werden kann.

Ein weiterer Punkt, der der genaueren Klärung bedarf, ist die Ausbildung der Erzieherinnen. Die Auswertung der wenigen diesbezüglichen Fragen des Erzieherinnen-Fragebogens ergibt, daß das Thema »Märchen« in den meisten Ausbildungsgängen behandelt wurde. 80 % der befragten Erzieherinnen geben an, daß das Thema in der Ausbildung behandelt wurde, 14 % können sich nicht erinnern, und 6 % sagen, daß das Thema nicht in der Ausbildung behandelt wurde. Von den befragten Erzieherinnen fühlen sich kanpp drei Viertel (73 %) für ihre Tätigkeit als Erzieherin über das Thema ›Märchen‹ ausreichend informiert. Das bedeutet jedoch, daß jede vierte befragte Erzieherin sich auf diesem Gebiet nicht ausreichend informiert fühlt. Vergleicht man diese Angaben mit den Zahlen zur Ausbildung, so läßt sich schließen, daß, auch wenn das Thema in der Ausbildung behandelt wurde, dieses in vielen Fällen in einer nicht adäquaten und nicht ausreichenden Form geschehen sein muß. In einer Zusatzfrage wurden die Erzieherinnen, die sich ausreichend informiert fühlen, gebeten, die Quellen ihres Wissens anzugeben. In den seltensten Fällen kommt das Wissen der Erzieherinnen ausschließlich aus der Ausbildung, weniger als 10 % geben hier an, ihre Informationen nur aus der Ausbildung zu haben. Fast 50 % geben zusätzlich zur Ausbildung weitere Informationsquellen an, vor allem Fort- und Weiterbildungen und Fachbücher, aber auch Arbeits- und Kindheitserfahrungen. Etwas mehr als 40 % der Erzieherinnen erwähnen die Ausbildung überhaupt nicht, sondern geben als Informationsquellen ausschließlich andere Dinge an, in der Hauptsache ebenfalls Fort- und Weiterbildungen, Fachbücher, Arbeits- und Kindheitserfahrungen. Die vorliegenden Zahlen sind zwar nicht ausreichend, um sichere Schlüsse ziehen zu können. Da aber der Anteil der Erzieherinnen, die sich nicht ausreichend informiert fühlen, mit einem Viertel recht hoch ist, scheint die Berufsausbildung bezüglich dieses Themas unzureichend zu sein. Diese Vermutung wird bestätigt durch die Zusatzfrage nach den Informationsquellen. Um allerdings genauere Aussagen treffen zu können, müßte man sich die Behandlung des Themas Märchen vor Ort in den Ausbildungsstätten genauer anschauen. Erfahrungsgemäß werden Fortbildungen zu diesem Thema sehr gut von den Erzieherinnen angenommen, wenn sie auch aufgrund »dringenderer« Themen nicht allzu oft angeboten werden.

Aufgrund der in Auszügen dargestellten Ergebnisse, lassen sich als Hinweise folgende Aspekte nennen, die in die Aus- und Fortbildung von Erzieherinnen Eingang finden sollten: Die möglichen Funktionen von Märchen im besonderen und von Kinderliteratur im allgemeinen für die kindliche Entwicklung auf emotionaler, kognitiver und sozialer Ebene. Aus der Konzentration auf wenige bekannte Grimmsche Märchen ergibt sich eine weitere Forderung: Wenn sich die öffentliche Kleinkinderziehung nicht nur als Betreuungs-, sondern auch als Bildungseinrichtung versteht, sollten die Kinder dort mit anderen Märchen und Geschichten bekannt gemacht werden als mit denen, die die Kinder höchstwahrscheinlich zu Hause kennenlernen.

Hinzu kommt, daß in den Märchen ein bisher nur wenig genutztes Potential steckt, die Kinder mit anderen Kulturen bekannt und vertraut zu machen. In einer Zeit, in der die Gruppen in den Kitas aufgrund des steigenden Ausländeranteils mehr und mehr mit dem Schlagwort ›multikulturell‹ beschrieben werden können, bieten die Märchen eine Chance für Verständnis und Toleranz. Nicht nur, daß Märchen die notwendige Toleranz gegenüber »Andersartigkeit« in Bildern beschreiben, sondern es bietet sich geradezu an, Märchen aus den Ländern den Kindern vorzulesen oder zu erzählen, aus denen Kinder der Gruppe kommen. Vielleicht können auch die Eltern von Kindern verschiedener Nationen dazu gewonnen werden, in der Kindergruppe zu erzählen.

Ein weiterer gewichtiger Punkt, der über die Aus- und Fortbildung von Erzieherinnen hinausgeht, liegt in der Elternarbeit. Elternabende zu diesem Thema scheinen wichtig zu sein, weil insgesamt, vor allem im Westen, die Verunsicherung bezüglich der Themen Angst und Grausamkeit groß ist. Es wäre die Aufgabe solcher Veranstaltungen, aufzuzeigen, daß Märchen nicht angst machen; die Angst der Kinder kommt nicht aus den Märchen, sondern aus dem Leben. Aber Märchen bieten Bilder für diese oft diffusen, unbenennbaren Ängste, so daß mit Hilfe von Märchen die Angst angegangen und bewältigt werden kann. Dieser Punkt ist auch für die Arbeit der Erzieherinnen wichtig und sollte mit dem Appell gekoppelt sein, die Ängste der Kinder ernst zu nehmen.

Insgesamt betrachtet geben die hier vorgestellten Ergebnisse einen guten Überblick über die Situation des Märchens im Leben von Kindergartenkindern. Sie zeigen, daß Märchen nach wie vor eine wichtige Rolle in der Erziehung von Kindern im Kindergartenalter spielen. Die Auswahl der Märchen, die Eingang ins Kinderzimmer und in die Kita finden, ist allerdings sehr begrenzt. Erstens ist die Dominanz der Grimmschen Märchen ungebrochen, darüber hinaus aber dreht sich zweitens alles um nur ca. zehn bis fünfzehn Märchen aus den vielen »Kinder- und Hausmärchen«. Es erscheint mir aufgrund der Ergebnisse wünschenswert, daß Kinder auch andere Märchen, d. h. andere Märchen der Brüder Grimm, aber auch Märchen aus anderen Ländern, kennenlernen und daß sie die Möglichkeit bekommen, sich über diese Texte mit sich und der Welt auseinanderzusetzen, denn die

Möglichkeiten, die diese Texte bieten, werden offensichtlich nicht genutzt. Das könnte ein Weg sein, um den phantasievollen Umgang mit der Wirklichkeit und dem eigenen Leben wieder etwas selbstverständlicher werden zu lassen.

Anmerkungen

1 Dem Artikel liegt die gleichnamige Magister-Arbeit der Autorin von 1998 zugrunde, die am Fachbereich Erziehungswissenschaft der Freien Universität Berlin geschrieben wurde.

2 Vgl. beispielsweise: Felicitas Betz: *Märchen als Schlüssel zur Welt. Eine Auswahl für Kinder im Vorschulalter. Handreichung für Erzieher.* Lahr; München 1993. Anne Diergarten und Friederike Smeets: *Komm, ich erzähl dir was. Märchenwelt und kindliche Entwicklung.* München 1987. Brigitta Schieder: *Märchen, Nahrung für die Kinderseele. Einführung in den ganzheitlichen Umgang mit Märchen.* Gütersloh 1996. Helga Zitzlsperger: *Kinder spielen Märchen.* Weinheim/Basel 1993.

3 Diergarten/Smeets S. 32, Schieder S. 28, Zitzlsperger S. 60.

4 Ingrid Bergmann: *Erziehung zur Verantwortlichkeit durch die Zaubermärchen der Brüder Grimm unter besonderer Berücksichtigung der Sinnkategorie V.E. Frankls. Der »Andere in den Grimmschen Erlösungsmärchen – Bilder sinn-vollen Seins im Schulanfang.* Europäische Hochschulschriften Reihe 11: Pädagogik, Bd. 605. Frankfurt am Main u.a. 1994, S. 264.

5 Es liegen Forschungsergebnisse vor, die es nahelegen, bei diesem Thema die Mütter und nicht die Väter zu befragen. Hurrelmann u.a. zufolge ist die Mutter die zentrale Instanz in den Familien zur Vermittlung von Lesekultur. Darüber hinaus zeigt die Studie, daß die prä- und paraliterarischen Kommunikationsformen, zu denen auch das Erzählen von Märchen gehört, von den Müttern hochsignifikant häufiger praktiziert werden als von den Vätern (Bettina Hurrelmann, Michael Hammer und Ferdinand Nieß: *Leseklima in der Familie. Lesesozialisation. Eine Studie der Bertelsmann-Stiftung.* Bd. 1, Gütersloh 1993). Deshalb muß davon ausgegangen werden, daß in der Beantwortung von Fragen zum Einsatz von Märchen in der Erziehung von Kindergartenkindern Mütter ›kompetenter‹ antworten können als Väter.

6 Für die Ost-West-Unterschiede wurde die Stichprobe zweigeteilt: Ost bedeutet Leipzig und Berlin-Ost, West bedeutet Karlsruhe und Berlin-West.

7 Alle Unterschiede, von denen in diesem Artikel berichtet wird, sind statistisch signifikante Unterschiede. Die Unterschiede sowohl zwischen Erzieherinnen und Müttern als auch zwischen Ost und West sind auf dem Ein-Prozent-Niveau signifikant.

8 Vgl. Ulrike Bastian: *Die »Kinder- und Hausmärchen« der Brüder Grimm in der literaturpädagogischen Diskussion des 19. und 20. Jahrhunderts,* Studien zur Kinder- und Jugendmedienforschung Bd. 8. Frankfurt am Main 1981.

Sabine Lutkat

9 Vgl. beispielsweise Betz, Diergarten/Smeets, Schieder, Bergmann und Zitzlsperger sowie Hildegard Schaufelberger: *Märchenkunde für Erzieher, Grund-
wissen für den Umgang mit Märchen.* Freiburg im Breisgau 1987.
10 Ministerrat der DDR, Ministerium für Volksbildung (Hrsg.): *Programm für
die Bildungs- und Erziehungsarbeit im Kindergarten.* Berlin 1985.
11 Regierung der DDR, Ministerium für Volksbildung (Hrsg.): *Bildungs- und
Erziehungsplan für den Kindergarten.* Berlin 1967. Horst Schlothauer: »Das
Märchen«. In: *Zur Literatur für das Vorschulkind. Studienmaterial für den
Deutschunterricht an den Pädagogischen Schulen für Kindergärtnerinnen.*
Berlin 1968, S. 127-157.
12 Siehe Anmerkungen 3 und 4.
13 Wardetzky, Kristin: *Märchen-Lesearten von Kindern. Eine empirische Studie.*
Berlin 1992.

MÄRCHENKINDER

Lutz Röhrich

Gefährdete Kindheit – Probleme und Lösungen im Märchen

Es war eimal ein arm Kind und hat kei Vater und kei Mutter war
Alles tot und war Niemand mehr auf der Welt. Alles tot, und es ist
hingegangen und hat greint Tag und Nacht. Und weil auf der Erd
Niemand mehr war, wollt's in Himmel gehn, und der Mond guckt
es so freundlich an und wie's endlich zum Mond kam, war's ein
Stück faul Holz und da ist es zur Sonn gangen und wie's zur Sonn
kam, war's ein verreckt Sonneblum und wie's zu den Sterne kam,
warens klei golde Mück, die waren angesteckt wie der Neuntöter
sie auf die Schlehe steckt und wie's wieder auf die Erd wollt, war die
Erd ein umgestürzter Hafen und war ganz allein und da hat sich's
hingesetzt und geweint und da sitzt es noch und ist ganz allein.

Georg Büchner, Woyzeck

Gefährdete Kinder sind heutzutage ein ständig aktuelles Thema in der
Medienberichterstattung. Wir lesen und hören von Gefährdungen der
Kinder im Straßenverkehr, von zunehmender Kinderarmut allenthalben, von Kinderarbeit in der dritten Welt, sexuellem Mißbrauch von
Kindern, Kinderschändung, Kinderpornographie, Kinderprostitu-
tion in Thailand, von verwahrlosten und kriminellen Straßenkindern
in Südamerika, von Kindern als Opfer von Organhändlern in Indien.
Ebenso häufig ist die Rede von Gefährdungen des noch ungeborenen
Lebens in der Schwangerschaft durch Drogen und Medikamente (Alkohol, Contergan), Aids oder Abtreibung. Das sind die Realitäten,
mit denen wir fast tagtäglich konfrontiert werden. Und Märchen-
kindheit bietet hierzu keine harmlos-fröhliche Alternative. Im Gegenteil: Sie ist häufig alles andere als unbeschwert und harmonisch,
keineswegs eine »heile Welt«.

Im Märchen laufen Kinder unter Umständen Gefahr, von einer
übelwollenden Stiefmutter oder einer bösen Hexe aufgegessen, d. h.

Lutz Röhrich

Opfer von Kannibalismus zu werden (KHM 47). Die Hexe mästet Hänsel in der Absicht, ihn zu braten und zu verspeisen (KHM 15). Anstelle Schneewittchens tötet der Jäger ein Reh, schneidet das Herz heraus und trägt es zu der grausamen Königin. Die läßt es zubereiten und verspeist es in dem Glauben, sich das Herz ihrer schönen Stieftochter einzuverleiben. Marie Langner hat solche Geschichten unter dem Titel »Das gebratene Kind und andere Mythen« (Freiburg 1987) weltweit zusammengetragen und gezeigt, daß sie nicht nur in Märchen, sondern auch in Alltagserzählungen, Zeitungsberichten, modernen Sagen allenthalben wiederkehren.

Zu den extrem gefährdeten Kindern gehören die Königskinder im »Treuen Johannes« (KHM 6), denen ihr Vater mit eigener Hand den Kopf abschlagen muß, um mit ihrem Blut seinen treuen Diener zu erlösen und ins Leben zurückzuholen. Bei der Rückkehr der Königin wird auch diese gefragt, ob sie mit der Tötung der Kinder einverstanden sei, und sie willigt ein.

Im Märchen laufen Kinder Gefahr, von ihrem Vater verstümmelt (»Das Mädchen ohne Hände«, KHM 31), sexuell mißbraucht (»Allerleirauh«, KHM 65), oder von ihren Eltern ausgesetzt zu werden (»Hänsel und Gretel«, KHM 15).

Hänsel und Gretel sind die bedrohten Kinder schlechthin. Was sie in der Nacht zufällig hören, stellt die größte Angst des Kindes überhaupt dar: verlassen zu werden und zu verhungern. Das Kind in »Das Eselein« (KHM 144) soll sogar den Fischen zum Fraß vorgeworfen werden.

Das Findelkind »Fundevogel« (KHM 51) droht in kochendem Wasser verbrüht zu werden. »Brüderchen und Schwesterchen« werden von ihrer Stiefmutter jeden Tag geschlagen: »Seit Mutter tot ist, haben wir keine gute Stunde mehr, die Stiefmutter schlägt uns alle Tage, und wenn wir zu ihr kommen, stößt sie uns mit den Füßen fort.« Am bedrückendsten wirkt die Prügelstrafe in dem Märchen »Der arme Junge im Grab« (KHM 185). Der Junge erhält »wenig zu essen, aber desto mehr Schläge« und einmal schlägt ihn sein Pflegevater »so unbarmherzig, daß er mehrere Tage im Bette liegen mußte«. Auch droht der Vater dem Jungen: »Ich schlage dich so lange, bis du kein Glied mehr rühren kannst.« Der arme Junge wird durch die Drohungen seines Pflegevaters dermaßen eingeschüchtert, daß er in seiner Not Selbstmord begeht.

Andererseits gibt es gerade bei den Grimms einen penetranten Tugendkatalog kindlichen Verhaltens. Die Kinder sollen »fromm und gut«, d. h. gehorsam, bescheiden, hilfreich, mitleidig, ehrerbietig gegen ihre Eltern sein. Und um pädagogische Beispiele ist die Grimm-Sammlung nicht verlegen: Von dem »eigensinnigen Kind« heißt es in KHM 117: »Es war ein Kind eigensinnig und tat nicht, was seine Mutter haben wollte. Darum hatte der liebe Gott kein Wohlgefallen an ihm und ließ es krank werden, und kein Arzt konnte ihm helfen, und in kurzem lag es auf dem Totenbettchen.« Auch das Märchen KHM 43 »Frau Trude« liefert ein Paradebeispiel für ein ungehorsames Kind: Es wird in einen Holzklotz verwandelt, ins Feuer geworfen und verbrannt. Das alles sind wohlbekannte Beispiele. Ich greife darum im folgenden andere, nicht ganz so geläufige Fallbeispiele aus den Grimm-Sammlungen heraus.

In keiner anderen Erzählung ist Gefährdung und Verlust von Kindern so eindrucksvoll gestaltet worden wie in der Geschichte vom Auszug der Kinder von Hameln (Grimm Dt. Sagen Nr. 245). Das Bild der fröhlichen Kinder, die sorglos ins große Nichts wegtanzen, während die Erwachsenen nur mit abgrundtiefer Trauer und Reue zuschauen können, ist eine packende Szene wie kaum eine andere in der Volksliteratur. Vielerlei Probleme werden mit den Motiven dieser Sage emotional angesprochen: Zunächst einmal reale Rattenplagen, die für eine Stadt, die vom Getreidehandel lebte, existenzbedrohend waren. Man denkt auch an die Ratten als Überträger der Pest und assoziiert spätmittelalterliche Totentänze. Dann die Figur des fahrenden Spielmanns, der zum Inbegriff eines Verführers wurde. Von einem solchen Angehörigen eines unehrlichen Gewerbes konnte man von vornherein nur Schlechtes erwarten. Die Überhöhung des Geschehens ins Magische – die verzaubernde Wirkung von Musikinstrumenten läßt an Manifestationen der mittelalterlichen Tanzwut, des Veitstanzes denken. Was sind die realen Fakten, die hinter der Geschichte stehen? Nur ein Fall behördlicher Honorarverweigerung? Der Racheakt dafür, daß man dem Pfeifer den Lohn für die zuvor geleistete Befreiung der Stadt von einer Ratten- und Mäuseplage vorenthalten hat? Es gibt mannigfache Schuldzuweisungen. In den mittelalterlichen Städten bestand meist das Problem der Überbevölkerung, so daß man auch reale Auswanderungswellen in den Osten als den realen Hintergrund der Sage angesehen hat. Aber 130fache Kindesentführung, die Kinder einer ganzen Stadt auf einmal – kein Wunder, daß eine solche Unglückssage mehr als 700 Jahre die Phantasie beschäftigt hat. Viele Deutungsversuche nahmen der Sage nichts von ihrer Faszination. Im Gegenteil: Das Faszinosum dieses Stoffes wird auch in Zukunft gerade darin bestehen, daß wir nicht genau wissen, was in Hameln wirklich geschah. Die Ungelöstheit eines Falles hält die Phantasie wacher als ein gelöster Fall. Wenn eine Sage zu einer berühmten Wandersage wird, muß sie ein *movens* enthalten – das meint ja eigentlich das Wort »Motiv«: ein bewegendes Schicksal – der Totalverlust der Kinder. Untat und Bestrafung, Spekulationen über eine Rettung. Das Modell der permanenten Sorge. Eine Sage lebt eben nicht nur von der Möglichkeit, daß sie auf einem historischen Ereignis beruht. Wichtiger erscheint mir die Frage: Was ist die anthropologische Botschaft, die zur Langlebigkeit und Traditionsfestigkeit dieses Stoffes beigetragen hat? Schließlich ist es nicht selbstverständlich, daß eine relativ einfache Geschichte nicht in Vergessenheit geriet. Da ist die Sorge um die Kinder und damit die Sorge um die eigene Zukunft. Kinder sind in jeder Gesellschaft zunächst einmal die Garanten der Zukunft. Der bloße Gedanke, daß sämtliche Kinder einer Gemeinde auf einmal zugrunde gehen könnten, ist eine Schreckensvorstellung höchsten Grades. Und es ist eine der immer wieder feststellbaren Tatsachen, daß die Menschen am liebsten gerade darüber erzählen, wovor sie die meiste Angst haben. An jeden der Beteiligten vermittelt diese Erzählung mit stark didaktischem Grundtenor eine exemplarische Botschaft, an Kinder wie an Erwachsene. Sie erteilt eine Warnung an Kinder, keinem Fremden oder Verführer nachzulaufen, er könnte sie ins Verderben führen. Sie enthält aber auch eine Warnung an die Eltern, besser auf ihre Kinder aufzupassen, und schließlich eine Warnung an die Bürger, eingegangene Verpflichtungen und Versprechen einzuhalten. Die Mißachtung der Warnungen führt zu Folgen ähnlich denen einer Frevelsage.

Es ist kein Zufall, daß bis vor kurzem die Rattenfängersage praktisch in jedem deutschen Lesebuchwerk vertreten war. Wenn sie heute zumeist fehlt, sehe ich darin ein Symptom des allgemeinen Werteverfalls.

In der KHM-Erstausgabe von 1812 findet sich als Nr. 22 die Erzählung: »Wie Kinder Schlachtens miteinander gespielt haben« (KHM 22 a). Kinder spielen Töten, spielen Metzgen. In anderen Versionen spielen die Kinder nicht Schlachten, sondern Hinrichten. Immer geht es um die kindlich-spielerische Nachahmung von blutigen Geschäften der Erwachsenen. In diesem Fall sind Kinder nicht Gewaltopfer sondern selbst Gewalttäter.

Dieses Stück haben die Brüder Grimm von der zweiten Auflage an ausgelassen. Mit Sicherheit war es ihnen nicht märchengerecht. Die aus dem Kanon der KHM ausgeschiedenen Märchen geben Aufschluß über den Prozeß der allmählichen Ausbildung der Grimm-Gattung »Märchen«. Schon Achim von Arnim beklagte sich in einem

Brief an die Brüder Grimm, daß einige Erzählungen nicht kindgerecht seien: »Schon habe ich eine Mutter darüber klagen hören, das Stück, wo ein Kind das andere schlachtet, könnte sie ihren Kindern nicht in die Hand geben.« Dagegen verteidigt sich Wilhelm Grimm, indem er sich auf eigene Erinnerungen beruft. Er schreibt: »Das Märchen von dem Schlachten habe ich in der Jugend von der Mutter erzählen hören, es hat mich gerade vorsichtig und ängstlich bei Spielen gemacht.« Um die Unterschiede zwischen Erwachsenen und Kindern und die Frage, ob Kinder besonderer Schonung bedürfen – darum geht es in der kleinen Geschichte selber. Wann endet die Kindheit? Es gibt verschiedene Ansichten über das Alter der Strafmündigkeit. Die Kindheitsprobe, die Wahl zwischen Apfel und Geldstück als Test der Strafmündigkeit, die der Richter vornimmt, ist übrigens schon aus dem römischen Altertum überliefert: Als erwachsen hat zu gelten, wer zwischen Gebrauchswert und Warenwert zu unterscheiden weiß. Das sind Streitfragen, die in der Wirklichkeit immer wieder vorkommen, z. B. gerade dieser Tage, wenn ein elfjähriger Junge ein achtjähriges Mädchen vergewaltigt. Solche Fälle sind in unserem Jugendstrafrecht noch nicht vorgesehen.

Die Erzählung vom Schlachtenspielen zeigt uns gefährdete Kindheit in erschreckendem Ausmaß, aber wenigstens auch eine verständnisvolle Rechtspflege, die dem straffällig gewordenen Kind Gerechtigkeit widerfahren läßt. In keinem Fall ist die Geschichte vom Schlachtenspiel der Kinder märchentypisch, obwohl in den ursprünglichen KHM und in AaTh enthalten. Sie ist Exempel und Zeitungsgeschichte. Für eine Sage spricht schon die exakte Lokalisierung des Geschehens und die Versicherung seiner Glaubwürdigkeit: »In einer Stadt, Franecker genannt, gelegen in Westfriesland, da ist es geschehen.« Es fehlt eigentlich nur noch das auf den Tag genaue Datum. Aber auch dieses ist in den Varianten mehrfach überliefert. Die Geschichte ist nämlich noch in den siebziger und achtziger Jahren unseres Jahrhunderts von dem friesischen Volkskundler Ype Poortinga als glaubwürdiges Geschehnis aus mündlicher Überlieferung aufgezeichnet worden.

In den Schicksalssagen und im Volksglauben von den sogenannten Schicksalsfrauen wird eine bestimmte Todesart dem Menschen schon bei seiner Geburt vorherbestimmt. Was diese Erzählungen kulturhistorisch so interessant macht, ist die Tatsache, daß in ganz verschiedenen Kulturkreisen und Sprachfamilien mehr oder weniger dieselbe Vorstellung von schicksalsverkündenden übernatürlichen Frauen zu finden ist. Sie heißen Moiren oder Miren bei den Griechen, Parzen bei den Römern, Scephen oder Schöpferlein in deutschen mittelalterli-

Abb. 1 und 2: *Gefährdung der Neugeborenen. Bayerische Votivbilder von 1775 und 1849 mit acht bzw. sieben verstorbenen Kindern: »Lieber Gott, acht Kinder sind bei dir, so schenke das neunte mir.«*

chen und neuzeitlichen Quellen, Fati oder Feen bei romanischen Völkern, Ursitoire bei Rumänen, Sudiĉe, Sudniĉi oder Roienice bei slawischen Völkern. Die Funktion dieser dämonischen Frauengestalten stimmt darin überein, daß sie dem neugeborenen Kind in einer der Nächte nach der Geburt sein Schicksal voraussagen. Ihren dramatischen Kern bekommen diese Erzählungen durch den Versuch des

Abb. 2

Abb. 3: *Die drei Schick-*
salsfrauen, Holzschnitt
um 1500.

Menschen, sich dem vorbestimmten Geschick zu entziehen. Ein interessantes Beispiel hierfür ist eine Variante der Überlistung der Schicksalsfrauen durch das Auslöschen des Herdbrandes. Dieser alte Stoff gehört schon der antiken Meleagersage und der skandinavischen Nornagestsage an, und er läßt sich in seinem Weiterleben vor allem im Balkan bis ins 20. Jahrhundert beobachten.

177

Eine griechische Überlieferung berichtet z. B.:

> Einer Mutter starben immer nach der Geburt die Kinder, weshalb
> sie sich entschloß, den Spruch der Moiren über ihr letztes Kind, ei-
> nen Jungen, zu erlauschen. Sie stellte sich schlafend und sah die drei
> Moiren kommen. Die erste sagte: ›Er soll in dieser Minute sterben.‹
> Die zweite sagte: ›Nein, wir haben dieser armen Frau schon so viele
> Kinder genommen, lassen wir ihr aus Mitleid das eine?‹ ›Nein‹, sagt
> die erste, ›wir müssen es jetzt, diesen Augenblick nehmen.‹ ›Hört
> mich an‹, sagt die dritte: ›Ich bestimme, daß es sterben wird, sobald
> dieses Holzscheit im Feuer verbrannt sein wird!‹ ›So soll es sein‹,
> sagten die anderen Moiren. Darauf schlossen sie ihr Buch und ver-
> schwanden. Die Mutter löschte das Holzscheit und bewahrte es auf
> dem Boden ihrer Truhe auf. Der Sohn wird groß und heiratet; vor
> ihrem Tode übergibt seine Mutter das Geheimnis ihrer Schwieger-
> tochter. Nach einem Streit wirft diese das Holz ins Feuer, und der
> Mann stirbt.

Die Sagen vom prophezeiten Tod sind in Aufbau und Motivbestand
einander sehr ähnlich. Dem größten Teil der Varianten gemeinsam ist
das Motiv von der Bestimmung der Schicksalsfrauen. Diese sagen
dem neugeborenen Kind voraus, durch welchen Umstand es seinen
Tod finden wird. Das *normale* Lebensende, der Tod durch Alters-
schwäche oder durch Krankheit, ist nur selten zum Gegenstand des
Spruches der Schicksalsfrauen geworden. Dies wäre kein Erzählan-
laß.

In Deutschland ist das Märchen von Dornröschen (KHM 50) das
bekannteste Schicksalsmärchen, an das sich jeder sofort erinnert,
wenn man vom vorbestimmten Schicksal und von schicksalsverkündenden Feen spricht.

Betrachten wir die Schicksalserzählungen unter dem Blickwinkel
der bedrohten Kindheit, so kann man feststellen, daß sie allesamt in
hohem Maße dramatisch die Schicksalsbedrohung jedes Menschen im
frühesten Kindheitsalter aufzeigen. Der Grundgedanke der Erzählungen vom vorherbestimmten Schicksal ist die Vorstellung, daß in
der Geburt bereits der Tod sichtbar wird, daß bereits am Lebensbe-
ginn das Lebensende festgesetzt wird. Aber das Märchenhaft-Tröstli-
che dabei ist, daß trotz aller möglichen schlimmen Schicksalsschläge,
die ein Neugeborenes bedrohen, doch immer noch eine gute Fee erscheint, die das Schlimmste verhütet.

Der fatalistische Glaube an eine Schicksalsmacht, der der Mensch
hilflos ausgeliefert ist, stammt nicht nur aus vorchristlichen Zeiten; er
widerspricht auch zutiefst der christlichen Auffassung, daß Gott alles

lenkt. Da ist es vielleicht ganz interessant, eine zigeunerische Schicksalserzählung zu hören. Sie stammt aus der berühmten Sammlung »Taikon erzählt« von Carl Herman Tillhagen. Dazu muß man wissen, daß es bei den Zigeunern bis heute den Glauben an die Urmen, die Schicksalsfrauen gibt, daß aber Sinti und Roma dennoch meist gläubige Katholiken sind. Wie sich diese beiden Glaubensformen vertragen oder auch nicht vertragen, lehrt die Erzählung »Gottvater und das Schicksal«: Einmal waren Gottvater und Sankt Peter zusammen unterwegs. Auf der Suche nach einem Nachtquartier werden sie überall abgewiesen. Eine hochschwangere Frau nimmt sie schließlich auf. Noch in derselben Nacht wird ihr Kind geboren, und die beiden Wanderer helfen der Frau, so gut sich halt »Mannsbilder« darauf verstehen.

> Am Abend des dritten Tages sagt Sankt Peter:
> Jetzt ist das Kind drei Tage alt. Heute nacht kommen die Schicksalsfrauen und geben dem Jungen sein Schicksal.
> Richtig, richtig, Per, meint Gottvater. Wir wollen uns anhören, was sie zu sagen haben. Wir setzen uns nach oben, auf den Boden; dann können wir lauschen, was sie sagen.
> Und wie es gesagt war, ward es getan. Die beiden kletterten auf den Boden hinauf und wachten dort, bis die drei Schicksalsfrauen kamen. Um Mitternacht traten sie ein. Sie gingen zum Bett, wo die Mutter nach altem Brauch eine Flasche Wasser und drei kleine Kringel hingestellt hatte. Die erste sagte:
> Dieser Knabe soll sich eines guten Glücks erfreuen.
> Er soll beliebt sein, so lange er lebt, sagte die zweite.
> Wenn dieser Knabe zwanzig Jahre alt wird, soll er heiraten. Am selben Tage ertrinkt er, sagte die dritte der Schicksalsfrauen. Und damit gingen sie ihrer Wege.
> Sankt Peter guckte Gottvater an.
> Aber hast du denn nicht gehört, was die gesagt haben? Du bist doch schließlich Gottvater! Kannst du denn dieses schwere Schicksal für den armen Jungen nicht ändern?
> Lieber Per, dagegen kann man nichts machen. Ein Schicksal wie das andere. Freilich sind Wir es, der alles regiert, aber die Schicksalsfrauen haben ihre Macht von mir bekommen. Diese Macht kann ich ihnen nicht so einfach wieder wegnehmen.
> Sankt Peter brummte, aber was sollte er machen! Er sagte:
> Wäre ich an deiner Stelle, – ich wüßte schon, was ich täte. So etwas würde ich wahrhaftig nicht zulassen.
> Das Schicksal kann niemand ändern, mein lieber Per.
> Wie es nun war und wie es nicht war, – das Kind sollte getauft werden. Gottvater erbot sich, Gevatter zu stehen, und Sankt Peter

dazu, und das Kind bekam einen richtig feinen Namen. Als das vorüber war, sagte Gottvater Lebewohl.

Gebt nun gut auf euren Jungen acht! meinte er, als er ging. Wenn er zwanzig Jahre alt wird, wird er heiraten. Paßt dann aber wohl auf ihn auf, daß er nicht in Wassersnot gerät und ertrinkt.

Die Jahre gingen hin. Bald war der Knabe zwanzig Jahre alt und sollte heiraten. An seinem zwanzigsten Geburtstage sollte die Hochzeit sein. Seine Mutter aber hatte den Rat Gottvaters wohl im Sinn behalten, und als der Hochzeitszug zur Kirche gehen sollte, mußte auf ihr Geheiß ein weiter Umweg gemacht werden, damit es nicht nötig wäre, über einen Bach zu setzen. Alles ging gut. Der Junge wurde getraut, und der Hochzeitszug kehrte zurück. Doch als sie nun den Weg entlangfahren, – was geschieht da? Es fängt an zu nieseln. Den Pferden wird der Schwanz ein wenig naß, und als eins von ihnen damit wedelt, spritzt ein kleiner Tropfen auf den Bräutigam, und gleich ist er tot.

Aber, wie schon zwanzig Jahre früher, waren Gottvater und Sankt Peter auch heute unterwegs und wanderten. Und gerade als der Hochzeitszug vorfuhr, kamen sie zu dem Hof des Bräutigams.

Glück und Segen für das Brautpaar! grüßt unser Herr.

Ach, was sagst du da! Der Bräutigam ist doch tot! Willst du uns in all unserem Unglück noch höhnen? Hüte dich vor dergleichen!

Liebe Kinder, mein Wunsch kam aus der besten Absicht, antwortete Gottvater, und zu Sankt Peter sagte er:

Siehst du, Peter, jetzt haben die Schicksalsfrauen das Ihre getan. Jetzt wollen wir mal sehen, was *ich* noch tun kann!

Und damit ging Gottvater zum Wagen und erweckte den toten Bräutigam wieder zum Leben.

So endet dieses Märchen …

Ein glückliches Ende darf und muß man von einem Märchen erwarten, auch wenn es zuvor eine negative Schicksalsbestimmung gegeben hat.

Auch in anderen Märchen können dämonische Wesen oder der Teufel Gewalt über ein Neugeborenes bekommen. So verspricht der Vater wissentlich oder unwissentlich sein neugeborenes oder noch ungeborenes Kind dem Teufel oder einem Dämon. In KHM 108 (»Hans mein Igel«) verspricht der vom Weg abgekommene König das erste, was ihm bei seiner Rückkehr begegnet, wenn ihm aus dem Wald herausgeholfen werde. Er überantwortet damit unwissentlich seine eigene Tochter. Vor die Wahl gestellt, Stroh zu Gold zu spinnen oder am nächsten Tag getötet zu werden, verspricht die Müllerstochter in KHM 55 dem Rumpelstilzchen ihr erstes Kind. In allen Erzähltypen, in denen das Motiv vorkommt, hat es die Funktion der dramatischen

Exposition. Die Ausweglosigkeit der Situation der Eltern wie auch die Ungewißheit der Folgen und des Ausgangs machen dieses weltweit verbreitete Motiv für den Märchenanfang so beliebt. Es schafft die Voraussetzungen für den weiteren Verlauf der Erzählung, der darin besteht, das Kind aus der Macht der Dämonen zu befreien. Der Erzählkomplex kommt gleichfalls in Sagen vor; dort – entsprechend der Gattung – zumeist mit negativem Ausgang. So will in einer mecklenburgischen Sage der Teufel einem Bauern, der Holz gestohlen hatte, bei einer Wagenpanne helfen, wenn er ihm das gäbe, was er im Hause habe, wovon er aber nichts wisse. Seine Frau war schwanger. Trotz geistlicher Hilfe des Pastors holt der Teufel den Knaben aus dem Bett.

Versucht man, die recht unterschiedlichen Motivationen des Versprechens an den Teufel zusammenzufassen, so ergibt sich in der Mehrzahl ein Schuldigwerden der Eltern. Getadelt wird u. a. die Übermächtigkeit des Wunsches nach einem Kind, gelegentlich auch die Verwendung empfängnisfördernder magischer Mittel oder das Aussprechen eines Fluches. Von der Schuld der Eltern ist im weiteren Verlauf dann freilich nicht mehr die Rede, weil das Schicksal des verkauften oder versprochenen Kindes und seine weiteren Abenteuer im Mittelpunkt stehen und die Handlung nur selten zu den Eltern zurückkehrt.

Es entspricht dem Gesetz der Gattung, wenn im Märchen in der Regel die Teufelsverschreibung oder Dämonenweihe letztlich dem Glück des Helden nicht im Wege steht. So führt das Versprechen nicht in die Tragik, sondern zu Erlösung, Befreiung, Partnerfindung und zum Happy-End. Daß es sich ursprünglich einmal um sakrale Opferhandlungen gehandelt haben könnte, zeigen jedoch die Parallelen aus Bibel und Mythologie (z. B. Abraham, Jephta, Idomeneo u. a.). Kultur- und religionsgeschichtlich verweisen diese Frühbelege auf Formen einer rituellen Übereignung eines noch Ungeborenen an ein übernatürliches (göttliches) Wesen. Die Opferung des Erstgeborenen erinnert auch an die Zusammenhänge von Dämonenweihe und Kinderlosigkeit, wenn z. B. eine Frau ihr Erstgeborenes Gott zurückgeben und sich dadurch ihre spätere Fruchtbarkeit sichern will. Auffällig bleibt ferner, daß es fast immer der Vater ist, der das Kind verspricht, nicht die Mutter – ihr gegenüber wird das Versprechen oft sogar verschwiegen, was wohl dem alten Recht des *pater familias* entspricht. So haben sich möglicherweise Elemente realer Kultbräuche zu einer bloßen Spannungsformel in der Ausgangsposition des Märchens entwirklicht.

Lutz Röhrich

Motivverwandt sind die Erzählungen von »Robert dem Teufel«. Seine Eltern, der Herzog und die Herzogin der Normandie, lebten lange Zeit miteinander, ohne daß sie ein Kind bekamen. In ihrer Verzweiflung wendet sich die Herzogin an den Teufel, ihr zu einem Kind zu verhelfen. Sie hat dann eine sehr beschwerliche Schwangerschaft und eine noch beschwerlichere Geburt: Das Kind war so bösartig, daß es sich durchaus nicht zufriedenstellen ließ, sondern in einem fort heulte und schrie und mit den Füßen um sich stieß. Sooft es aber die Amme säugen wollte, biß es sie in die Brust und schrie unaufhörlich, so daß die Ammen sich scheuten, ihm weiter die Brust zu reichen. Später, als junger Erwachsener, kam Robert mit seinem Gesinde in ein Kloster mit 60 Nonnen. Davon tötete Robert 50 mit eigener Hand. Zuletzt steckte er sogar den Schlafsaal in Brand. Eines Tages besinnt sich Robert jedoch eines Besseren. Es kommt ihm der Gedanke, warum er denn immer Böses tue. Da fällt ihm ein, daß dieses Übel ihm wohl angeboren sei und die Schuld bei seiner Mutter liegen müsse. Er zwingt seine Mutter zu einer Aussage, und in ihrer Angst erzählt sie ihm den ganzen Hergang seiner Geburt, wie sie lange Zeit umsonst Gott um Hilfe angefleht und endlich den Teufel gebeten habe, daß er ihr zu einem Kind verhelfe. Aufs tiefste zerknirscht, zieht Robert nach Rom zum Papst, der ihn an einen Eremiten verweist. Die Buße, die ihm auferlegt wird, besteht darin, unerkannt als Narr durch die Welt zu ziehen und sich alle Schmach stumm gefallen zu lassen. Ferner soll er sich jeder Speise enthalten, es sei denn, daß er sie den Hunden entreißt.

Die letzten Passagen über das reuevolle und bußfertige Leben Roberts sind eine Erbauungsgeschichte, vergleichbar der Tannhäuser- oder auch der Gregorius-Legende, mit der Moral, daß selbst der schlimmste Sünder doch noch Vergebung finden kann. Ja mehr noch: Robert endet schließlich als Heiliger. Die Erzählung mit dem Motiv der Teufelsweihe endet schließlich im Genre der Büßerlegende. Bei der Geschichte von Robert dem Teufel denkt man unwillkürlich noch an einen Film wie »Rosemaries Baby«. In diesem Film wird einigermaßen realistisch gezeigt, wie sich die Schwangerschaft mit einem Teufelskind in einer modernen amerikanischen Gesellschaft ereignen könnte.

Extrem gefährdet sind Neugeborene in ihren ersten Lebenstagen und -wochen durch kinderstehlende Dämonen. In der europäischen Folklore wird Kindesraub unterschiedlichen dämonischen Figuren zugeschrieben: dem Wassermann, den Feen (fairies), den Trollen oder dem Teufel. Im deutschsprachigen Raum sind Wechselbälge in den

Abb. 4: *Gefährdung der Kleinstkinder. Der Teufel entführt Babys und legt statt ihrer häßliche »Wechselbälge« in die Wiege. Bartolo di Fredi (1330-1410), Städel, Frankfurt am Main.*

meisten Fällen Zwergenkinder. Man hat gemeint, die Unterirdischen müßten Menschenkinder stehlen, um ihr Geschlecht genetisch zu verbessern. Doch das ist viel zu biologisch gedacht. Man sollte überhaupt den Kindertausch gar nicht so sehr aus der Perspektive der Zwerge sehen als vielmehr von den Krankheitsvorstellungen einer vorrationalen Gesellschaft her. Die Kennzeichen mißgebildeter Kin-

Abb. 5: *Die Exorzierung des Wechselbalgs. Martino di Bartolomeo: Stephanus-Legende. Stedelsches Kunstinstitut, Frankfurt am Main.*

der stimmen fast wörtlich mit der Beschreibung von Wechselbälgen in Märchen und Volkssagen überein. In ihrer abstoßenden Häßlichkeit, mit ihrem Wasserkopf und den spindeldürren Füßen sind Zwergenkinder Abbilder einer menschlichen Mißgeburt. Ein Wechselbalg ißt und trinkt ungeheuer viel. Die Milch einer einzigen Frau genügt ihm nicht. Er saugt vier oder fünf Frauen aus. Aber obgleich er so viel ißt, wächst und gedeiht der Wechselbalg nicht. Nur sein Kopf wächst zu abnormaler Größe. Im ganzen bleibt er aber »verzwergelt« und »verhutzelt«. Er lernt nie stehen, gehen oder sprechen. Die Fehlentwicklung wird oft nicht sofort nach der Geburt entdeckt. Das scheinbar gesund geborene Kind kann einen verborgenen Schaden haben, der zunächst gar nicht ins Auge fällt. Erst allmählich merken die Eltern, daß ihr Kind ›nicht normal‹ ist. Sie suchen die Schuld bei einem Dritten: Das kann nicht ihr Kind sein, es muß ausgetauscht worden sein: Es ist ein Wechselbalg!

Die Furcht, einen Wechselbalg großzuziehen, ist jahrhundertelang eine Realität des Volksglaubens gewesen, so daß zum Beispiel das Sachsenspiegelrecht die Möglichkeit der Erbfolge von Wechselbalgkindern negiert: »An Wechselbalg und Zwerg kann kein Erbe fallen, ebensowenig wie an Krüppelkinder. Wer deren Erben sind und nächsten Verwandten, die sollen sie halten in ihrer Pflege.« Die Sagen bleiben indessen nicht bei der Beschreibung des Wechselbalgs stehen, sondern belehren die Eltern, wie sie die Zwerge zwingen können, den Tausch rückgängig zu machen und statt des Wechselbalgs das gesunde Menschenkind zurückzubringen. Zwei Methoden sind vorherrschend: Ein von den Zwergen gebrachter Wechselbalg wird zum Sprechen gebracht, wodurch er sich verrät. Dadurch daß man etwas ganz Ungewöhnliches tut, wie etwa Bier in Eierschalen braut, Schuhsohlen weich kocht, die Ziege in einen Pfeifenkopf melkt, in einer Tabaksdose buttert usw., bringt man den Wechselbalg zum Erstaunen, und er sagt:

Ich bin so alt wie der Böhmerwald,
Dreimal abgeholzt und wieder aufgewachsen,
Doch das seh ich zum ersten Mal:
daß man Bier braut in Eierschal

oder ähnliches. Mit einem solchen Verwunderungsvers gibt sich der Wechselbalg, der bis dahin nicht gesprochen hat, als ein altersloses Wesen der jenseitigen Welt zu erkennen und verläßt seine Pflegeeltern. Ein solches Wechselbalgstück ist z.B. KHM 39 »Die Wichtelmänner«.

Eine zweite Praktik ist sozusagen eine flankierende Maßnahme: Der Wechselbalg wird so fürchterlich verprügelt, daß seine leiblichen Eltern Mitleid haben und den Kindertausch rückgängig machen. Nach anderen Sagen wird der Wechselbalg in den heißen Backofen geschoben. Die Wirkung bleibt die gleiche: Das geraubte Kind wird zurückgebracht, denn auch im Zwergenreich läßt Mutterliebe es nicht zu, daß dem eigenen Kind ein Leid geschieht. Noch wichtiger ist es aber, daß es gar nicht erst zum Kindesraub kommt. Und man kann dem vorbeugen, wenn das Neugeborene alsbald die Taufe empfängt, denn in der Regel ist das ungetaufte Kind in Gefahr, vertauscht zu werden. Kriminalhistorisch bezeugte Fälle realer Kindsmißhandlungen finden hier mentalitätsgeschichtliche Hintergründe.

Das Kind ist ein schutz- und pflegebedürftiges Wesen, das aber gleichzeitig ungeahnte Fähigkeiten in sich birgt. Die großen Helden, die sagenhaften Könige, Reichs- und Städtegründer, die Religionsstifter, kurz die Heroen aller Völker haben eine mit phantastischen Zügen ausgestattete Geburts- und Kindheitsgeschichte. Und die vergleichende Mythen- und Märchenforschung kennt da eine Menge von sich wiederholenden Motiven: Erst nach langer Unfruchtbarkeit der Eltern wird der Held geboren; er wird ausgesetzt, von Leuten niedrigen Standes gerettet, von einem weiblichen Tier (Wölfin, Bärin, Hirschkuh) gesäugt, oder er entwickelt eine ungeheure Stärke, weil er sieben oder gar 14 Jahre lang von seiner Mutter gestillt wurde. Motive der wunderbar-übernatürlichen Empfängnis zeigen die zukünftige Besonderheit des Helden an, denn außergewöhnliche Helden werden auf außergewöhnliche Weise geboren, oder es ist ein Wunder, daß sie überhaupt groß werden, wenn sie mit schlechtesten Startbedingungen anfangen – etwa als Findelkind. Das jüngste, kleinste, schwächste, dümmste und enterbte Kind ist, wenn es inmitten der Übermacht seiner Familie bestehen will, angewiesen auf eine illegale und gleichsam magische Methode, um zu einer Existenz und an eigenen Besitzstand zu gelangen. In KHM 9 (»Die zwölf Brüder«) hat ein Königspaar zwölf Söhne und erwartet ein dreizehntes Kind. Wenn es ein Mädchen wird, sollen die zwölf Brüder nach dem Willen des königlichen Vaters sterben. Das dreizehnte Kind wird tatsächlich ein Mädchen, doch die Mordandrohung an seinen Brüdern wird nicht vollzogen. Vielmehr kommt alles zu einem glücklichen Ende, indem das Mädchen seine Brüder erlöst. So stehen zu Beginn der Märchen oftmals irgendwelche Mißverhältnisse und Konfliktsituationen, deren Behebung oder positive Auflösung im weiteren Verlauf der Erzählung geschildert wird. Am häufigsten werden die Probleme einer kinderlosen Ehe zugrunde gelegt. Dahinter mögen sich oft verschlüsselte Thematisierungen anderer Probleme der Familienplanung, Schwangerschaft oder Ehekrisen verbergen. In KHM 35 (»Daumesdick«) wünschen Eltern sich »ein Kind, und wenn es nur ein einziges und nur so groß wie ein Daumen wäre«. Der intensive Wunsch nach einem Kind sowie dessen Geburt rücken das Märchen oft in eine magische Sphäre. Ein gutes Beispiel für derartige Schwangerschaftsmagie bietet das norwegische Märchen »Zottelhaube« (AaTh 711 »The beautiful and the ugly twin«): Eine kinderlose Königin bekommt von einer Hexe oder Zauberin die Anweisung, wie sie zu einem Kind gelangen kann. Aber sie bricht die Bedingung, die mit dem Ratschlag verbunden ist, und bekommt dann zwei Mädchen, ein schönes und ein häßliches oder tiergestaltiges. Die häßliche Schwester unterstützt die schöne und wird schließlich mit einem Prinzen verheiratet. Am Hochzeitstag wird sie entzaubert und ebenso schön wie ihre Schwester.

Der übermächtige Wunsch nach einem Kind sowie die Umstände der Schwangerschaft und Geburt bergen große Gefahren in sich: Der Märchenheld oder die Märchenheldin kommen als Tier, als Winzling oder gar als Vampir auf die Welt (»Das Eselein«, »Hans mein Igel«, »Der kleine Däumling«, »Die Prinzessin im Sarg«). Die Mütter sind eher bereit, ein solches anomales Kind aufzuziehen, als auf Dauer kinderlos zu bleiben.

In einem der berühmtesten Stücke der dänischen Volksüberlieferung wird einmal mehr dieses Problem der Kinderlosigkeit oder Unfruchtbarkeit thematisiert – im Märchen vom »König Lindwurm«: Die zur Kinderlosigkeit bestimmte Königin greift zu tabuierten magischen Praktiken und gebiert einen Lindwurm. Das bekannte, rein handlungsorientierte Märchen läßt die psychologischen Hintergründe kaum erahnen. Aber was muß es für die Eltern bedeuten, einen Lindwurm als Kind aufzuziehen und für diesen auch noch eine liebende Frau zu finden?! Manchmal ist Kinderlosigkeit auch heutzutage mit ganz ähnlichen Problemen belastet: Immer öfter bleibt für Paare der Wunsch nach einem Kind unerfüllt. Angesichts der scheinbar selbstverständlichen Natürlichkeit des Kinderkriegens wie auch der Möglichkeiten heutiger Reproduktionsmedizin fordert die ungewollte Kinderlosigkeit zur Auseinandersetzung und Sinnsuche heraus – wenn man bedenkt, welche Anstrengungen Eltern machen, um Befruchtungen *in vitro* zu erreichen und für Retortenkinder Leihmütter zu finden, immer auch mit dem Risiko, ein behindertes Kind zur Welt zu bringen oder Mehrlinge zu bekommen.

Gerade Mehrlingsgeburten, d. h. Drillinge, Vierlinge usw., waren und sind zum Teil heute noch in besonderem Maße in Gefahr, ausgesetzt und getötet zu werden. In der Überzeugung, daß es bei Mehrlingen nicht mit rechten Dingen zuginge, wurden Mütter von Mehrlingen (z. B. bei antiken Autoren oder nach der Auffassung von manchen Naturvölkern) des Ehebruchs bezichtigt und mit Hündinnen oder Säuen verglichen. Der noch im ausgehenden Mittelalter in Europa verbreitete volksmedizinische Aberglaube, eine Frau könne nur je-

Lutz Röhrich

weils ein einziges Kind von einem Mann empfangen, bildet den Hintergrund für die historisch belegte Aussetzung der neugeborenen Mehrlinge und für den Sagentyp AaTh 762: Eine kinderlose Gräfin bezichtigt eine um Almosen bittende Mutter von Zwillingen oder Drillingen des Ehebruchs und wird von dieser verwünscht, sie solle selbst so viele Kinder haben wie Monate im Jahr (oder wie eine Sau). In Abwesenheit ihres Mannes gebiert die adlige Dame sieben (neun, zwölf oder dreizehn) Söhne auf einmal und befiehlt aus Scham ihrer Magd, alle bis auf einen zu ertränken. Die Magd wird auf diesem Gang vom heimkehrenden Vater überrascht und gibt die Babys im Korb als junge Hunde (Welpen) aus. Der Vater läßt sie heimlich erziehen und stellt die einander zum Verwechseln ähnlichen Halbwüchsigen, gleich gekleidet, seiner Frau bei einem Gastmahl vor. Gäste und Söhne bitten um Gnade für die Mutter. Die Mehrlinge und ihre Nachkommen heißen seither Welfen, Hund, Hunt, *Porcelets* etc. Diese genealogische Sage heißt nach ihrem Frühbeleg bei Paulus Diaconus auch Lamissio-Sage (Grimm Dt. Sagen Nr. 393 »Der Knabe im Fischteich«). Mehrfach ist der Typus in der Grimmschen Sagensammlung vertreten. Verschiedene europäische Adelsgeschlechter begründen nämlich auf diese Weise ihren Namen und ihr Herkommen – am bekanntesten das Welfengeschlecht. Seit dem frühen 15. Jahrhundert wird die Sage von der durch Mehrlingsgeburt gestraften Frau mit einer namentlich genannten holländischen Gräfin und ihren 365 Kindern kolportiert, in einem Dorf bei Den Haag angesiedelt und auf den Karfreitag des Jahres 1276 datiert. Kaum auf die Namen Johannes und Elisabeth getauft, seien alle 365 Babys samt Mutter am selben Tag gestorben. Das ist die vorletzte Sage der Grimm-Sammlung (Nr. 584) mit dem Titel »So viel Kinder wie Tag im Jahr«. Die Taufkirche der 365 Kinder war noch im 18. Jahrhundert ein Pilgerort für kinderlose Frauen. In diesem Zusammenhang sei auf den Artikel »Mehrlingsgeburten« von Barbara Gobrecht in Band 9 der »Enzyklopädie des Märchens« verwiesen.

Auch Geburtenkontrolle und Abtreibung werden in der Volksliteratur thematisiert. Denn schon vor Zeugung und Geburt ist das menschliche Leben bedroht. Ein eindrucksvolles Beispiel bietet der vorwiegend in Skandinavien verbreitete Erzähltyp von der »Frau, die keine Kinder haben wollte« (AaTh 755), bekannter unter dem Titel »Die Frau ohne Schatten«. Hugo von Hofmannsthal hat den Stoff zu einem der schönsten deutschen Kunstmärchen als Opernlibretto für Richard Strauss verarbeitet. Die zugrunde liegende Volkserzählung handelt von einer jungen Frau, die einen Pfarrer heiraten soll. Sie

Abb. 6: *Die sogenannte »Vielgeburtssage« – einer der in den »Deutschen Sagen« der Brüder Grimm am häufigsten vertretenen Erzähltypen. Die Geburt von Mehrlingen galt im Volksglauben des Mittelalters als sicherer Beweis dafür, daß die Mutter es mit mehreren Männern getrieben hatte. Solche Frauen wurden von ihren Männern verstoßen, die Kinder ausgesetzt, aber den Sagen zufolge doch gerettet und nicht selten dann die Gründer bekannter Herrscherfamilien (z. B. der Welfen). Titel-Illustration der Märchensammlung von Georg von Gaal (Wien 1822).*

macht sich wegen dieser Ehe Sorgen, denn sie will keine Kinder. Kurz vor der Hochzeit begegnet sie einer alten Hexe, die ihr zu helfen verspricht, und in der Hochzeitsnacht gehen die Hexe und die junge Frau zu einer Mühle. Die Hexe mahlt zwölf Weizenkörner zwischen den Mühlsteinen, und bei jedem Korn, das zermalmt wird, hört man ein Jammern wie von einem Kind. Darauf leben die Frau und der Pfarrer als Eheleute viele Jahre zusammen, ohne Kinder zu bekommen. In einer Mondnacht sind sie einmal auf dem Heimweg. Da bemerkt der Mann zu seinem Entsetzen, daß seine Frau keinen Schatten wirft. Er fordert eine Erklärung von ihr, und sie erzählt von dem nächtlichen Besuch in der Mühle. Der Mann gerät außer sich vor Zorn und treibt seine Frau mit den Worten aus dem Haus: »Es ist ebenso unmöglich, daß du Gottes Vergebung erhältst, wie daß Rosen auf dem Boden unserer Kammer wachsen!« Die Frau zieht nun als Bettlerin in die Welt und fragt allenthalben, wie sie büßen solle. Schließlich kommt sie zu einem anderen Pfarrer, der sie in die Kirche führt und ihr sagt, daß sie in der kommenden Nacht ihre ungeborenen Kinder sehen werde. Die zwölf Kinder offenbaren sich, und die Frau bittet sie um Verzeihung, daß sie ihnen nicht das Leben geschenkt habe. Sie erhält die Vergebung der Kinder und stirbt in der Kirche. Im gleichen Augenblick erwacht ihr Mann in seinem Bett und entdeckt, daß zwölf rote Rosen aus dem Kammerboden emporgewachsen sind.

Ich war nicht überrascht, daß die Erörterung gerade dieses Märchens bei den Studenten in meinem Seminar große Betroffenheit auslöste, vor allem bei den jungen Frauen, die sich davon angesprochen fühlten – kein Wunder in einer Zeit, in der kaum ein junges Mädchen nicht die Pille oder andere empfängnisverhütende Mittel verwendet oder auch schon mit dem Problem eines Schwangerschaftsabbruchs konfrontiert war.

In dieser Erzählung verlangen die Symbole für sexuelle Fruchtbarkeit und Unfruchtbarkeit besondere Beachtung: Die Weizenkörner, die in den Mahlgang geworfen werden, sind ein unzweideutiges Bild für sexuelle Befruchtung, aber die Mühle ist andererseits ein Gerät, das zerdrückt und zermalmt. Das Mahlen bedeutet, daß der für die Frau bestimmte Samen auf magische Weise vernichtet wird.

Was aber bedeutet der Verlust des Schattens? Er ist zunächst Ausdruck dafür, daß die Frau eine Sünde begangen hat. Wenn der Pfarrer entdeckt, daß der Schatten seiner Frau fehlt, fragt er sie: »Was für eine Sünde hast du begangen, daß du keinen Schatten hast?« In anderen Varianten entdeckt der Pfarrer, daß das Gras dort welkt, wo seine Frau beim Spaziergang den Fuß hinsetzt. In schwedischen Varianten wird das Ehepaar vom Regen überrascht, und hinterher stellt der Pfarrer fest, daß seine Frau ganz trocken geblieben ist. Diese auswechselbaren Motive sind samt und sonders Unfruchtbarkeitssymbole. Der Mann erhält einen übernatürlichen Beweis dafür, daß die Frau »vertrocknet« ist, d. h. sich sterilisiert hat. In anderen Varianten wird erzählt, daß der Pfarrer mit seiner Frau spazierengeht, als er plötzlich entdeckt, daß die Sonne wohl auf ihn, aber nicht auf sie scheint. Schattenlosigkeit, Nicht-nass-Werden im Regen, Trockenheit, Verwelken von Blumen – diese Motive lassen sich alle als Symbole der Unfruchtbarkeit interpretieren.

Es gibt ein Grimmsches Märchen, das eine ähnlich gelagerte Thematik aufweist. Es handelt sich um KHM 208 »Das alte Mütterchen«, das im Anhang unter den sogenannten Kinderlegenden steht.

Einer alten Frau sind alle Verwandten, Freunde und Kinder weggestorben, und sie klagt in ihrer Verzweiflung Gott darüber an. Bei einem Kirchgang hat sie eine Vision: Alle Menschen, die sich in der Kirche befinden, sind Verstorbene, und sie sieht dort auch ihre beiden verstorbenen Kinder, das eine am Galgen hängen, das andere aufs Rad geflochten. Sie wird nun belehrt: ›Siehst du, so wäre es ihnen ergangen, wären sie am Leben geblieben und hätte sie Gott nicht als unschuldige Kinder zu sich genommen.‹ Zitternd geht die Alte nach Hause und dankt Gott, daß er alles besser gemacht hat, als sie es hatte begreifen können.

Eine Legende über den Plan des Schicksals und daß das Unerforschliche doch immer das Richtige ist. Sie zeigt das Sich-fügen-Müssen in Auferlegtes, die Bewältigung von Leid und daß man doch nicht wünschen soll, daß es anders wäre. Das wird dem Menschen immer wieder exemplarisch klargemacht. Es ist Weisheit und natürlich aber auch der Selbstbetrug des Menschen, ein weiser Selbstbetrug, der dazu neigt, schlimmes Schicksal durch ein »es hätte noch schlimmer sein können« zu verkleinern, um es erträglicher zu machen. »Ihnen wäre besser, sie wären nie geboren.« Dieses »es hätte aber…« begleitet einen durch's ganze Leben. Es ist natürlich auch bedeutsam, daß das alte Mütterchen seine Vision in der Kirche hat.

Dieser Legende vom irrealen Schicksal, wie man sie nennen könnte, möchte ich noch einen anderen Text an die Seite stellen. In einer slowenischen Legende geht die Jungfrau Maria über einen Acker und klagt über den Verlust ihres Sohnes Jesus. Da trifft sie eine Maus, die sie fragt: ›Warum bist du so traurig?‹ Da sagt die Muttergottes: ›Warum soll ich nicht traurig sein, ich habe meinen einzigen Sohn verloren.‹ Da sagt die Maus: ›Sieh, ich habe durch den Tritt einer Kuh meine *neun* Söhne alle auf einmal verloren.‹ Da lächelte die Jungfrau Maria, und wenn sie nicht gelächelt hätte, so folgert der Schluß, wäre die ganze Welt verlorengegangen. Der Titel dieses Textes heißt: »Die zwei Mütter«.

Auch das ist ein Trost, den der Mensch immer wieder für den leidtragenden Mitmenschen bereithält: der Vergleich mit anderem Leid. Anderen ist es noch schlimmer ergangen, und sie mußten damit auch fertig werden.

Mehrere Beispiele gehören zur Kategorie der Warnmärchen, wie z.B. »Frau Trude« (KHM 43), »Das eigensinnige Kind« (KHM 117) und das Märchen vom Schlachtenspielen. Kinderunglücksgeschichten gehören zur moralisch-exemplarischen Kinderliteratur. Es sind Erziehungsmärchen.

Probleme einer gewollt oder – häufiger – ungewollt kinderlosen Ehe sind die am häufigsten geschilderten Mißverhältnisse in der Ausgangssituation unserer Märchen. Im weiteren Verlauf der Erzählung werden sie zurechtgerückt. Dies zeigt einmal wieder, daß auch fiktionale Erzählungen eine gesellschaftliche Realität besitzen.

Nicht alle der hier herausgegriffenen Volkserzählungen sind Zaubermärchen. Einige stehen in der Nähe des Exempels, der Legende, oder – noch häufiger – sie gehören in den Bereich der Sage, wie z. B. die Rattenfängergeschichte. Eigentliche Sagen sind sogar so manche Stücke, die in den »Kinder- und Hausmärchen« stehen oder standen, wie z. B.: »Schlachtenspielen« (KHM 22 a) oder auch die Wechselbalgsage (KHM 39). Innerhalb der Märchensammlung bilden sie einen Fremdkörper (das gilt übrigens auch für die Erzählung »Die Unke«, KHM 105). Die Sage hat bekanntlich eine andere Erzählhaltung, insbesondere eine andere Einstellung zum Tod und zur Angst.

Was Kindern in den sogenannten eigentlichen Märchen widerfährt, spiegelt zwar alles andere als eine heile Welt, aber alle schlimmen Schicksale von Waisenkindern, alle Mißhandlungen und Gefährdungen der Kinder sind hier in erster Linie Spannungsmomente einer Biographie. Die Verwünschung eines Kindes in ein Tier oder das Versprechen eines Kindes an ein dämonisches Wesen oder an den Teufel ist nur die notwendige Exposition eines Erlösungsmärchens. Die Gefährdungen durch Stiefmütter und übelwollende Geschwister bilden die Voraussetzung eines isolierten Helden, dessen Lebensgeschichte dann letztendlich doch mit Sicherheit einem glückhaften Schluß entgegensteuert.

Das Märchen erzählt gerade deshalb gern von Findelkindern und Waisen, um deren späteren Lebenserfolg um so strahlender erscheinen zu lassen. Wenn Hänsel und Gretel von ihren Eltern im Wald ausgesetzt werden, erwartet niemand, daß sie dort verhungern oder von wilden Tieren zerrissen werden. Wenn die Königskinder von ihren eigenen Eltern getötet werden, damit mit ihrem Blut der zu Stein erstarrte Treue Johannes erlöst werden kann, weiß das märchenerfahrene Kind, daß es dabei nicht bleibt, sondern daß am Ende eine glücklich vereinte und gesunde Familie stehen wird. Das Märchen von dem Machandelbaum wäre unerträglich, wenn es nicht die Wiederbelebung aus den Knochen des getöteten Knaben gäbe. So entsteigen auch Rotkäppchen und seine Großmutter unbeschädigt und gesund dem Wolfsleib.

Struktur und Stil des Glücksmärchens verlangen das so. Und so auch unsere Kinder. Verwünschungen und Verzauberungen sind nicht definitiv, sondern lassen sich aufheben. Wechselbälge werden zurückgebracht, schlimme Schicksalssprüche abgemildert. Wo der Tod irreversibel bleibt (»Schlachtenspielen«, »Frau Trude«, »Kind und Unke«), sind wir nicht mehr im Bereich des Zauber- und Glücksmärchens. Gleichwohl schildert das Märchen knallharte Überlebenskämpfe. Daß es keine Chancengleichheit gibt im Märchen, weiß jeder. Aber immer wieder zeigt es sich, daß auch ein in seiner Jugend durch falsches Elternverhalten gequältes und mißhandeltes Kind, gefährdet durch Armut, Krankheit, Hunger, Aussetzung, Verzauberung und Verwünschung, zu einem erfüllten und erfolgreichen Erwachsenenleben gelangt, weil die schlechten Startbedingungen durch real mögliche oder übernatürlich-magische Hilfe korrigiert werden. Das ist der Trost, den das Märchen immer wieder spendet. Weshalb ich den Versuch für falsch halte, die Märchen zu entschärfen, zu »entgrimmen«, zu verniedlichen und zu verharmlosen, weil dadurch ihre Problematik verfälscht wird.

Literatur

Ariès, Philippe: *Geschichte der Kindheit*. München und Wien 1975.
Bastian, Ulrike: *Die Kinder- und Hausmärchen der Brüder Grimm in der literaturpädagogischen Diskussion des 19. und 20. Jahrhunderts*. Frankfurt a. M. 1981.
Beitl, Richard: *Der Kinderbaum. Brauchtum und Glauben um Mutter und Kind*. Berlin 1942.
Biermann, Gerd: *Kindeszüchtigung und Kindesmißhandlung. Eine Dokumentation*. München und Basel 1969.
Boesch, Hans: *Kinderleben in der deutschen Vergangenheit*. 2. Aufl. Jena 1924.
Brednich, Rolf Wilh.: *Volkserzählungen und Volksglaube von den Schicksalsfrauen*. FFC 193. Helsinki 1964.
Croake, J.W.: *Fears of Children*. New York 1972.
Celik, Ayla: *Das verstoßene Kind in Grimms Märchen*. (Ungedruckte) Staatsexamensarbeit, Köln 1998.
Doderer, Klaus: »Das bedrückende Leben der Kindergestalten in den Grimmschen Märchen«. In: ders.: *Klassische Kinder- und Jugendbücher*. Weinheim/Berlin/Basel ³1969, S.137-151.
Dreitzel, Hans P.: *Childhood and Socialisation*. New York 1973.
Elias, Norbert: *Über den Prozeß der Zivilisation*. 2 Bde., 2. Aufl. Frankfurt a. M. 1977.
Eltin, Frederic: *The Child and Society*. New York 1960.
Enzyklopädie des Märchens. Handwörterbuch zur historischen und vergleichenden Erzählforschung: Bd. 1 ff., Berlin 1977 ff. u. a. Artikel »Kind, Kinder« (Ka-

talin Horn), »Kind dem Teufel verkauft oder versprochen« (Lutz Röhrich), »Kinder spielen Schweineschlachten« (Dieter Richter), »Kinderblut« (Hans-Jörg Uther), »Kinderfolklore« (Alfred Messerli), »Kinder- und Jugendliteratur« (Ingrid Tomkowiak), »Kindsmörderin« (Susanne Ude-Koeller), »Mädchen ohne Hände« (Ines Köhler-Zülch), »Mehrlingsgeburten« (Barbara Gobrecht).

Gerstel, Quirin: *Die Brüder Grimm als Erzieher*. München 1964.

Gmelin, Otto: *Böses kommt aus Kinderbüchern*. München 1972.

Hävernick, Walter: *»Schläge« als Strafe*. Hamburg 1964.

Humburg, Norbert (Hrsg.): *Geschichten und Geschichte. Erzählforschertagung in Hameln*. Oktober 1984, Hildesheim 1985.

Isenberg, Marianne: *Geburt und Tod im deutschen Volksmärchen*. Diss. Bonn 1948.

Johansen, Erna M.: *Betrogene Kinder. Eine Sozialgeschichte der Kindheit*. Frankfurt a. M. 1978.

Klintberg, Bengt af: »Die Frau, die keine Kinder wollte. Moralvorstellungen in einem nordischen Volksmärchen (AaTh 755)«. In: *Fabula* 27 (1986) S. 237 – 264.

Langer, Marie: *Das gebratene Kind und andere Mythen. Die Macht unbewußter Phantasien*. Freiburg 1987.

Lenzen, Dieter: *Mythologie der Kindheit*. Hamburg 1985.

Liebs, Elke: *Kindheit und Tod. Der Rattenfänger-Mythos als Beitrag zu einer Kulturgeschichte der Kindheit*. München 1986.

de Mause, Lloyd (Hrsg.): *Hört ihr die Kinder weinen? Eine psychogenetische Geschichte der Kindheit* (engl.: »The History of Childhood«). Frankfurt a. M. 1977.

Mulack, Christa: *Das Mädchen ohne Hände. Wie eine Tochter sich aus der Gewalt des Vaters befreit*. Stuttgart 1995.

Pentikäinen, Juha: *The Nordic Dead-Child Tradition*. FFC 202. Helsinki 1968.

Piaget, Jean: *Das moralische Urteil beim Kinde*. Zürich 1954.

Piaschewski, Gisela: *Der Wechselbalg*. Breslau 1935.

Postman, Neil: *Das Verschwinden der Kindheit*. Frankfurt a. M. 1983.

Pott, Friederike: *Das Mädchen ohne Hände* (AaTh 706). Mag. Arbeit. Freiburg i. Br. 1988.

Rank, Otto: *Der Mythus von der Geburt des Helden*. Leipzig u. Wien 1922.

Richter, Dieter: »Wie Kinder Schlachtens miteinander gespielt haben (AaTh 2401)«. In: *Fabula* 27 (1986) S. 1 – 11.

Röhrich, Lutz: »Kinderreim und Kinderspiel – gestern und heute«. In: *Kinderkultur*. Bremen 1987.

Ders.: »Und wenn sie nicht gestorben sind… Geburt und Tod in Märchen und Sage«. In: *Mannheimer Forum*, hrsg. von Ernst Peter Fischer. München 1999, S. 149 – 203.

Scherf, Walter: »Sind Schule und Erziehung bereit, sich mit dem elementaren Konflikt der Märchen auseinanderzusetzen?« In: K. Wardetzky u. H. Zitzelsberger (Hrsg.): *Märchen in Erziehung und Unterricht heute*, Bd. 1, VEMG, Bd. 22. Rheine 1997, S. 17–34.

Sutton-Smith, Brian: *Children's Folklore: A source Book*. New York 1995.

Tillhagen, Carl Herman: *Taikon erzählt. Zigeunermärchen.* 2. Aufl. Zürich 1973.
Virtanen, Leea: *Children's Lore.* Studia Fennica 23, Helsinki 1978.
Weber-Kellermann, Ingeborg: *Die Kindheit. Eine Kulturgeschichte.* Frankfurt a.
M. 1979.
Weiser-Aall, Lily: *Svangerskap og fødsel i nyere norsk tradisjon.* Oslo 1968.
Wildhaber, Robert: *Der Altersvers des Wechselbalgs und die übrigen Altersverse.*
FFC 235, Helsinki 1985.
Zulliger, Hans: *Die Angst unserer Kinder.* Frankfurt a. M. 1971.

Margarete Möckel

Lieblingskinder einer Erzählerin in den Märchen der Welt

Wo Lieblingsmärchen, Lieblingskinder, Lieblingsbilder auftauchen, ist immer Subjektivität zu erwarten, denn Lieblinge werden subjektiv gewählt, entweder bewußt oder unbewußt, aber jedenfalls aus dem Gefühl der Sympathie oder der Faszination heraus. Häufig zeigen sich erst nach und nach die Gründe im einzelnen, die uns zu einer solchen Wahl bewogen haben, und in den meisten Fällen bestätigt die Erfahrung unseren ersten Impuls. Dann *wissen* wir, warum wir unsere Lieblinge ins Herz geschlossen haben. In diesem Sinne will ich auch in erster Linie ganz persönliche Gedanken und Erfahrungen einer Märchenerzählerin mitteilen.

Eins meiner Anliegen ist es darzulegen, welche Rolle die Subjektivität beim Umgang mit Märchen spielt, welch großes Thema sie für uns Märchenerzähler ist, für weibliche wie für männliche: Wir wählen die Märchen subjektiv aus, und wir erzählen sie aus unserer Sicht, auf unsere Art und Weise, also ebenfalls subjektiv. Und das müssen wir auch ohne Frage tun, denn wir stehen ja als Person leibhaftig für die innere Wahrheit des Märchens ein. Selma Lagerlöfs Großmutter in ihrem Sofa drückte diese Haltung bekanntlich so aus, wenn sie am Ende einer Märchenerzählung angekommen war: »Und das alles ist so wahr, wie daß ich dich sehe und du mich siehst.«

Während wir erzählen, schaffen wir indessen einen *Raum*, in dem die Zuhörer mit ihrem eigenen Erleben ihren Teil beitragen zu einer Sammlung von individuellen Bildern, von Eindrücken und Assoziationen, und aus dieser Sammlung erwächst *das gesamte Erleben der Erzählgemeinschaft*: Die Wirkungsweise der Märchen beruht eben darauf, daß jede einzelne Zuhörerin, jeder Zuhörer seine ganz individuelle Hör-Erfahrung mit dem Märchen macht. Aber gleichzeitig umschließt das Märchen diese vielen *jetzt und hier* gemachten Einzelerfahrungen, schließt sie zu einer gültigen Wahrheit zusammen. Ich denke mir, daß es wohl genauso bei der Entstehung der Märchen zugegangen ist: Sie sind ja die bildhaften Ausprägungen von Einzelerfahrungen, die das Leben den Individuen einer Gruppe eingeprägt hat. Alle diese individuellen Erfahrungen schließt das Märchen in symbolischen Bildern und Stationen zu einer exemplarischen Gesamthandlung zusammen, und zwar in ganz bestimmten, sehr einprägsamen Strukturen.

Die Gültigkeit der Märchenwahrheit hat also zwei grundlegende Aspekte, einen, der in die Vergangenheit weist, und einen, der pure Gegenwart ist. Oder anders: Die kollektive Sammlung von Erfahrungen aus der Vergangenheit wird lebendig erfahrbar in der Gegenwart, wenn wir das Märchen erzählen und hören. Dieser geradezu rituelle Akt erneuert jedesmal den Entstehungsvorgang des Märchens. Deshalb ist das Märchen zeitlos gültig, solange es erzählt und gehört wird.

Die rituelle Erneuerung und Vergegenwärtigung bezieht sich aber ebenso auf die Aussage des Märchens, auf seine individuell wie kollektiv erfahrbare Wahrheit, für die wir Erzähler uns verbürgt haben, uns immer wieder neu verbürgen.

Die Frage ist nun: Wie könnte eine so umfassende persönliche Bürgschaft vorstellbar sein ohne Anteilnahme, ohne Liebe? – Nein, ohne Liebe können wir nicht erzählen, und so bestimmt denn auch die Liebe unsere Auswahl.

Aber woher rührt denn diese Liebe? Oftmals speist sie sich aus der Identifikation mit der Märchenheldin, mit dem Helden, sie wächst aus der Ahnung oder dem klaren Wissen um Parallelen zwischen deren Schicksalsweg und unserem eigenen Erleben. Wir werden angerührt von einer Märchenhandlung, von dem gesamten Geschehen, das fast immer zu einem guten Ende führt und uns dennoch klarmacht, wie unerbittlich konsequent es im Märchen zugeht: Jede Fehlleistung, jede Unterlassung, aus einer Fehlhaltung entsprungen, ist verhängnisvoll, führt unweigerlich zu Niederlagen, Leid und Kummer. Aber schon warten neue Bewährungsproben auf die Helden, sie werden zu neuen Anläufen herausgefordert, so lange, bis die Fehlhaltung erkannt und aufgegeben wird. Wieviel muß geschehen, damit das Märchen wirklich zu einem guten Ende kommen kann!

Im Rumpelstilzchen-Märchen zum Beispiel läßt sich die passive Müllerstochter zuerst vom Vater an den königlichen Hof verschicken (um nicht zu sagen: mit dem König verkuppeln), dann läßt sie sich von dem goldgierigen König einsperren, unter Druck setzen und bedrohen. Sie wird erst wirklich aktiv, als das Männchen ihr das Kind wegnehmen will, ihr Kind, ihre lebendige Zukunft. »Etwas Lebendiges ist mir lieber als alle Schätze der Welt.« Jetzt erst denkt sie über die Bedingung nach, die ihr anfangs gestellt wurde und die sie nolens volens akzeptierte in ihrer Passivität, wie es im Märchen heißt:

> »Wer weiß, wie das noch wird!« dachte die Müllerstochter.

So unbeteiligt an ihrer Zukunft wird sie in der Ausgangssituation geschildert. Aber nun, in der Angst, ihr Kind zu verlieren, schickt sie
Boten aus, zählt sich alle Namen aus dem Kalender vor, die ihr einfallen wollen, ist gespannt und hellwach. Es ist diese neue Haltung, die
eine Wende herbeiführt, nun bekommt sie auch einen Helfer in dem
Boten, der das Männchen am Feuer belauscht und die Lösung des
Rätsels bringt.

Vorher hat sie eigentlich gar keine Zukunft, sie spielt nicht einmal in
Gedanken mit ihren zukünftigen Möglichkeiten. Sie kommt mir anfangs so vor, als hätte sie in ihrer Kindheit nichts spielerisch auspro-
bieren dürfen, als sei sie in erster Linie zum bloßen Funktionieren er-
zogen worden, zur Erfüllung von auferlegten Pflichten.

Nun aber spürt sie diesen unerträglichen Druck, sie muß ja um ihr
Leben Gold aus Stroh spinnen. Sie versucht diesen Druck zu vermin-
dern, indem sie die Auseinandersetzung mit dem eigentlichen Problem auf die Zukunft verschiebt. »Unterdrückung und Selbstunterdrückung«, das ist ihr Thema, aber sie packt es nicht an, läßt es
vielmehr auf sich beruhen. Und dann kommt die Zukunft in Gestalt
ihres Kindes zur Welt, *sie selbst gebiert ihre Zukunft*, und sogleich
stellt es sich heraus, wie sehr diese Zukunft belastet, ja gefährdet ist.
Sie ist gefährdet durch das passive Aufschieben und Ausweichen auf
den bequemeren Weg. Aber wenn sie ihr Kind nicht verlieren will,
muß sie nun schleunigst heraus aus dieser Fehlhaltung, muß herausfinden, was daran falsch und gefährlich ist. Nichts anderes bedeutet –
psychologisch gesehen – die Suche nach dem Namen des Männchens.
Ohne den drohenden Verlust des Kindes wäre sie wohl nicht gezwungen gewesen, ihre Haltung zu untersuchen, in Frage zu stellen, zu
korrigieren.

Das Kind der Müllerstochter ist mein erstes Lieblingskind. Es hat
mich dazu gebracht zu verstehen, warum ich eine Zeitlang große
Schwierigkeiten mit unseren Kindern hatte – weil ich sie nämlich,
ohne es zu merken oder zu wollen, partiell ebenso unter Druck gesetzt habe, wie ich als Kind unter Druck gesetzt worden war. Ein halbes Leben hat es gedauert, bis ich verstand, warum »Rumpelstilzchen« nicht nur das Lieblingsmärchen meiner Kindheit war, sondern
in seiner Wirkung weit in mein Leben als Erwachsene hineinreichte.
Erst als ich »Unterdrückung und Selbstunterdrückung« als ein wichtiges Thema für mich begriff und mich damit auseinandersetzte, verlor sich das Gefühl der Verzweiflung darüber, daß die Kinder sich mir
immer mehr entfremdeten. Das Blatt wendete sich.

Dieses Beispiel habe ich gewählt, weil ich eine subjektive, aber unbezweifelbare Erfahrung an den Anfang dieser Ausführungen stellen will, um die Wirkung des Märchens nicht nur auf Kinder, sondern vor allem auf Erzählerinnen und Erzähler darzulegen. *Denn niemand setzt sich der Wirkung und damit auch der Wirklichkeit des Märchens so radikal aus wie die Erzähler.*

Schon beim bloßen Zuhören, schon als Kinder entwickeln wir alle nach und nach ein Gefühl für Konsequenzen im Märchen. Der Zusammenhang mit den Konsequenzen im Leben wird uns allerdings erst im Laufe der Zeit klar, wenn wir als Erwachsene uns dem Märchen wieder zuwenden. Nun haben wir eigene Lebenserfahrungen gesammelt, die wir in den Bildern und Gestalten der Märchen wiederfinden, die wir darin aufgehoben finden. Diese Analogien, die uns das Märchen anbietet, führen uns immer wieder auf den Weg zur Erkenntnis von Lebenszusammenhängen.

Um wieviel mehr gilt das für Menschen, die sich beim Lernen und Erzählen eines Märchens – vieler Märchen – mit deren typischen Strukturen und Entwicklungsprozessen auseinandersetzen müssen! Unser Blick wird geschärft, wir erkennen immer leichter die Parallelen zwischen Motiven und Handlungssträngen in den Märchen und in unserem eigenen Schicksalsgefüge. Neben der Lust am Erzählen ist dieses Gefühl der *Erweiterung unseres Bewußtseins und unserer Wahrnehmungsfähigkeit* eine starke Motivation, unseren Weg als Erzähler weiterzugehen.

Aber nun zurück zu den Auswahlkriterien der Erzählerinnen und Erzähler, zu den Lieblingskindern. Vielleicht fasziniert uns nicht immer gleich das gesamte Märchengeschehen, es kann auch ein ganz besonderes Bild in einem Märchen sein, das unsere Anteilnahme weckt. Abgesehen von den starken, aber gängigen Bildern wie dem schlafenden Dornröschen oben in der Kammer oder dem Küchenjungen unten in der Schloßküche, der gerade vom Koch eine Ohrfeige bekommt, abgesehen von Schneewittchen im gläsernen Sarg mit den sieben trauernden Zwergen rundum und von den vielen anderen bekannten Motiven der Grimmschen Sammlung, gibt es in den Überlieferungen fremder Völker wahrlich ebenso faszinierende Bilder von Märchenkindern, die unsere Phantasie beflügeln, uns besonders berühren und einladen, ihre Geschichte zu erzählen.

Das Bild der liebenswerten norwegischen Königstochter gehört für mich dazu, die von einem wunderbaren goldenen Kranz träumt und schwermütig wird, weil sie ihn nirgends bekommen kann, und die dann im Wald einem weißen Bären begegnet, der diesen erträumten Kranz zwischen den Tatzen hat und damit spielt. Später wird er sich als »Der weiße Bär König Valemon« entpuppen, mit dem ihr Schicksal unauflöslich und wie zu einem Kranz verbunden ist. Er trägt sie auf seinem Rücken und fragt: »Bist du jemals weicher gesessen? Hast du jemals klarer gesehen?« – »Nein, niemals!« sagt sie. »Ja, du bist die Rechte!« sagt der weiße Bär König Valemon. Trotzdem schaut sie ihn verbotenermaßen des Nachts in seiner menschlichen Gestalt an, er erwacht und verläßt sie in Bärengestalt. Ihre Suchwanderung erreicht den Höhepunkt, als ihr ein Schmied Klauen an Hände und Füße schmiedet, damit sie einen großen steilen Berg erklimmen und ihren Liebsten aus den Fängen einer Hexe erlösen kann.

Die Spannung zwischen dem Anfangsbild der schwermütigen kindlichen Prinzessin und dem dramatischen Schicksalsweg der jungen Frau, die Spannung zwischen Licht und Schatten in ihrem Wesen zeigt uns deutlich die Entwicklung: Sie muß heraus aus der depressiven Grundhaltung. Der goldene Kranz in ihrem Traum ist eine Verheißung, daß ihr Leben gelingt, wenn sie der Schicksalsspur kompromißlos folgt. Als der Bär sie zur Frau begehrt, antwortet sie, »sie könne nun einmal nicht ohne den Kranz leben, und da sei es einerlei, wohin sie käme und wen sie heiratete, wenn sie nur den Kranz hätte«. Die Wahrheit dieser Aussage steht außer Frage. Sie will lieber ein schweres – ihr eigenes schweres – Schicksal erleiden, als in der blockierenden Depression verharren. Für diesen Mut zum eigenen Schicksal liebe ich sie.

Immer wieder fasziniert bin ich vom Bild eines anderen norwegischen Königskindes, des wilden, unangepaßten Mädchens mit dem liebevollen Herzen, von dem gesagt wird: »Und die Königin gebar eine Tochter, die ritt auf einem Ziegenbock und hatte einen Kochlöffel in der Hand, und kaum war sie auf der Welt, da rief sie schon ›Mama!‹ – ›Gott helfe mir, wenn ich deine Mama sein soll!‹ sagte die Königin. ›Mach dir nichts daraus, Mama, gleich kommt noch eins, das ist schöner!‹«

Zottelhaube wird sie genannt, »weil ihr eine graue, häßliche Haube in Zotteln ins Gesicht hängt«. Was für ein Bild! Aber mit dieser Haube hat es etwas ganz Besonderes auf sich, es ist eine »Glückshaube«, wie der Volksglaube sie nennt, nämlich ein Stück der Placenta. Nur ein Kind, das mit den Füßen voran zur Welt kommt, kann ein Stück der Placenta auf dem Kopf haben, und eine solche Geburt ist sehr kompliziert und für Mutter und Kind gefährlich, wie jede Hebamme bestätigen wird. Ein Kind, das so eine Geburt übersteht, ist nach weitverbreitetem altem Volksglauben ein Glückskind. Bei den Eskimos gilt ein solches Kind als geborener Schamane, es hat schon durch die Geburt seine Initiation, seine Einweihung erfahren, hat die Konfrontation mit dem Tod bereits bestanden. So haben wir mit Zottelhaube nicht nur ein lang ersehntes Kind vor uns, wie in vielen Märchenanfängen gesagt wird, um auf eine außergewöhnliche Gestalt mit einem außergewöhnlichen Schicksal hinzuweisen. Zottelhaubes Wesen ist von Geburt an geprägt von einem siegreichen Durchsetzungsvermögen, von vitaler Kraft und Energie. Wenn aber Mutter und Kind gemeinsam eine so schwere Geburt durchgemacht haben, sind sie auch für ihr ganzes Leben eng miteinander verbunden, in Liebe oder Abneigung. Und da müssen wir uns nicht wundern, wenn die pubertäre Ablösung besonders dramatisch ausfällt, wie wir es im Märchen erleben, wenn Zottelhaube sich mit den Trollhexenaspekten ihrer königlichen Mutter herumschlägt.

Dieses Lieblingskind hat mich lange Zeit beschäftigt. Mit Wonne identifizieren sich Mädchen vom zweiten oder dritten Schuljahr an mit dieser Gestalt, die anfangs noch ganz aus dem Widerspruch und gegen jede Anpassung lebt, aber im Grunde liebevoll und hilfsbereit ist. Im Mythos gibt es eine Mutter-Tochter-Beziehung, die zu unserem Märchen genau paßt: Artemis, die spröde göttliche Jägerin, jungfräulich und unabhängig durch die Wälder streifend, wurde auch als erste von Zwillingen geboren und half unmittelbar danach ihrer Mutter Leto bei der Geburt des Apollon.

Zottelhauben liegen mir besonders am Herzen, ich kenne einige davon sehr gut und weiß, wie sie sich danach sehnen, gefragt zu werden: »Warum reitest du auf diesem häßlichen Bock? Warum reitest du mit diesem häßlichen Kochlöffel, mit dieser häßlichen grauen Haube?« Und dann zeigen sie glückstrahlend ihre andere Wesensseite, das edle Pferd, in das sich der Trotzbock verwandeln kann, den eleganten, ja koketten Fächer, die edelsteinbesetzte Brautkrone auf dem stolz erhobenen Kopf. Endlich fühlen sie sich erkannt, endlich können sie die Arme ausbreiten und tanzen und ihr Herz sprechen lassen.

Ein anderer mir sehr nahestehender Liebling ist das Glückskind aus der Grimmschen Sammlung, das mit einer Glücks*haut* auf die Welt kommt und in seinem Leben immer abwechselnd bedroht und vor Unheil bewahrt wird. Diese Glückshaut ist nichts anderes als die Fruchtblase, die das Kind einerseits schützt, andererseits aber rechtzeitig geöffnet werden muß, damit das Kind nicht erstickt. Bedrohung und Bewahrung also als Lebensthema von der Geburt des Glückskindes an.

Am Ende bringt es die drei goldenen Haare des Teufels aus der Hölle mit, vor allem aber das Wissen um die Ursache von Mißständen im Reich des habgierigen Königs. Dieser König ist der einzige Mensch, der dem Glückskind nicht wohlgesinnt ist, und zwar aus Angst vor der prophezeiten Nachfolge auf seinem Thron. Das Glückskind bezaubert offenbar alle, die ihm begegnen, alle vertrauen ihm, und alle werden seine Helfer, wenn es nottut, sogar die Räuber! Seine entwaffnende Offenheit gipfelt in der Antwort auf die Frage, warum es in die Hölle gekommen sei: »Ich brauche drei goldene Haare vom Haupte des Teufels, sonst kann ich meine Frau nicht behalten.« Diese Haltung macht ihm des Teufels Ellermutter zur Freundin; ich sehe ihn vor ihr stehen, wie er sich in ihre Hand gibt und wie sie sich ihm zuneigt, wie sie ihn in eine Ameise verwandelt und in ihren Rockfalten versteckt – ein Bild, das keinen Zweifel am Gelingen seiner Aufgabe läßt.

Und daneben sehe ich einen kleinen indischen Buben vor mir, Adoptivsohn deutscher Eltern, der dieses Märchen im Kindergarten hörte und der später in der Schule, als er wegen seiner dunklen Haut gehänselt wurde, siegessicher antwortete: »Das ist eine Glückshaut, ich weiß alles!«

Oder ich lasse mich von Mjadweig an die Hand nehmen, von der isländischen Verwandten unseres Aschenputtels, im Traum von ihrer toten Mutter zu einem kleinen Häuslein geschickt, an einen Ort, von dem gesagt wird:

> »Dort ruft der Kuckuck, dort sprießt der Lauch,
> dort fährt der Widder aus seiner Haut.«

Bei diesem Häuschen, wo immer Frühling ist, wo alles neu und jung und am Anfang ist, dort sehe ich sie, wie sie dieses Häuslein *dreimal mit der Sonne und dreimal gegen den Sonnenlauf* umrundet, wie sie dabei jedesmal den Schlüssel an der Tür berührt, um sie endlich zu öffnen. Ganz nah bei diesem Kind, bin ich ganz bei mir, fühle mich selber wie ein Kind und atme wie Mjadweig glücklich aus und ein an diesem von der Mutter geschenkten Ort. Dies ist der Ort, wo alles wieder neu beginnt, hier ist das Ziel der Heimkehr von Hänsel und Gretel, von Rotkäppchen, von den sieben Raben samt ihrer Schwester, von Fundevogel und Lenchen, hierher kommt Hans im Glück, wenn er allen Ballast abgeworfen hat, um ein neues Leben zu beginnen. Ich gedenke meiner Mutter, zu der ich immer wieder gern heimgekommen bin, die mir Zeit ihres Lebens Vertrauen und Liebe geschenkt hat. Bei ihr war das Kind in mir immer ganz bei sich, konnte ausruhen und Kraft schöpfen.

Wieder taucht ein Bild vor mir auf, das Bild des kindlichen Edelfräuleins aus dem französischen Märchen »Goldfuß«, wie es dem Goldschmiedelehrling bei der Arbeit zuschaut und wie es ihm die magische Halskette zur Verlobung auf Leben und Tod abverlangt: »Lehrling, schmiede mir diese schöne goldene Kette.« Sieben Jahre wird sie wie eine Tote in der Gruft liegen und auf seine Rückkehr warten »in ihrem Hochzeitskleid, mit dem Schleier und dem Kranz aus Orangenblüten auf dem Kopf und mit einem Strauß weißer Rosen am Gürtel«.

Was für ein Kind-Frauenbild! Ich fühle Trauer und Wehmut, wenn ich dieses poetische Bild sehe, und begehre gleichzeitig auf gegen ein solches Opfer. Und doch weiß ich aus Erfahrung, daß es vielen jungen Frauen als Schicksal auferlegt ist, einen wichtigen Aspekt ihres Lebens jahrelang zurückzustellen und zu warten, bis die Zeit für die eigene Weiterentwicklung wiedergekommen ist. Wunderbarerweise bleibt das Kräftepotential für diese Aufgabe während der langen Wartezeit bei vielen Frauen jung und unverbraucht, genau wie das schlafende Mädchen im Märchen. Aber es kommt entscheidend darauf an, den richtigen Zeitpunkt für einen Neubeginn nicht zu verpassen.

Wenn ich an den Lehrling Goldfuß im Turm der Ausbeutung denke, fühle ich aber auch, wie schwer das Schicksal eines jungen Mannes ist, dessen weibliche Wesensseite sieben Jahre nicht leben, sich nicht entwickeln darf, gerade in der Zeit zwischen Kindheit und Erwachsensein. Und ich denke, wie traurig solche Jahre für junge Frauen wie für junge Männer sind. Dann wünsche ich den jungen Paaren in meinem Umkreis, daß sie einander nicht verlieren, wenn diese schweren Zeiten vorüber sind, sondern sich an ihr Versprechen erinnern, das am Anfang über ihrer Liebe stand, und wünsche ihnen Geduld und Vertrauen in ihr Schicksal.

Das Bild eines kleinen Indianerjungen taucht in der Galerie meiner Märchen-Lieblingskinder auf. Sein Vater hatte einst eine Begegnung mit einem Bärenjungen, dem er sein Wampum umhängte, mit ihm spielte und darum bat, seine Angehörigen möchten dem Menschenkinde einmal ebenso freundlich begegnen. Der kleine Junge, der bald darauf geboren wird, ist anders als die übrigen Kinder des Dorfes, ich sehe ihn als kleinen Einzelgänger, wie er abseits geht und zum Bärengeist betet. Später wird er ein geschätzter Krieger. Bei einem Kampf verliert er seinen Skalp, wird aber von einem Bärenpaar aufgefunden und gesund gepflegt. Der Bärenvater weiht ihn in alle Weisheitslehren der Bären ein und lehrt ihn den Bärentanz. Heimkehrend bringt er seinem Volk das Bärentotem und wird der berühmteste Häuptling der Arikara. Als er stirbt, stirbt auch sein Totemtier.

Dieses Lieblingskind ist mir nahe durch seine Verbindung mit dem Naturgeist, wie er im Bären mit all seiner Weisheit verkörpert ist. Ernst ist so einer schon als Kind, oft allein, oft außenstehend, und zum Ausgleich tut er sich vor seinen Altersgenossen hervor, setzt sich besonders für die Belange der Allgemeinheit ein, setzt sich mancher Gefahr aus. Das heroische Grundmuster seines Schicksals steht im Einklang mit seiner Fähigkeit, in der Natur den Geist der Schöpfung wahrzunehmen und verborgene Zusammenhänge zu erkennen. Ich weiß, solche begabten Jungen und Mädchen sitzen in vielen Klassenzimmern, ich sehe beim Erzählen in ihre ernsthaften Augen und spüre ihr schicksalhaftes Anderssein.

Ein neues Bild erscheint: »Fundevogel«, das Findelkind oben auf dem Baum, das der Förster herunterholt und mit seinem Lenchen zusammen aufzieht. Aber ganz besonders anrührend ist in diesem Märchen noch etwas anderes, nämlich die Wechselrede der beiden Kinder: »Fundevogel, verläßt du mich nicht, so verlaß ich dich auch nicht.« – »Nun und nimmermehr.« Die Unverbrüchlichkeit ihres Versprechens macht, wie ich weiß, die beiden Kinder zu Lieblingen fast aller Erzählerinnen.

Und damit sind wir bei einer anderen Kategorie der Auswahl eines Märchens, zur Kennzeichnung eines Lieblings: bei Wort und Reim. Ich glaube, wir Erzähler lassen uns gern vom Zauberwort im Märchen anrühren. »Was macht mein Kind? Was macht mein Reh? Nun komm ich noch einmal und dann nimmermehr.« – – »Künde, Bruder, was willst du ihr künden?« – »Daß sie jeden Tag schöner wird, daß ihr bei jedem Wort ein Diamant, ein Rubin und eine Perle aus dem Mund fallen, daß Gold und Silber aus ihrem Haar fallen, wenn sie sich kämmt.« – – »Du Fitchers Vogel, wo kommst du her?« – »Ich komme von Fitze Fitchers Hause her.« – »Was macht denn da die junge Braut?« – »Hat von unten bis oben gekehrt das Haus und guckt zum Bodenloch heraus.« – – »Tritt mir auf den rechten Fuß, schau mir über die linke Schulter und sag mir, was du siehst!« – »Eine große dunkle Wolke!« – – »Wem gehört der schöne große Wald?« – »Der gehört dem König Drosselbart; hättst du ihn genommen, so wär er dein!« – »Ich arme Jungfer zart! Ach hätt ich genommen den König Drosselbart!« Die Königstochter in diesem Märchen liebe ich auch. An ihrer Gestalt ist mir klargeworden, wie genau wir hinschauen müssen, wenn wir spätere Umwertungen von Märchen erkennen wollen, die teils aus Unwissenheit, teils absichtlich manipuliert wurden. Mir scheint, diese Königstochter ist eine späte Nachfahrin der Turandot. Die ursprüngliche geistige Überlegenheit der Rätselprinzessin ist zur bloßen Überheblichkeit eines verwöhnten jungen Mädchens gemacht worden, an der ein abgewiesener Freier sein Mütchen kühlen darf. Und der Vater König spielt mit. Verkehrte Welt! Meine Liebe zu der »armen Jungfer zart« schließt die Hochachtung vor der ursprünglichen Gestalt durchaus mit ein.

Wir sehen also: Sehr oft kristallisiert sich unsere Anteilnahme, unser Interesse und unsere Liebe um eine Märchenfigur, die wir auf Anhieb ins Herz schließen. Es kann uns aber auch, ganz im Gegenteil, eine fremde, faszinierende Gestalt anziehen, deren Wesen sich erst nach und nach erschließt. Gerade diese Figuren, die uns zunächst fremd sind, von denen wir aber magisch angezogen werden, fordern uns als Erzähler heraus. Sie appellieren an unser Einfühlungsvermögen, wir müssen unserer Phantasie Raum geben und unser Wissen befragen, um ihren Schicksalsweg mit all seinen Stationen zu verstehen. Zu diesen Figuren gehört für mich Mrile vom Stamme der Dschagga in Ostafrika – Kind, Kulturbringer und tragischer Heros in einer Gestalt.

Die Geschichte von Mrile

Ein Mann bekam im Laufe der Zeit drei Söhne. Gut, und der älteste ging mit der Mutter, Kolokasienknollen ausgraben. Da sah er einen Knollen und sagte: »Ei, dieser Kolokasienknollen ist so schön wie mein kleiner Bruder.« Seine Mutter sprach zu ihm: »Wie kann ein Samenknollen so schön sein wie ein Menschenkind?« Er aber versteckte den Knollen, und die Mutter band die Kolokasien zusammen zum Heimtragen. Und er versteckte den Samenknollen in einem hohlen Baum. Dann sprach er den Zauberspruch: »Msura kwivire-vire tsa kambingu na kasanga.«

Anderntags ging er wieder hin. Da war der Steckling zu einem Kind geworden. Immer wenn seine Mutter Essen kochte, brachte er es dem Kind. So trug er ihm jeden Tag Essen zu, er selbst aber magerte ab. Sein Vater und seine Mutter sahen, wie er abmagerte und fragten ihn: »Mrile, woher kommt es, daß du immer magerer wirst? Wo bleibt das Essen, das wir immer kochen? Deine jüngeren Brüder sind doch nicht so mager geworden.«

Eines Tages erhielt Mrile beim Essen seine Portion aufgelegt, aß sie aber wieder nicht, sondern trug sie fort. Seine Brüder folgten ihm von ferne und belauerten ihn. Da sahen sie, wie er das Essen in eine Baumhöhle schaffte. Sie kehrten nach Hause zurück und sagten zur Mutter: »Mrile bringt sein Essen einem kleinen Kind, das in einem hohlen Baum wohnt.« Sie erwiderte: »Wie kann ein Kind in einer Baumhöhle wohnen?« Da sagten sie: »Komm, wir wollen dir den Weg dorthin zeigen.« Sie führten die Mutter zu dem Baum, und sie überzeugte sich, daß tatsächlich eine kleines Kind in der Höhlung war. Und sie tötete es.

Als Mrile sein Essen wieder zu dem Baum trug, fand er das Kind nicht mehr. Er kehrte nach Hause zurück und gab sich dem Weinen hin. Da fragten sie:»Mrile, warum weinst du?« Er antwortete:»Es ist der Rauch.« Da sagten sie zu ihm:»Setz dich hierher an die untere Seite des Feuers.« Er gab sich aber weiter dem Weinen hin. Sie fragten ihn:»Warum weinst du immerzu?« Er sagte:»Es ist nur der Rauch.« Darauf sagten sie:»Nimm dir deines Vaters Stuhl und setz dich damit auf den Hof!« Er nahm den Stuhl, setzte sich in den Hof und gab sich weiter dem Weinen hin. Dann sprach er:»Stuhl, wachse in die Höhe wie das Seil meines Vaters, mit dem er das Honigfaß aufhängt im Urwald und in der Steppe.« Da stieg der Stuhl in die Höhe, blieb aber an einem Baum hängen. Und Mrile sprach abermals:»Stuhl, wachse in die Höhe wie das Seil meines Vaters, mit dem er das Honigfaß aufhängt im Urwald und in der Steppe!« Da löste sich der Stuhl von dem Baum und stieg weiter auf. Seine Brüder kamen auf in den Hof und sahen, wie er in die Höhe fuhr, liefen zur Mutter und riefen:»Mrile ist zum Himmel aufgefahren.« Sie aber sprach:»Wie könnt ihr sagen, daß euer ältester Bruder zum Himmel aufgefahren ist? Gibt es denn einen Weg, auf dem er in die Höhe stieg?« Sie sagten:»Komm und sieh selbst!« Da kam seine Mutter auf den Hof und sah ihn in der Höhe. Und seine Mutter rief:

>»Mrile, kehr zurück,
> kehr zurück, mein Kind!«

Mrile aber gab zur Antwort:

>»Ich kehr nicht mehr zurück,
> ich kehr nicht mehr zurück,
> Mutter, und ich,
> ich kehr nicht mehr zurück.«

Da kam sein Vater auf den Hof und sagte:

>»Mrile, da ist deine Speise,
> Mrile, da ist's!
> Mrile, da ist deine Speise!«

Er aber antwortete:

>»Ich will nicht mehr,
> ich will nicht mehr,
> mein Vater, und ich,
> ich will nicht mehr!«

Da kamen seine jüngeren Brüder und sangen:

>»Mrile, komm nach Hause,
> komm nach Hause!
> Mrile, komm!
> Komm nach Hause!«

Er aber sang zur Antwort:

>»Und ich,
> ich komm nicht mehr zurück,
> ich komm nicht mehr zurück,
> und ich,
> ich komm nicht mehr zurück.«

Und er entschwand, so daß sie ihn nicht mehr sahen.

Später traf er auf Holzsammler. Er grüßte sie: »Ihr Holzsammler, guten Tag! Zeigt mir doch den Weg zum Mondkönig.« Sie sprachen zu ihm: »Sammle etwas Holz für uns, dann wollen wir dir den Weg zeigen.« Da schlug er für sie Brennholz, und sie sagten ihm: »Geh nur so weiter, dann triffst du auf Grasschneider.« Darauf ging er weiter und traf auf Grasschneider, mähte etwas Gras für sie, und sie schickten ihn weiter zu den Ackernden. Mrile ackerte für sie, und sie schickten ihn weiter zu den Hirten. Da hütete er den Hirten eine Weile das Vieh, und sie wiesen ihn weiter zu den Leuten, die Bananenstauden suchten. Er half ihnen suchen, da schickten sie ihn weiter zu den Wasserträgern, und die wiesen ihm den Weg zu den Leuten, die eben bei sich zu Hause aßen. »Ihr Hausbesitzer, seid gegrüßt! Zeigt mir doch den Weg zum Mondkönig!« – »Iß da etwas, dann wollen wir dich hinweisen.«

Gut, er ging weiter und traf auf Leute, die rohe Speisen aßen. Bei ihnen war auch der Mondkönig. Und Mrile fragte sie: »Warum kocht ihr nicht mit Feuer?« Sie aber sagten: »Was ist das, Feuer?« Mrile sagte: »Man kocht damit die Speise, bis sie gar ist.« Sie erwiderten: »Wir wissen nichts vom Feuer, Herr!« Da sagte er zu ihnen: »Wenn ich euch auf dem Feuer wohlschmeckendes Essen bereite, was gebt ihr mir dann?« Der Mondkönig sprach: »Wir werden dich mit Rindern und Kleinvieh bezahlen.« Und Mrile sagte ihnen: »Sammelt viel dürres Brennholz, dann will ich das Feuer bringen.« Da sammelten sie Brennholz. Mrile aber ging mit dem Mondkönig hinter das Haus, wo sie nicht gesehen wurden. Mrile brachte einen Feuerquirl und ein Feuerbrettchen hervor und schlug Feuer, da hinter dem Hause. Sie zündeten Holz an, und er legte grüne Bananen hinein, zum Rösten. Dann sagte er zu dem Mondkönig: »Koste diese Bananen, die ich im Feuer geröstet habe.« Der Mondkönig aß eine Banane, und sie schmeckte ihm. Darauf setzte Mrile Fleisch an und sagte zu ihm: »Iß auch von dem gebratenen Fleisch!« Und es schmeckte dem Mondkönig sehr gut. Da kochte Mrile alle eßbaren Dinge der Reihe nach, und der Mondkönig ließ die Leute rufen und sprach: »Wir wollen diesem Mann sein Feuer abkaufen.« Sie fragten ihn: »Was sollen wir ihm geben?« Er aber sagte: »Einer bringe ein Rind, einer bringe eine Ziege, einer bringe Sachen aus dem Speicher.« Da schafften sie alle diese Dinge heran. Und Mrile teilte ihnen Feuer aus, auf dem sie ihre Speisen kochen gingen.

Mrile aber überlegte: Wie kann ich nun wieder heim gelangen, wenn ich nicht vorher eine Botschaft sende? Er rief alle Vögel, und sie kamen an den Ort, wo er sich befand. Da fragte er den Raben: »Wenn ich dich als Boten in meine Heimat sende, was wirst du dort sagen?« – »Ich werde sprechen: kraa, kraa!« Da jagte er ihn fort, und die Taube kam. »Du, Taube, was wirst du sagen, wenn ich dich sende?« – »Ich werde rufen: kuruu, kuruu, kuruu!« Da jagte er sie weg, und der Nashornvogel kam. »Du, Nashornvogel, wenn ich dich sende, was wirst du dort sagen?« – »Ich werde sagen: ngaa, ngaa, ngaa!« Er jagte ihn fort, und der Habicht erschien. »Du, Habicht, wenn ich dich als Boten in die Heimat sende, was willst du dort sagen?« – »Tschiri-i-i-o! Tschiri-i-i-o!« Da jagte Mrile den Habicht fort. Und er prüfte alle Vögel der

Reihe nach, ohne einen zu finden, der etwas verstand. Endlich rief er die Spottdrossel. »Du, Spottdrossel, wenn ich dich sende, was wirst du ausrichten?« Sie sprach:

»Mrile wird kommen übermorgen,
den Tag nach morgen,
Mrile wird kommen übermorgen,
den Tag nach morgen,
den Tag nach morgen.
Heb ihm Fett auf im Löffel!
Heb ihm Fett auf im Löffel!«

Da sagte er ihr: »So flieg du!« Die Spottdrossel flog davon, kam zum Hof von Mriles Vater und rief:

»Der Mrile läßt dir sagen:
Er wird kommen übermorgen,
den Tag nach morgen,
er wird kommen übermorgen,
den Tag nach morgen.
Heb ihm auf Fett im Löffel!«

Mriles Vater ging auf den Hof und fragte: »Was ist denn das für ein Ding, das hier im Hof schreit und mir sagt, daß Mrile übermorgen kommen wird? Er ist doch schon lange verlorengegangen.« Er vertrieb die Spottdrossel, und sie verschwand. Sie flog zu Mrile und sagte: »Ich bin dort gewesen.« Mrile aber sprach zu ihr: »Nein, du bist nicht da gewesen. Wenn du hingekommen bist, was fandest du dort in meiner Heimat?« Und er sagte weiter: »Flieg zum zweitenmal, und wenn du hingelangst, raffe meines Vaters Stock auf und bring ihn mir, damit ich erkenne, daß du dort warst.« Die Spottdrossel kehrte zurück, raffte den Stock auf und trug ihn fort. Die Kinder dort im Haus sahen sie, konnten ihr aber den Stock nicht entreißen. Und sie brachte ihn Mrile. Da wußte Mrile, daß sie wirklich dort gewesen war.

Nun sagte Mrile: »Ich will mich also auf den Heimweg machen.« Man ließ ihn ziehen mit seiner Herde. Auf dem Weg aber wurde er müde. Und er hatte einen Stier in seiner Herde, und der Stier sprach zu ihm: »Ich sehe, du bist müde. Was tust du mir, wenn ich dich trage? Wenn ich dich jetzt auf den Rücken nehme, wirst du mich dann verzehren, wenn man mich schlachtet?« Mrile sprach zu ihm: »Nein, ich werde dich nicht verzehren.« Dann bestieg er den Rücken des Stiers. Singend zog er nach Hause:

»Nichts fehlt an Gütern,
die Rinder sind mein, juchhe!
Nichts fehlt an Gütern,
das Kleinvieh ist mein, juchhe!
Nichts fehlt an Gütern,
der Mrile kommt heim, juchhe!
Nichts fehlt von Gütern.«

Als er daheim ankam, rieben Vater und Mutter ihn mit Fett ein. Und Mrile befahl ihnen: »Diesen Stier sollt ihr füttern, bis er alt wird. Auch wenn er (dann) geschlachtet wird, werde ich sein Fleisch nicht essen.« Der Stier wurde alt, und der Vater schlachtete ihn. Da sagte die Mutter: »Soll dieser Stier, mit dem mein Sohn so viel Mühe hatte, gegessen werden, ohne daß er etwas davon bekommt?« Und sie verbarg das Fett, sie verbarg es im Honigtopf. Als das Fleisch aufgegessen war, mahlte sie Mehl, nahm das Fett und gab es dazu. Sie brachte es ihrem Sohn, und Mrile kostete. Als er mit dem Mund kostete, da redete das Fleisch mit ihm: »Du wagst von mir zu essen, obwohl ich dich auf dem Rücken getragen habe?« Und es fuhr fort: »Werde also verzehrt, wie du mich verzehrst!« Da sang Mrile:

»Meine Mutter, ich hab dir gesagt,
reich mir nicht das Fleisch vom Stier!«

Als er zum zweitenmal kostete, versank sein Fuß. Und er sang:

»Meine Mutter, ich hab dir gesagt:
reich mir nicht das Fleisch vom Stier!«

Dann aß er das Mehl vollständig auf. Plötzlich versank er. Hier ist die Geschichte zu Ende.

Mrile ist ein Kind, das die Welt begreift und erlebt als magischen Raum, in dem alles – Pflanze, Tier und Menschenkind – gleichwertig und alles möglich ist, in dem vor allem ihm selbst alles möglich ist. Vergangenheit, Gegenwart und Zukunft sind eins, Mrile kann ein Kind zeugen durch Zauber, kann das Kind schützen und nähren. In dieser magischen Lebensphase geht all seine Energie in die Phantasie, er selbst magert ab. Und nun die Mutter: eine Mutter, die vergessen hat, wie ein Kind fühlt und denkt, was ein Kind eigentlich ist, welches Potential an Zukunft in jedem Kind steckt. Sie selber lebt in einer Gegenwart, die von der kollektiven Vergangenheit – also vom kleingeschriebenen »man« – regiert wird, festgezurrt an der äußeren Schale der Realität. Ihre Alltagsmentalität läßt nur Alltagserfahrungen gelten, es zählen nur überlieferte Meinungen, in denen alles festgeschrieben ist. Deshalb reagiert sie böse und destruktiv, sobald ihr Kind phantasiert und aus dem kollektiven Rahmen fällt. Sie tötet Mriles Kind, das heißt, sie tötet sein Zukunftpotential an Phantasie, seine schöpferischen Impulse, sein alter ego. Damit stößt sie ihn in eine tiefe Trauer, die in eine seelische Krise umschlägt und ihn für lange Zeit der Familie entzieht. Niemand kann ihn zurückholen.

Diese Krise wird im Märchen als eine Reise zum Mond erzählt, sie ist nichts weniger als eine schamanische Jenseitsreise. Der Initiationsbaum fehlt ebensowenig wie die Hilfsgeister, für die er arbeitet und die ihm dafür den Weg weisen. Er bringt den Mondleuten das Feuer und lehrt sie den Umgang damit, bringt so den wärmenden, befruchtenden Geist der Erde zu dem kalten Gestirn. Ich erinnere daran, daß »Luna« fast überall als weibliches Gestirn gilt, und so können wir annehmen, Mrile braucht die Erfahrung und tut alles dafür, daß das bisher so kalte Weibliche, Mütterliche erwärmt werden kann.

Nun schlägt das Märchen in eine Ätiologie um: Der Mondkönig kostet zuerst eine geröstete Banane, die uns in ihrer Form an die Neumondsichel erinnert, und indem Mrile ihm nach und nach alle möglichen Speisen kocht und brät, füttert er den Mond, so daß er zunimmt (und es ist sehr wahrscheinlich, daß auch Mrile selbst wieder zunimmt). Für das Feuer bekommt er von den Mondleuten Fruchtbarkeit und Reichtum in Form einer großen Herde von Rindern und Kleinvieh und Getreidevorräten, und nachdem er seine Heimkehr dem Vater angekündigt hat, macht er sich auf den Rückweg. Ein wunderbar starker Stier – seine ihm wiedergeschenkte Energie – trägt ihn, als er müde wird. Der Stier fordert: »Niemals darfst du mich essen!«, d.h., niemals darfst du *vergessen*, daß du von mir getragen wirst, seit wann und unter welchen Umständen ich dich trage. Du darfst nicht vergessen, was deine Energie aufzehrt. Es ist gefährlich, zu deiner Mutter zurückzukehren, deren Haltung schon früher deine Energie aufgezehrt hat. Der Stier unterwirft Mrile einem Tabu. Dieses Tabu soll ihn schützen. Hier wird die soziale Funktion des Tabus offenbar.

Mrile will sich in acht nehmen, er erklärt, daß er vom Fleisch dieses Stieres niemals etwas essen wird; aber nachdem der Stier altershalber geschlachtet wurde, versteckt die Mutter einen Rest Fett – zur Tarnung im Honigtopf des Vaters. Erschütternd sind ihre Worte, die alles auf den Kopf stellen: »Soll dieser Stier, mit dem mein Sohn soviel Mühe hatte, gegessen werden, ohne daß er etwas davon bekommt?« Sie wartet, bis alles übrige Fleisch des Stieres aufgezehrt ist. Dann gibt sie Mrile von dem Fett zu essen. Da sagt es: »Du wagst, von mir zu essen, obwohl ich dich auf dem Rücken getragen habe?« Und fährt fort: »Werde also verzehrt, wie du mich verzehrst!« Mrile versinkt in der Erde. »Meine Mutter, ich hab dir gesagt, reich mir nicht das Fleisch vom Stier!«

Der Tabubruch – auch der unbewußte – führt immer zum Tode. So endet die tragische Geschichte meines afrikanischen Lieblingskindes. Nicht immer haben die Märchen ein gutes Ende, aber immer ein konsequentes.

Auch in unserem Kulturkreis gibt es tragische Märchen. Gottlob überwiegen aber bei uns die positiven Zaubermärchen, deren Gestalten aus ihren Schwierigkeiten herausfinden. Sie ermutigen uns, ebenfalls nicht aufzugeben, sind Vorbilder und Weggefährten. Indem wir uns im Erzählen mit ihnen verbinden, werden uns manche Märchenfiguren immer wichtiger und liebenswerter, je öfter wir ihr Schicksal durch uns hindurchgehen lassen. Sie gehören immer mehr zu uns, je deutlicher wir ihre Gestalt erfassen, je eindringlicher wir ihr Wesen erfühlen und erkennen. In der Rückschau, oft erst nach Jahren, begreifen wir, warum wir von einer Märchengestalt und ihrer Entwicklung so angetan waren: Jetzt sehen wir in Wahrheit den Zusammenhang mit unseren eigenen Entwicklungsschritten, die uns von einer schwierigen Ausgangssituation wegführten in einen Reifungsprozeß hinein, wie er in den Bildern und Gestalten des Zaubermärchens Ausdruck findet.

Von solchen vertrauten und faszinierenden Märchengestalten habe ich erzählt. Von meinen Lieblingskindern schlage ich eine Brücke des Verständnisses und der Liebe zu all den vielen Kindern, die mir im Leben und beim Märchenerzählen nahegekommen sind – und zu den Tausenden, denen unsere reiche Welt nicht helfen, die sie nicht ernähren kann.

Literaturnachweis der Märchen

»Der weiße Bär König Valemon«. In: *Norwegische Volksmärchen*, Märchen der Weltliteratur (MdW). München: Diederichs 1967.
»Zottelhaube« ebda.
Grimm, KHM 55, 29, 52, 51.
»Mjadweig«. In: *Isländische Volksmärchen*, MdW. Jena: Diederichs 1923.
»Goldfuß«. In: *Französische Märchen*, MdW. Düsseldorf: Diederichs 1969.
»Wie der Bärentanz entstand«. In: *Nordamerikanische Indianermärchen*, MdW. Düsseldorf: Diederichs 1963.
»Das Märchen von Mrile«. In: *Kolodumo – Märchen aus Afrika.* Hrsg. vom Märchen-Lektorat. München: Diederichs 1974, S. 57–66.

Hildegunde Wöller

Es muß auch ein Erlöser in uns sein
Kindheitsschicksal und Erwählung

Schon immer hat der Mensch versucht, sein Schicksal zu ergründen. Schlägt es blind zu, oder steht ein sehender Wille dahinter, ein göttlicher Plan? Messen die Sterne am Himmel ihm sein Leid und seine Freuden zu, oder wachsen Tränen und Glück aus den Tiefen der Erde, aus dunklen Trieben? Sind es die Gene, das Erbe unserer Ahnen, die uns unausweichlich prägen und bestimmen, oder ist es die Zivilisation, sind es Milieu und Erziehung, die uns unsere Chancen einräumen oder sie uns verweigern? Sind wir Spielball unbeherrschbarer Schicksalsmächte oder selbst unseres Glückes Schmied? Haben wir – wie heute so viele esoterische Lehren behaupten –, einem jenseitigen Selbsterziehungsprogramm folgend, unser Schicksal selbst ausgewählt, die Zeit, die Kultur, die Eltern, die Hindernisse und Schwierigkeiten? Und wie passen zu dieser Lehre die Beobachtungen jener, die unser Schicksal aus der Perspektive unserer Ahnen betrachten? Sie legen an eindrucksvollen Beispielen dar, daß wir nicht nur unsere Augenpartie von der Großmutter, die Nase vom Onkel, die Kinn- und Mundpartie vom Großvater geerbt haben, sondern daß unser Lebensverlauf, die Zeiten der Krise und Krankheit, die frühe oder verspätete Bindung einem vorherbestimmten Muster folgen, bis ins Detail nachahmend, was unsere Großmutter oder unser Großvater erlebt und erlitten haben. Von Freiheit und eigener Lebensgestaltung keine Spur. Ob wir es wissen oder nicht, folgen wir einer Bahn, die längst vor uns gelegt worden ist.

Noch beklemmender die Nachricht, daß wir unser Leben damit zubringen müssen, die Aufträge unserer Ahnen zu erfüllen, ihre Fragen zu beantworten, die Probleme aufzuarbeiten, deren Lösung sie an uns delegiert haben, die Schuld zu sühnen, die sie begangen, die Wünsche zu erfüllen, die sie sich versagt haben, die Geheimnisse zu ergründen, die sie vor uns verborgen gehalten haben. Und das nicht nur auf politisch-gesellschaftlicher Ebene, sondern noch viel subtiler, individueller, bis in die feinsten Verästelungen des Gefühlslebens hinein. Ein Tiefenpsychologe hat gesagt, Kinder würden psychisch in die finsteren Keller ihrer Eltern hineingeboren, dorthinein, wo alle ungelösten inneren Konflikte, eigene und solche, die von den Ahnen her dort lauern, auf sie warten. Dunkle Familiengeheimnisse, unsinnige, lebensfeindliche Botschaften können gleich Gespenstern das ganze Leben eines Menschen überschatten, denn es gehört schon die Hellsichtigkeit besonders dafür begabter Psychotherapeuten dazu, um zu erkennen, was einer an eigener und was an fremder, sozusagen ererbter Problematik mit sich herumschleppt.

Dabei scheint es keine Bosheit gewesen zu sein, wenn unsere Ahnen ihre Konflikte an uns delegiert haben. Oft genug geschah es wohl aus Not, Scham oder Schuld. Zu schwer die Lasten und zu kurz die Lebenszeit, um damit fertig zu werden. Und wie das meiste davon unbewußt verläuft, so auch die Delegierung an die Nachkommen. Dergleichen also ein Teil des Schicksals, an uns geschickt aus der Vergangenheit, von den Toten, die bange darauf warten, daß ihre Not erkannt, ihre Wunde geheilt wird. Unheimlich dieser Auftrag, und er müßte als völlig irreal abgewiesen werden, hätte die Tiefenpsychologie nicht nachgewiesen, daß unsere individuelle Psyche tatsächlich hineinverwoben ist in ein Netz, das jenseits von Zeit und Raum reicht und uns mit unseren Ahnen, unserem Volk, ja der gesamten Vergangenheit der Menschheit verbindet. Seine Entsprechung findet dies in der rätselhaften Erzählung, Jesus sei nach seinem Tod hinabgestiegen in das Reich der Toten, um auch ihnen das Evangelium zu verkünden. Ikonen zeigen ihn als den von Licht umhüllten Sieger, der aus einer finsteren Höhle des Totenreiches Adam und Eva herausführt, stellvertretend für die gesamte Menschheit. Was in der Jetztzeit, in der Gegenwart an Erlösendem geschieht, muß von einer Qualität sein, die auch vergangene Generationen erreicht und heilt. Sonst ist nichts Gründliches geschehen, sonst ist der Knoten nicht gelöst und, was in der Tiefe festgehalten wurde, nicht befreit.

Nimmt man diese Auskunft ernst, bleibt dem einzelnen keine Wahl: Er wird an den Fesseln, die ihm auferlegt wurden, im Laufe seines Lebens ersticken und zugrunde gehen, oder er ist ein Entfesselungskünstler, kann sich und damit auch seine Vorfahren von den Ketten befreien. Von Kindern werden tatsächlich solche Wunder erwartet. Und – das ist das Erstaunliche – hin und wieder auch vollbracht. Das ist nur möglich, weil jedem, der das Licht der Welt erblickt, auch etwas vom jenseitigen Licht mitgegeben ist, von jener segnenden, heilenden Kraft, die Verdorbenes reinigen und Festgefahrenes in Fluß bringen kann. Denn das heißt erlösen: bewirken, was Regen und Quellwasser vermögen: Eis auftauen und wegspülen, Trockenes befeuchten und fruchtbar machen, Schlamm und Geröll, die das Fließen behindern, überwinden – mit einem Wort: den Lebensstrom, der versiegt oder gestaut war, wieder zum Strömen bringen. In der griechischen Mythologie ist Dionysos ein Bild für diesen Erlöser: Seine Geburt wird am Beginn der winterlichen Regenzeit gefeiert. Er wurde als Schlange geboren, denn alle unterirdischen Gewässer verstand man als Schlangen, und die Quellen galten als Kopf der Schlange. Auch sie begannen mit dem Regen wieder zu sprudeln. Dionysos scheint neben seiner Nähe zum Wein vor allem ein Gott der Wassertiefe gewesen zu sein. Seine Geburt wird von Nymphen – seinen »Ammen« – durch Gesang herbeigerufen und jubelnd und tanzend begrüßt. Etwas Erregendes, Überraschendes und Beunruhigendes geht von seinem Erscheinen aus. Walter F. Otto schreibt:

»Die mit Jubelschreien begrüßte Erscheinungsform dieser Wahrheit ist der rasende, alles überflutende Lebensstrom, der aus den mütterlichen Tiefen empordringt. Im Mythos und im Erlebnis der erschütterten Gemüter sprudeln, wenn Dionysos da ist, nährende, berauschende Quellen aus dem Erdboden. Alles Verschlossene öffnet sich. Fremdes und Feindliches verträgt sich in wunderbarer Eintracht. Uralte Regeln haben plötzlich ihr Recht verloren ... ›Es strömt von Milch der Boden, strömt vom Weine, strömt vom Nektar der Bienen, und ein Wogen ist in der Luft wie von syrischem Weihrauch‹.«[1]

Dieses Fließen und Strömen heißt im Umgang der Menschen: vergeben und versöhnen. Erst auf dem Hintergrund des dionysischen Bildes wird deutlich, daß es sich dabei nicht nur um eine moralische, sondern um eine schöpferische Angelegenheit handelt: Wo Haß und Rache regieren, Verbitterung über erlittenes Unrecht, Selbstverdammung und unüberwindliche Scham, dort ist kaum noch Bewegung möglich, dort ist vieles festgezurrt, anscheinend unverrückbar und tabuisiert. Das Leben kann nicht strömen. Das Erscheinen des Dionysos, seine Feste im Jahreskreis, hatten in der antiken Welt revolutionäre Züge, allenfalls mit den Zeiten des Faschings zu vergleichen: Er setzte den Abstand von oben und unten außer Kraft, die Regeln des Anstands, die feinen Sitten, ja sogar die Grenzen zwischen den Lebenden und den Toten. Und wo so viel in Bewegung kommt, wird auch der Müll der Vergangenheit fortgespült, da werden die Jungen von Altlasten frei, und da sind die Toten eingeladen, am Festmahl der Lebenden teilzunehmen.

Stellt sich die Frage, ob diese Möglichkeit an konkreten Lebensbeispielen überprüfbar ist. Dem steht natürlich entgegen, daß niemand die Kindheitsgeschichte eines anderen wirklich kennt; und selbst dann, wenn er davon einiges weiß, noch nicht wissen kann, welche dunklen Schatten, die das Kind bedrängt haben, eher von den Eltern, von der Umwelt oder von längst toten Ahnen herrühren. Selbst die eigene Kindheit ist bei den meisten in den Nebel des Nichtmehrwissens gehüllt. Unsere Kenntnis solcher Zusammenhänge wird daher meistens oberflächlich bleiben. Psychotherapeuten, die sich während einer Analyse intensiv mit der Leidensgeschichte eines Menschen von seiner Kindheit an beschäftigen, äußern aber immer wieder ihr Erstaunen darüber, daß ihre Patienten ihr schweres Schicksal überhaupt überlebt haben und nun sogar noch Kräfte der Heilung in sich entdecken.

Ich nenne für dieses Wunder ein paar Beispiele aus unseren Tagen, wie ich sie teils gelesen und gehört, teils aus der Nähe kennengelernt habe.

Tanjas Eltern waren beide schwer gestörte Menschen. Der Vater Alkoholiker, die Mutter schizophren. Von Kind auf fühlte das Mädchen sich dazu berufen, sie zu verstehen und ihnen zu helfen. Heute ist sie in einem therapeutischen Beruf tätig.

Marie wurde in eine Familie hineingeboren, in der sozialer Abstieg, Verarmung und Verbitterung im Vordergrund standen. Ihr Vater verprügelte sie ohne ersichtlichen Grund, einfach aus Verzweiflung. Marie widmet ihr ganzes Leben als Malerin und Schriftstellerin der Aufhellung und dem Verstehen der dunklen Bindungen, in die sie hineingeboren worden ist.

Lores Kindheit war vom Krieg überschattet: kein Schutz von Vater und Staat, sondern Vertreibung und Flucht aus dem Osten. Sie und ihre Geschwister schwammen neben der Mutter durch die eiskalte Elbe. Ein Bruder ging verloren; und es gab auch dann kein Ankommen, keine Heimat. Sie blieb ein armes Flüchtlingskind. Lore hat ihr ganzes Leben dem Wohlergehen ihrer sechs eigenen Kinder und eines siebenten gewidmet, das sie angenommen hat, und auch in ihrem Beruf als Schriftstellerin und Therapeutin steht das Wohl des Kindes im Mittelpunkt.

Gregor hat beide Eltern verloren, als er noch ein kleines Kind war. Erst starb die Mutter, ein Jahr darauf der Vater. Das Waisenkind suchte seinen Weg mutterseelenallein und hat erst als Erwachsener erfahren, daß er intuitiv die Ideale seiner Eltern zu seinen eigenen gemacht und sie mit mehr Erfolg vertreten hat als sie.

Martin kennt seinen Vater nicht, und auch seine Mutter hat ihn nicht gewollt. Als ihre Abtreibungsversuche fehlschlugen, hat sie ihn nach der Entbindung in einem Heim gelassen. Es hat nicht viel gefehlt, und man hätte ihn als dumm und schwächlich aufgegeben. Bis das Wunder geschah, daß er die Musik entdeckte und mit ihr jene Kraft, mit der er sich selbst heilte und heute andere erfreuen und heilen kann.

Bärbel weiß nicht, wer ihre Mutter, und noch weniger, wer ihr Vater ist. Irgendwann und -wo auf der Flucht hat ihre Mutter sie in einer Klinik geboren und dort zurückgelassen. Bärbel ist heute Frauenbeauftragte bei der Stadt. Ihre klare, energische und dabei einfühlsame Art macht sie zum Vorbild, an dem sich die Frauen in ihrem Wirkungskreis orientieren.

Martin Gray verlebte seine Kindheit im Warschauer Ghetto. Er hat früh gelernt, durch Mauerlücken zu kriechen, um für sich und seine Geschwister etwas Eßbares aufzutreiben. Seine Autobiographie »Der Schrei nach Leben« ist in Frankreich zu einem Bestseller geworden, durch den andere Lebensmut gewinnen.

Der kanadische Indianer Jim wurde, noch ein Wickelkind, seiner Mutter entführt. Bis 1994 war es in Kanada noch üblich, Indianern die Kinder wegzunehmen, um sie von Weißen erziehen zu lassen. Jims weiteres Kindheitsschicksal war es, sexuell mißbraucht und mißhandelt zu werden. Er lief schließlich davon und landete auf der Straße: Alkohol, Drogen, Ruin. Mit 25 Jahren war er bereit zu sterben. Da besann er sich auf seine indianische Herkunft und ihre Werte. Heute ist er Lehrer für indianische Kultur.

Vielleicht will jemand gegen die angeführten Beispiele einwenden, hier werde zu sehr schwarz-weiß-gemalt. Die Kindheitsbeispiele seien zu grausig, und was aus den Menschen geworden ist, sei zu ideal oder purer Zufall. Tatsächlich ließen sich aber Millionen unbeschreiblich schrecklicher Kindheitsschicksale aus Vergangenheit und Gegenwart anführen, die oft noch viel grausamer gewesen sind. Was das angeht, zeichnet sich, wenn nicht das Schicksal, so doch die Gesellschaft der Erwachsenen durch Blindheit aus. Das vorgebliche Paradies der Kindheit ist meistens eine Hölle. Alice Miller beschreibt diese Hölle:

»Es ist seit Jahrtausenden üblich und erlaubt, daß Kinder zur Befriedigung verschiedener Bedürfnisse gebraucht werden. Sie sind billige Arbeitskräfte, sie eignen sich zur Entladung aufgestauter Affekte, als Container für ungewollte eigene Gefühle, als Projektionsscheiben der eigenen Konflikte und Ängste, als Prothesen für das angeschlagene Selbstwertgefühl, als Quelle der eigenen Macht und Lust.«[2]

Und sie sagt zu diesem Kindesmißbrauch:

»Das Kind ist immer unschuldig. – Die Gesellschaft steht auf der Seite des Erwachsenen und beschuldigt das Kind für das, was ihm angetan worden ist.

– Die Tatsache der Opferung des Kindes wird nach wie vor verleugnet. – Die Folgen dieser Opferung werden daher übersehen. – Das von der Gesellschaft allein gelassene Kind hat keine andere Wahl, als das Trauma zu verdrängen und den Täter zu idealisieren.«[3]

Der Darstellung dieser Situation ist nichts Beschönigendes hinzuzufügen, jede und jeder kann die Wunden wissen, die ihm als Kind beigebracht worden sind. Nur gibt es offenbar doch noch eine dritte Option für das Kind: Es bleibt ihm nicht nur die Wahl zwischen Verdrängung des Erlittenen und Idealisierung des Täters: es kann – und das ist allerdings als Wunder zu verstehen – auch zum Erlöser werden. Damit ist nicht ein Erlöser im Sinne der Größe und Bedeutung Christi gemeint, sehr wohl aber ein Erlöser in dem Sinne, daß ein Mensch in seinem persönlichen Umkreis die Welt heller, wärmer und lebendiger macht, wie in den geschilderten Beispielen angedeutet war. Z.B. schenkt man einander am Valentinstag Blumen. Diese Sitte geht auf den Mönch Valentin zurück, der jedem, der bei ihm vorüberkam, eine Blume aus seinem Garten schenkte. Es wäre sicher bewegend, das Kindheitsschicksal jenes Mönches zu kennen. Naheliegend ist die Vermutung, daß Geiz das dunkle Thema seiner Familie gewesen ist. Valentin nun löste und erlöste dieses Festhalten und Horten von Schätzen. Statt eine hohe Mauer um seinen Garten zu errichten, hielt er den Zaun niedrig, um zu teilen und zu schenken.

Wenn es den verratenen und verkauften Kindern gelingt, als Erwachsene lösend und erlösend zu wirken, sich selbst zu heilen und die, mit denen sie zu tun bekommen, dann mutet das wie ein Wunder an. Und ein mythisches Bild für diese Wunderkraft ist das göttliche Kind. Das göttliche Kind, wie es zu Weihnachten angebetet wird. Dieses göttliche Kind ist nicht zu verwechseln mit einem natürlichen Menschenkind. Und das ist ein Trost: Es ist Symbol für eine phänomenal starke seelische Energie, die im jungen wie im alten Menschen aufbrechen kann. In ihm manifestiert sich ursprüngliche, göttliche Schöpfungsenergie. Von Dionysos und seiner Wirkung war schon die Rede. Er ist ein solches göttliches Kind, und neben ihm gibt es in allen Völkern und Kulturen Mythen und Erzählungen, Märchen und Wundergeschichten von göttlichen Kindern. Mit ihrem Erscheinen verbindet sich die Hoffnung auf Erneuerung und Rettung, auf Heilung und Gerechtigkeit für Mensch und Natur. In der Bibel heißt es:

»Ein Kind ist uns geboren, ein Sohn ist uns gegeben, und die Herrschaft kommt auf seine Schulter, und er wird genannt: Wunderrat, starker Gott, Ewigvater, Friedefürst. Groß wird die Herrschaft sein und des Friedens kein

Ende auf dem Throne Davids und über seinem Königsreiche, da er es festigt und stützt durch Recht und Gerechtigkeit von nun an bis in Ewigkeit« (Jes. 9, 5ff).

Während hier die Hoffnung auf Gerechtigkeit im Mittelpunkt steht, so im folgenden biblischen Hymnus auf das göttliche Kind die Hoffnung auf Heilung und Vergebung:

»Du, Kindlein, wirst ein Prophet des Höchsten genannt werden, denn du wirst vor dem Herrn hergehen, seinen Weg zu bereiten, um Erkenntnis des Heils zu geben seinem Volk, Vergebung seiner Sünden. Mitleid und Barmherzigkeit unsres Gottes werden aufstrahlen, werden uns Licht geben wie der Aufgang der Sonne und auch denen leuchten, die in Finsternis und Todesschatten sitzen, und unsre Füße leiten auf den Weg des Friedens« (Lk. 1, 76–79).

Die Mythen und Märchen vom göttlichen Kind folgen einem Grundmuster: Im ersten Akt wird seine Geburt von einem Seher oder einem Engel vorhergesagt. Im zweiten Akt versucht der gegenwärtige Herrscher – meist als blutiger Tyrann im Stil eines Herodes geschildert – alles, um die Geburt dieses Kindes zu verhindern, indem er zum Beispiel seine Mutter verfolgt, wie der Pharao zu Zeiten des Mose alle neugeborenen Knaben zu töten befiehlt oder wie Herodes seine Legionäre ausschickt, um alle Knaben unter zwei Jahren umzubringen. Im dritten Akt erfolgt die wunderbare Rettung und Bewahrung des Kindes. Es wird wie Mose im Schilfkörbchen nur scheinbar dem Tod ausgeliefert, in Wahrheit der großen Mutter Natur anvertraut, und wo sich im Falle des Mose die Tochter des Pharao des Kindes annimmt, sind es in anderen Mythen Fischer, Hirten oder Gärtner, die das Kind aufnehmen und pflegen. Bei Jesus ist es ein Engel, der rechtzeitig zur Flucht rät. Das so verborgene Kind ist für den Herrscher unauffindbar. Es zeigt von Geburt an unglaubliche Kräfte und versteht sich gegen alle Anschläge erfolgreich zu schützen. Im vierten Akt ist das Kind erwachsen und erfüllt die Prophezeiung: Es stürzt den Herrscher vom Thron, heilt und erlöst die Menschen.

Verstoßung, Aussetzung des Kindes ist ein auffallendes Motiv der Mythen und auch der Märchen. Womöglich fällt es heute aber auch deshalb auf, weil es hierzulande nicht mehr als normal gilt, sein Kind im Wald auszusetzen oder als Sklave zu verkaufen. In früheren Jahrhunderten und Jahrtausenden war das viel öfter der Fall. Wie dem auch sei, das göttliche Kind wächst nicht bei seinen leiblichen Eltern auf, sondern unter einfachen Menschen, meist kennt es seine königliche oder göttliche Abkunft nicht. Im Märchen muß es wie zum Beispiel Aschenputtel Mißhandlung, Verachtung und Lieblosigkeit ertragen. Der Mythenforscher Joseph Campbell faßt zusammen:

»Kurzum: das vom Schicksal ausersehene Kind hat durch eine lange Periode der Finsternis hindurchzugehen, eine Zeit äußerster Gefahr, Behinderung oder Mißachtung. Es wird nach innen geworfen, in seine eigenen Tiefen, oder nach außen ins Unbekannte, aber beide Male berührt es unerforschte Dunkelheit ... Die Mythen bestätigen, daß es einer ungewöhnlichen Begabung bedarf, um solcher Erfahrung ins Auge sehen und sie überleben zu können.«[4]

Die »unerforschte Dunkelheit« – ist meist nicht nur ein individueller, sondern ein kollektiver Schatten, der dunkle Abgrund einer Familie, eines Volkes, einer Epoche. Die göttliche, die königliche Herkunft des Kindes aber zeigt sich darin, daß eines Tages sein wahres Wesen hervorbricht. In den Märchen werden auf einmal seine goldenen Haare sichtbar, in den Mythen tut der bis dahin Unscheinbare Wunder oder begehrt als einziger gegen den gefürchteten Tyrannen auf:

»... es ist nicht weniger als ein Auftauchen von Kräften, die seither vom menschlichen Leben ausgeschlossen waren. Frühere Ordnungen zersplittern oder lösen sich auf, und Verheerung bietet sich dem Auge dar. Doch nach einem Augenblick scheinbaren Durcheinanders kommt der schöpferische Kern der neuen Kraft in Sicht, und die Welt nimmt in ungeahntem Glanz wieder Gestalt an.«[5]

Mit anderen Worten: Der Held tritt plötzlich aus der Verborgenheit hervor wie eine neue Idee, wie eine bis dahin unbekannte Kraft. Wo alles aus schien, wird Zukunft erschlossen:

»Denn der Held der Mythen ist der Vorkämpfer nicht der gewordenen Dinge, sondern der werdenden. Der Drache, den er zu töten hat, ist nichts anderes als das Ungetüm des *status quo*: Haltefest, der die Vergangenheit festhält ... Der mythische Heros, der wiedererscheint aus der Dunkelheit, bringt ein Wissen um das Geheimnis des Tyrannensturzes mit. ... Der Zyklus rollt: im Punkt der Wandlung hat der Mythos sein Zentrum.«[6]

Campbell empfiehlt, die Betrachtung seines Lebens, also des Heros, sollte als Meditation auf die eigene innerliche Göttlichkeit unternommen werden. Und in der Tat: Der Gedanke drängt sich geradezu auf, daß es beim göttlichen Kind, beim Helden um das innere Schicksal des Menschen geht und um die Suche nach der eigenen Identität. Gemessen an seiner göttlichen Herkunft ist jedes Kind gewissermaßen im Exil. Und unter den Ereignissen, wie immer sie beschaffen sein mögen, kann die eigene Identität bis zur Unkenntlichkeit verlorengehen oder verborgen sein. Bis dann irgend etwas eintritt, das zum Umkehrpunkt wird. Bei dem kanadischen Indianer war es eine äußerste Krise, die ihn dem Tod nahebrachte. Dann tritt das in Erscheinung, was man den göttlichen Funken im Menschen nennt, seine Gottebenbildlichkeit, sein innerstes Selbst. Das »göttliche Kind« ist demnach keineswegs ein natürliches Kind, sondern Symbol einer psychischen Wirklichkeit, die göttlich ist, wunderbar; gezeugt, geboren und aufgewachsen unter durchaus ungewöhnlichen Umständen. Dieses göttliche Kind vermag das Wunder zu vollbringen, das vom natürlichen Kind wohl kaum zu leisten wäre, es kann den Schicksalsknäuel auflösen, Dunkles ans Licht bringen und Erstarrtes zum Leben erwecken.

Eines der Märchen der Brüder Grimm zeigt besonders anschaulich, wie der Mythos im Gewand des Märchens erscheint, »Der Teufel mit den drei goldenen Haaren«. Da wird einfachen Leuten ein Knabe mit einer Glückshaut geboren, und die Verheißung sagt, er werde die Tochter des Königs heiraten. Der König unternimmt alles, um diesen Jungen zu verderben. Er kauft ihn seinen Eltern ab und setzt ihn in einem Kasten auf dem Fluß aus. Aber er wird gerettet. Später schickt ihn der König als Boten an den Königshof, um ihn zu verderben, erreicht aber gerade damit, daß er die Königstochter zur Frau bekommt. Und als der König ihn buchstäblich zum Teufel schickt, ist das Ende, daß der Junge das ganze Königreich von diesem Tyrannen erlöst. Er mußte die »unerforschte Dunkelheit« berühren – des Teufels Großmutter verwandelte ihn in eine Ameise und barg ihn in den Falten ihres Gewandes –, aber nun weiß er auch, wie der Baum, der verdorrt war, wieder goldene Früchte tragen kann und wie aus dem Brunnen, der versiegt war, wieder Wasser und Wein quellen. Er löst, er erlöst das Leben wieder zu sich selbst. – Nicht nur ein Märchen, nicht nur Mythos und Legende, sondern eine Geschichte von den Wundern, die sich immer wieder abspielen. Auch wenn das Kind in den finsteren Keller der Eltern, der ganzen Familie samt Ahnenreihe hineingeboren wird, auch wenn es sich lange Jahre als ausgesetzt erlebt und unsägliche Erniedrigungen und Gefahren ausstehen muß, es lebt doch ein Licht in ihm und kann nicht für alle Zeit verborgen bleiben, es sprudelt doch eine Quelle in ihm und wird eines Tages hervorbrechen: jene schöpferische Energie, die nicht ein Erbe der Ahnen ist und nicht aus den Genen der Eltern rührt. Denn jeder Mensch schöpft unmittelbar aus dem göttlichen Ursprung, und wenn er sich dieser Quelle anvertraut, wird er seine eigenen Wunden heilen können und auch noch an andere austeilen, wie der Mönch Valentin, der die Blumen aus seinem Garten verschenkte.

Anmerkungen

1 Otto Walter F.: *Dionysos. Mythos und Kultus.* Frankfurt am Main [4]1980, S. 88.
2 Miller, Alice: *Du sollst nicht merken. Variationen über das Paradies-Thema.* Frankfurt am Main 1981, S. 401.
3 Miller, S. 408.
4 Campbell, Joseph: *Der Heros in tausend Gestalten.* Übers. v. Karl Koehne. Frankfurt am Main 1978, S. 310.
5 Campbell, S. 312 f.
6 Campbell, S. 321 f.

KINDER – MÄRCHEN – GLÜCK

Hermann Bausinger

Kinder – Märchen – Glück

Das Märchen ist von so vielen Seiten und mit so vielen Instrumenten besichtigt, porträtiert, analysiert und viviseziert worden, daß überraschende Erkenntnisse kaum mehr möglich sind. Trotzdem aber gibt es noch offene Fragen, und eine berührt sehr direkt die Thematik dieses Bandes. Waren und sind Märchen eine poetische Gattung für Erwachsene oder für Kinder? Natürlich kann die Antwort nur lauten: Sowohl als auch. Aber in der Regel wird dies doch in eine historische Abfolge gebracht: Märchen waren demnach ursprünglich Erzählungen für Erwachsene; dann sind sie allmählich abgesunken oder abgewandert in die Kinderwelt. Allmählich oder auch nicht so allmählich: als Bruchstelle wird oft die Zeit des Erscheinens der Kinder- und Hausmärchen der Brüder Grimm angeführt; ja manchmal wird sogar ein präziser Schnitt zwischen der ersten und zweiten Auflage gemacht, so daß der Wandel ziemlich genau in die Jahre 1814/1815 gefallen sein müßte.

Daß dieser Adaptationsprozeß früher eingesetzt hat, daß – in einem weiten Sinn genommen – pädagogische Tendenzen auch den vorausgehenden Jahrzehnten und Jahrhunderten nicht fremd waren, ist verschiedentlich nachgewiesen worden. Mir scheint aber auch die Frage ungeklärt, ob jenseits von solchen pädagogischen Anstrengungen und Erwägungen die Kinder tatsächlich ausgeschlossen waren von dieser Erzähltradition. Im allgemeinen wird argumentiert, daß es frühere historische Belege über Kindermärchen nicht oder kaum gibt, daß in besonders lebendigen Erzähllandschaften (an den Peripherien Europas oder in anderen Kontinenten) das Märchen Stoff für Erwachsene ist und daß die oft derben, obszönen Inhalte sicher nicht auf Kinder zugeschnitten sind.

Das sind aber nur Folgerungen *e silentio* oder indirekte Analogieschlüsse. Sie lassen sich schon ohne historisch-empirischen Hintergrund in Frage stellen. Was die zeitlich und geographisch entfernten

Belege anbelangt, so muß mit der Möglichkeit gerechnet werden, daß Kinder einfach nicht eigens erwähnt wurden; über Erzählvorgänge, Erzählereignisse sagen sie nicht sehr viel. Und was die Inhalte anbelangt, so ist zu fragen, ob unsere domestizierte Vorstellung von geschützter und zu schützender Kindheit nicht an den tatsächlichen früheren Lebensumständen vorbeigeht, ob Kinder nicht viel stärker am Leben der Erwachsenen beteiligt waren, als wir uns das heute vorstellen. Rudolf Schenda hat 1993 unter dem Titel »Von Mund zu Ohr« eine Kulturgeschichte volkstümlichen Erzählens in Europa veröffentlicht. Darin findet sich auch ein Kapitel, das unter dem Titel »Und wo bleiben die Kinder?« eine ganze Reihe von Belegen dafür beibringt, daß Kinder keineswegs immer von Erzählrunden ausgeschlossen waren und daß sie dort, wo der Ausschluß beabsichtigt war, mit allerhand Tricks doch zu ihrem Recht kamen. In vielen Häusern gab es keine abgetrennte Schlafgelegenheit, so daß den Kindern nichts, aber auch gar nichts verborgen blieb. Und wenn sie weggeschickt wurden – ein Sagensammler aus Bern erinnerte sich aus seiner Kindheit an die regelmäßige Weisung: »Bub, gang ins Bett!« – kam es oft genug vor, daß sie sich hinter den Ofen schlichen und alles hörten, wie im Märchen von der Gänsemagd.

Schenda erwähnt auch, daß Musäus Kinder von der Straße holte, er »ließ sich Märchen erzählen und bezahlte jedes Märchen mit einem Dreier«. Schendas Belege führen nur bis ins späte 18. Jahrhundert zurück – immerhin über die Grimms hinaus; aber wenig Argumente sprechen dagegen, sie noch weiter zurückzudatieren. Die französischen Feenmärchen (und damit sind wir schon im 17. Jahrhundert!) waren teilweise an Kinder gerichtet, wurden zum Beispiel im »Magasin des enfans« veröffentlicht. Schon hier haben wir Ansätze einer pädagogischen Ausrichtung des Märchens, und diese erreichte dann mit den Kinder- und Hausmärchen der Brüder Grimm ihren ersten Höhepunkt. Und da der Ton, der Stil der Kinder- und Hausmärchen bei Sammlerinnen und Sammlern, aber auch bei Erzählerinnen und Erzählern Schule machte, wurde die pädagogische Überbürdung zu einem Merkmal des Märchens fast bis in die Gegenwart.

Allerdings ist vor einem Mißverständnis zu warnen. Manchmal bekommt man vermittelt, das Märchen sei ursprünglich frei von jeder belehrenden Absicht gewesen, alles Pädagogische und Didaktische sei auf eine spätere Entwicklung zurückzuführen. Hier wird verkannt, daß Belehrung eine ebenso wichtige, vielleicht elementarere Funktion als Unterhaltung ist. Das gilt phylogenetisch und ontogenetisch, also für die umfassende kulturelle Entwicklung wie für die individuelle

Entfaltung. Zwar wird mit Recht immer wieder vor dem erhobenen Zeigefinger gewarnt (beiläufig gesagt ist auch das eine pädagogische Warnung!), aber Kinder rechnen mit Warnungen und Richtungshinweisen und sind darauf angewiesen, und solche Warnungen werden oft über Erzählungen gleichzeitig sanfter und eindringlicher vermittelt als über explizite Gebote und Verbote.

In den Grimmschen Kinder- und Hausmärchen gibt es allerdings, integriert ins Märchen, auch diese expliziten Ermahnungen, und in bezug auf Pädagogisierung und Verkindlichung erfolgt hier ein qualitativer Sprung. Das ist verschiedentlich dargestellt worden; ich will es trotzdem an einem Beispiel durchexerzieren: am Rotkäppchenmärchen.

Die früheste Fassung des Märchens – und wer weiß: vielleicht seine Erfindung – geht auf den Franzosen Charles Perrault zurück. Vieles klingt bekannt und vertraut in seiner Erzählung von 1697, aber der Schluß unterscheidet sich vom Grimmschen Märchen: Es gibt kein glückliches Ende, das Rotkäppchen fällt dem Wolf zum Opfer. Nimmt man das *happy end* als wichtigen Bestandteil des Märchens, dann handelt es sich bei Perrault nicht um ein Märchen, sondern um eine aus abergläubischen Vorstellungen gespeiste und an abergläubische Vorstellungen appellierende Schreckgeschichte – die moralische Belehrung wird in grausigen Bildern serviert.

Etwas mehr als ein Jahrhundert später nehmen die Brüder Grimm das Märchen in ihre Sammlung auf. In einem Brief spricht Jacob Grimm über den Zweck dieser Sammlung; er spricht den Wunsch aus, das Buch »möge ein Erziehungsbuch werden, da ich mir nichts ernährender, unschuldiger und erfrischender weiß für kindliche Kräfte und Natur«. Wo die Unschuld in den Märchen nicht ausreichend war, wurden sie von den Brüdern etwas zurechtgebogen. So erhielt das Märchen vom Rotkäppchen einen neuen Schluß, der von einem anderen Märchen, »Der Wolf und die sieben Geißlein«, übernommen wurde. Rotkäppchen wird aus dem Bauch des Untiers gerettet; der Wolf fällt nach der geglückten Operation tot um, Rotkäppchen, Jäger und Großmutter sind zufrieden. Aber die moralische Warnung löst sich in dem allgemeinen Vergnügen nicht auf: »Rotkäppchen aber dachte: ›du willst dein Lebtag nicht wieder allein vom Wege ab in den Wald laufen, wenn dir's die Mutter verboten hat.‹«

Der warnende Zeigefinger kann nicht übersehen werden. Und doch scheint er dem bürgerlichen Publikum um die Mitte des 19. Jahrhunderts nicht deutlich genug gewesen zu sein. Es ist heute fast vergessen, daß damals ein thüringischer Bibliothekar den Brüdern

Grimm den Rang ablief: Die Märchensammlungen von Ludwig Bechstein waren bekannter und verbreiteter als die Kinder- und Hausmärchen. Nicht ganz unschuldig daran war vermutlich die Art und Weise, mit der Bechstein die »Belehrung und Sittigung der Kinderwelt« anstrebte: Für ihn war Moral nicht nur eine Sache des Was, sondern auch des Wie, eine Frage des guten Tons. »Ich will alles gut machen«, beteuert das Grimmsche Rotkäppchen verhältnismäßig knapp. »Das will ich alles so machen, wie du befiehlst, liebe Mutter«, versichert es bei Bechstein. Ja, bei Bechstein ist die Verschränkung von Anstand und konventioneller Höflichkeit so eng, daß sich selbst der Wolf, will er zum Ziele kommen, der zierlichsten Wendungen bedienen muß: »Sage mir doch, mein liebes charmantes Rotkäppchen, wo wohnt denn deine Großmutter? Ich möchte wohl einmal, wenn ich an ihrem Haus vorbei komme, ihr meine Hochachtung an den Tag legen…«

Sicher hängt es mit diesem gestelzten modischen Ton zusammen, daß Bechstein nach ein paar Jahrzehnten auch wieder gründlich aus der Mode kam. Das heißt aber nicht, daß damit auch die Moral im Märchen aus der Mode gekommen wäre. Sie blieb vielmehr bis in die Gegenwart das beherrschende Auswahlmotiv. Seit rund einem Jahrhundert gelten die Grimmschen Kinder- und Hausmärchen als das eigentliche deutsche Märchenbuch. Tatsächlich aber sind es nicht die Grimmschen Kinder- und Hausmärchen insgesamt, die unsere Vorstellung vom Märchen bestimmen, sondern es ist eine verhältnismäßig kleine Zahl von Märchen aus dieser Sammlung, die – grob gesprochen – jedermann kennt, während die anderen nur einem kleinen Kreis von Märchenspezialisten vertraut sind. Vor einiger Zeit habe ich ungefähr 300 Studierende im Rahmen einer Vorlesung gebeten, die Titel aller ihnen bekannten Märchen auf einen Zettel zu notieren. Der statistische Befund war fast schon erschreckend in seiner Eindeutigkeit. Praktisch jeder hatte Märchen wie »Rotkäppchen«, »Aschenputtel«, »Hänsel und Gretel«, »Dornröschen« und »Schneewittchen« notiert; eine zweite Gruppe von Märchen – dazu gehörten »Rapunzel« und »Rumpelstilzchen«, »König Drosselbart« und »Das tapfere Schneiderlein«, »Der Froschkönig« und »Der Fischer und seine Frau« – wurde von ungefähr der Hälfte genannt; darüber hinaus aber gab es nur noch ganz verstreute Nennungen und Einzeltreffer, obwohl allein die Kinder- und Hausmärchen 200 und die »Märchen der Weltliteratur« und andere Auswahlbände ungezählte weitere Märchen enthalten. Dieter Richter berichtete über eine ähnliche Befragung unter Bremer Studierenden im Jahr 1989; das Ergebnis war weitgehend parallel, interessanterweise auch bei einer Befragung in der DDR, wo lediglich im Mittelfeld der Statistik einige wenige russische Volksmärchen auftauchten.

Sieht man sich die Liste an, so gewinnt man den Eindruck, daß alle diejenigen Märchen sich durchgesetzt haben, deren Handlung moralisch geprägt und bedingt ist. Das ist gewiß kein Zufall, und es lassen sich auch die Institutionen dingfest machen, die für diesen Auswahlprozeß verantwortlich sind. Eine entscheidende Rolle spielte die Schule, um so entscheidender, als viele Kinder (gerade auch Landkinder!) entgegen romantisierenden Vorstellungen Märchen nicht etwa im heimeligen Stübchen ihrer Großeltern kennenlernten, sondern erst in der Schulstube. Dort aber war das Märchen oft in erster Linie ein Anlaß für Mahnung und Belehrung. Pädagogische Schriften aus der Zeit vor dem Ersten Weltkrieg enthalten Anweisungen, welche Grundsätze beispielsweise aus dem Rotkäppchenmärchen abzuleiten und wie sie im Unterricht herauszudestillieren und zu exerzieren sind: »Gute Kinder folgen ihren Eltern.« »Gute Kinder lügen nicht.« »Der Bösewicht wird bestraft.« Die Reformpädagogik der zwanziger Jahre distanzierte sich von soviel Plumpheit; Märchen sollen jetzt auch als kleine Kunstwerke verstanden werden, »Einstimmung« wird zum Zauberwort der Deutschlehrer. In einer Art Rollenspiel wird das Geschehen der Märchen vermittelt. Aber bei genauerem Zusehen zeigt sich, daß sich die moralisierende Tendenz keineswegs verflüchtigt, daß sie sich nur ein gediegenes Kostüm zugelegt hat. »Komm, Rotkäppchen«, sagt die Mutter im Eingang des Grimmschen Märchens, »da hast du ein Stück Kuchen und eine Flasche Wein, bring das der Großmutter hinaus; sie ist krank und schwach und wird sich daran laben. Mach dich auf, bevor es heiß wird, und wenn du hinaus kommst, so geh hübsch sittsam und lauf nicht vom Weg ab, sonst fällst du und zerbrichst das Glas und die Großmutter hat nichts. Und wenn du in ihre Stube kommst, so vergiß nicht guten Morgen zu sagen, und guck nicht erst in allen Ecken herum.« Zu dieser Stelle empfiehlt ein bekannter Leitfaden den Lehrern der damaligen Zeit: »Diese wunderbare Ermahnung bringe der Lehrer öfters in der Besprechung wörtlich, dann braucht's kein langes Moralisieren am Schlusse!«

Die Schule aber war nicht die einzige Instanz, die ihre Auswahl nach moralischen Grundsätzen traf. Auch in den bürgerlichen Familien, in denen Märchen gelesen und vorgelesen wurden, stellte der moralische Gesichtspunkt das wichtigste Kriterium der Auswahl dar. Und selbstverständlich vollzieht sich diese Auswahl nicht nur im Rezeptionsbereich. Vielmehr gibt es einen Zirkel mit wechselseitiger

Verstärkung zwischen Produktion und Rezeption. Das beginnt schon mit den Aktivitäten der Grimms: 1825 bringen sie die »Kleine Ausgabe der Kinder- und Hausmärchen« mit fünfzig Erzählungen heraus, diese Ausgabe war lange Zeit die gefragteste. Und noch immer gibt es mehr Auswahlausgaben als vollständige Editionen der Kinder- und Hausmärchen. Von Zeit zu Zeit bieten die Kaufhäuser neue bunte Auswahlbände an, aber auch bei seriöseren Vorhaben gilt das gleiche Prinzip. Als die Büchergilde Gutenberg in Verbindung mit dem Otto Maier Verlag 1995 eine Märchenausgabe mit Bildern von Renate Seelig plante, war von vornherein klar, daß nur die populärsten Geschichten aufgenommen werden sollten. Die Sammlung enthält 32 Grimm-Märchen, dazu je eins oder zwei von Straparola, Perrault, Jung-Stilling, Runge, Brentano, Hauff und vier von Hans-Christian Andersen – und unter den Grimm-Märchen sind alle moralisch korrekten. Die Auswahl soll aufgrund statistischer Befunde zu Verbreitung und Beliebtheit getroffen worden sein.

Die so immer wieder neu bestätigte und befestigte Auswahl hat dazu beigetragen, daß man versucht ist, das Märchen als moralische Geschichte zu definieren, als belehrende Erzählung über richtiges Handeln in schwierigen Situationen. Vollständig ist eine solche Definition auf keinen Fall. Mindestens zweierlei muß ergänzt werden: Das Märchen ist eine die Realität sprengende Geschichte, und es ist in aller Regel eine Geschichte mit glücklichem Ausgang.

Das Verhältnis des Märchens zur Wirklichkeit ist hier nicht das zentrale Thema. Aber es soll doch erwähnt werden, weil auch hier – ähnlich wie im Hinblick auf die Moral – oft ein zu einseitiger Akzent gesetzt wird: Märchen als eine moralische, nicht in der Wirklichkeit angesiedelte Geschichte. Zunächst vermittelt das Märchen tatsächlich den Eindruck eines prinzipiellen Abstands von der erfahrbaren Realität. Die gängigen Naturgesetze scheinen aufgehoben. Fliegende Teppiche tragen über Land und Meer, Siebenmeilenstiefel lassen die Entfernungen schrumpfen, winzige Zwerglein schlüpfen durch ein Schlüsselloch, Riesen begraben eine ganze Stadt unter ihren Fußtritten, Tiere sprechen und helfen, Laub verwandelt sich in Gold, ein Krug Wasser macht Menschen gesund, und der Tod ist nur ein langer Schlaf, der hinüberführt in Zustände großen Glücks. Nichts ist, wie es in Wirklichkeit ist.

Aber stimmt das? Da sind zwei Kinder, deren Eltern sich nicht mehr zu helfen wissen, weil sie keine Nahrung auftreiben können. Da ist eine kranke alte Frau, zu der das Enkelkind mit einem Korb voll Essen geschickt wird. Da sind drei Schwestern, von denen die beiden älteren pausenlos auf der jüngsten herumhacken. Da ist ein Kind, das Vater und Mutter verloren hat und nicht weiß, wohin. Da ist eine Frau, die ihre Stieftochter um ihre Jugend beneidet. Wer also das Märchen unwirklich nennt und glaubt, es damit charakterisiert zu haben, blendet wesentliche Teile aus.

Märchen arbeiten mit Material aus der Wirklichkeit. Sie setzen häufig ein mit Konstellationen, die vielleicht in einem imaginären Land angesiedelt, die aber so oder ähnlich auch bei uns vorhanden sind. Die Märchen von Wilhelm und Jacob Grimm lassen dies allerdings weniger klar erkennen. Die Brüder haben die Geschichten, die sie lasen oder hörten, häufig in eine Märchenlandschaft versetzt, die mit der Realität der Leserinnen und Leser oder Hörerinnen und Hörer wenig zu tun hat. Sie haben eine besondere Märchenwelt geschaffen, deren reale Bezüge sie aus der Vergangenheit nahmen: Könige und Prinzen, Kutschen und Pferde, Ritter und Reiter.

Märchenwelt – das hört sich zunächst so an, als habe diese Welt mit der unsrigen, der normalen Welt nichts zu tun. Und dies nicht nur in bezug auf Requisiten, sondern auch hinsichtlich des Handlungsgefüges und der Personen. Im Märchen »wird man etwas« von heute auf morgen, die Freier kommen, und die Hochzeit wird gefeiert, König und Königin regieren – da gibt es kein Koalitionsgerangel, keine Kontaktanzeigen, keine Berufsausbildung und keine Engpässe auf dem Arbeitsmarkt. Der Abstand zwischen Alltagswelt und Märchen scheint riesig zu sein.

Es gibt aber Landschaften, in denen die Erzähltradition weniger durch das Buchmärchen als durch die lebendige mündliche Überlieferung geprägt ist. Ein gutes Beispiel dafür bieten ungarische Märchen, deren Ausläufer über donauschwäbische Zuwanderer zu uns gekommen sind. Auch in diesen ungarischen Märchen gibt es Könige und Königinnen, herausgehoben aus der restlichen Gesellschaft. Aber sie bewegen sich in einer politischen und sozialen Wirklichkeit, die ungefähr die unserer Gegenwart ist. Ich führe als Beleg den Anfang des Märchens vom Schlangenprinzen an:

Es waren einmal ein König und eine Königin. Die waren immer traurig, weil sie kein Kind hatten. »Frau, du bist schuld daran«, sagte der König, »ganz gewiß bist du schuld daran, du willst nicht, daß wir endlich ein Kind haben«. – »Sag das nicht, denn daß wir kein Kind haben, schmerzt mich ebenso wie dich. Aber wenn Gott uns nun einmal keins schenken will, kann ich denn dagegen etwas tun?«
Nun ging einmal der König in seinem Kummer ins Parlament. Die Königin verbitterte das sehr: Nicht genug, daß es ihr weh tat, kein Kind zu haben,

obendrein ging ihr Mann noch hin und brachte sie in Verruf. Sie streckte beide Arme zum Himmel empor und sagte:»Mein Gott, warum bin ich nicht würdig, ein Kind zu haben? Wenn du mir kein Kind schenken willst, so gib mir wenigstens einen Schlangensohn, damit auch ich endlich, endlich einen Sproß habe.« Und kaum hatte sie das ausgesprochen, da hatte sie auch schon einen Schlangensohn.»Mein Gott, auch damit habe ich nun gegen dich gesündigt! Wie furchtbar, daß Gott mich mit diesem häßlichen Tier gesegnet hat! Was wird mein Gemahl sagen, wenn er das erfährt? Und erst die Fremden – was werden die sagen, wenn sie erfahren, daß dem König eine Schlange als Sohn geboren wurde?« Und dann telefonierte sie gleich hinter ihrem Mann her, er solle nach Hause kommen. Und er kam auch sogleich gelaufen. Was denn Schlimmes geschehen sei? (Gyŭla Ortŭtaÿ:»Ungarische Volksmärchen«. Berlin 1957, S. 85.)

Für uns ist der Aufenthalt des Königs im Parlament und ist das Telefongespräch der Königin überraschend – ein Verfremdungseffekt. Natürlich handelt es sich tatsächlich um ein Spiel mit der Erzählform Märchen. Doch der Erzähler weiß, was er tut; er bricht aus der Märchenwelt (die sich ja auch für ihn von der Realität unterscheidet) aus und zeigt den Hörern augenzwinkernd, was wäre, wenn diese Märchenwelt wirklich wäre, wenn Märchenhaftes in unserer Welt sich durchsetzte. Dabei bleibt das Wunderbare selbstverständlich. Es wird nicht in Frage gestellt, ob es überhaupt so etwas wie ein Schlangenkind geben kann. Das Heranrücken an die eigene Realität bezeugt die Lebendigkeit solcher Märchen, und es lehrt uns ganz allgemein etwas über die Bedeutung des Märchens. Es bezieht diese Bedeutung nicht daraus, daß es abseits der Wirklichkeit angesiedelt ist, sondern daraus, daß es in verdichteter, symbolischer Weise etwas von dieser Wirklichkeit vermittelt, von den Spannungen in Familien und Gruppen, von den Problemen und Gefahren des Größerwerdens, vom Umgang mit Vertrautem und Fremdem. Eine von der Wirklichkeit völlig gelöste Phantasiewelt wäre so wenig ein Märchen wie eine Wirklichkeit, die Phantasie, also die spielerische Aufhebung von Wirklichkeit, nicht zuläßt.

Ist der Blick erst einmal auf die Wirklichkeitspartikel und Wirklichkeitsstrukturen im Märchen gelenkt, wird man sie auch in den scheinbar so wirklichkeitsfremden Märchen vom Typus der Grimmschen Kinder- und Hausmärchen entdecken. Da geht der König nicht ins Parlament, sondern herrscht im eigentlichen Sinn absolut, losgelöst von den schnöden Beschränkungen des tatsächlichen politischen Lebens. Und König ist ja nicht gerade ein Beruf, der für unsere Gesellschaft üblich ist. Aber wenn es heißt: Ein König hatte eine

Tochter – dann haben wir doch eine Konstellation vor uns, die eine soziale Realität beschreibt und die in vielen Fällen einen sozialen Konflikt ankündigt. Sigmund Freud vertrat die Auffassung, wenn in einer Geschichte ein König auftrete, dann könne man das immer als Vater lesen; und inzwischen gibt es ja zahlreiche psychoanalytische Deutungen, die in jedem Märchen einen irgendwie gearteten ödipalen Konflikt suchen. Dies scheint mir zu eng und zu einseitig. Aber vielleicht kann man sagen, daß das Stichwort König weniger mit reaktionären politischen Vorstellungen zu tun hat als mit einer in der Gattung Märchen angesiedelten Typisierungsabsicht. Was ein Oberstudienrat, eine Schulsekretärin, ein Mechaniker erleben, das ist durch solche Berufsangaben von vornherein eher begrenzt, eingeschränkt auf ein bestimmtes Milieu und einen bestimmten Lebenskreis. Was dem König widerfährt – so weit möchte ich Freud folgen –, läßt sich paradoxerweise leichter generalisieren, gerade weil die Existenz eines realen Königs so weit weg ist.

Trotz dem oft – nicht immer – sehr gehobenen, ja sogar gänzlich abgehobenen Milieu sind Märchen nicht einfach problemlose Geschichten. Die Märchen sind voll von Konflikten, die freilich wiederum nicht unbedingt in der aus der eigenen Wirklichkeit vertrauten Form in Erscheinung treten und die vor allem anders als in der Wirklichkeit gelöst werden. Märchen enden, von wenigen Ausnahmen abgesehen, im großen, unbeschwerten Glück, das nicht in Frage gestellt wird: Vereinigung nach langer Trennung, Gesundheit nach langwieriger und schwerer Krankheit, Reichtum nach einem Leben in tiefster Armut, Liebe nach einer Zeit der Entbehrung. Das sind Schlußpunkte des Märchens.

Damit bin ich beim anderen der genannten Merkmale des Märchens, und ich will es zur Moral in Beziehung setzen. Der glückliche Ausgang läßt sich dem moralischen Aspekt eingliedern und unterordnen: Richtiges, moralisches Handeln lohnt sich. Das entspricht dann zwar nicht dem Kantschen Imperativ, aber es ist eine gängige ethische Krücke, wie sie ja auch in der religiösen Unterweisung gebraucht wird. Dort wird der oder die Gute für moralisches Handeln spätestens im Himmel belohnt, im Märchen im Diesseits, allerdings in einem Diesseits, dessen Gesetzlichkeiten nur teilweise mit denen der Realität übereinstimmen.

Aber ist mit dieser buchhalterischen Rechnung: Moral ergibt Glück, und Glückserlebnis stärkt Moral – ist damit das Märchen nicht an eine viel zu kurze Kette genommen?

Ich versuche diese Frage in einem ersten Schritt durch Beobachtung der Aufnahme und Verarbeitung von Märchen durch Kinder zu klären. Ich beschränke mich hierbei auf die Darstellung eines einzelnen Falles. Vor vielen Jahren bekam ich ein Heft in die Hand, in dem ein begabter Achtjähriger aus eigenem Antrieb Märchen niedergeschrieben hatte. Die Orientierung am Typus Grimm war offensichtlich, und es gab Geschichten in dem Heft, in denen die Handlung ganz klar den Gegensatz gut/böse zum Gegenstand hatte. Ein Beispiel:

Das Haus aus Gold. – Es waren einmal 100 000 Mädchen, die wollten gern 1000 silberne Häuser, aber das war schwer. Sie mußten dafür das liebste und goldene Mädchen opfern. Endlich opferten sie's, aber wo sie einschlafen, war es auf einmal so hell und sie wachten auf. Da stand ein Engel vor ihnen und sagte: ihr habt gesündigt. Da sagten sie: Du dumme Sau, mach daß du fort kommst. Da sagte der Engel: Euer Herz ist von den dunkelsten Steinen, ihr könntet gestehen, daß ihr gesündigt habt. Da sprachen die Mädchen: Dumme Gans laß uns in Ruhe, wir möchten jetzt schlafen. Da platzte dem Engel die Geduld und er sprach: Ich verzaubere euch in ein Haus von Gold. Verzaubere uns doch mal, du Dummkopf. Und in einem Moment war das Haus von Gold da und kein Mädchen. Nun kam das geopferte Mädchen und dem gehörte das Haus bis auf den heutigen Tag.

Zu der Geschichte wäre mancherlei anzumerken – etwa zu den Übersteigerungen in Zahlen (100 000 Mädchen, 1000 silberne Häuser), zu den religiösen Bildern und Auffassungen (der ›Dichter‹ war der Sohn eines Pfarrers), zur derben Realistik der Sprache (dumme Sau, dumme Gans). Ich möchte aber vor allem hervorheben, daß sich Lohn und Strafe in der Geschichte nach der Bilanz der Moral richten.

Aber die längste Erzählung in dem Heft, die dem Jungen offenbar am wichtigsten war, ist anders gestrickt. Darin gibt es weder Konflikte noch moralische Entscheidungen und Verdienste. Es ist einfach eine ungebremste, sich überschlagende Erfolgsgeschichte:

Von einem, der immer reicher wird. – Es waren einmal ein Vater und eine Mutter. Die wünschten sich so gern ein Kind. Gerade haben sie ein Kind bekommen (...). Die Eltern waren gleich alt. Und sie freuten sich, daß sie jetzt ein Kinde haben. Sie kauften ihm einen schönen Wagen und schiebten es am Sonntag rum (...). Wo es nun heranwuchs, da ward ihm der Wagen zu klein. Die Eltern kauften ihm einen Sportwagen, der paßte gerade ihn auch rum. – Das Kind wurde immer größer und nun konnte es schon allein auf der Gasse sein. Wo es nun mit seinen Freunden spielte, da durfte es sagen, ob sie mit dem Sandspielen aufhören oder weitermachen sollten. Das durfte es, bis es in die Schule kam. Dann war er Oberbürgermeister zwei Jahre lang. Dann wurde es ihm zu dumm, und er dachte, ach was es ist mir doch zu dumm, ich werde Kultminister. Und wirklich er wurde es. Zwei Jahre lang war ers, dann dachte er, es wär viel schöner, wenn du Bundespräsident wärst (...). Ja, und wirklich er wurde es. Wo nun ein Jahr herum war, dann kommte er in die Oberschule, und seine Buben und Freunde, die konnten ihn gut leiden, weil er nie streitete. (...) Er war der Gescheiteste von der Schule. Wie er in 10 Jahren herauskam, studierte er. Dann wurde er ein Friseurlehrling. Und verkaufte es so billig, daß alle Leute zu ihm gingen. Das machte er ein halbes Jahr. Er nähte aber auch zwischenhinein Schuhe. Nun hatte er so, so, viel, viel Geld, daß er sich vier Häuser hinstellte, schöne Fachwerke und spitzige Dinger einen Erker Balkon. (...) Wie nun eine Zeit vergangen war, wurden die Söhnlein groß, sehr groß. Nun hatte der Vater Bundespräsident so viel Geld, daß er sich einen Bauernhof anschaffte. Ein altes Haus, viele Ställe, dazu kaufte er 80 Pferde, Milomen Hasen, 27 Kühe, 33 Gänse, 33 Enten, 50 Vögel, und 15 Leute bestellte er. Wo nun wieder einige Zeit vergangen war, wurde der Mann 120 Jahre alt. Nun starben nacheinander seine Freunde, und jetzt war er halt darüber sehr traurig. Nun fuhr er mit seinem Märzedes Benz Dieselmotor durch die ganze Welt. Das war noch sein Vergnügen. Wo er das gemacht hatte, kam ein Krieg ins Land. Er kaufte sich viel viel Kriegssachen. Und daher gewinnten sie den Krieg. Und nun getraute sich niemand mehr in diesem Lande Krieg anzufangen. Und alle die, die ihn nicht leiden konnten, hatten eine Sauwut auf ihn. Er war schon 170. Er fahrte mit dem Auto nach Augsburg, und da aß er in einem Gasthaus. 10 Jahre lang, dann starb er (...). Bald starben die Söhnlein auch, und daher wissen wir die ganze Geschichte.

Von der Form Märchen hat der kindliche Autor nicht nur einzelne Formeln übernommen (zum Beispiel das verquere »und daher wissen wir die ganze Geschichte«, das sich ganz unlogisch an den Tod der Söhne anschließt), sondern auch das Prinzip einer Glücksgeschichte. Da er diese rein additiv und ohne Retardation anlegt, entgleitet sie ihm. Er findet keinen Märchenschluß, ja eigentlich überhaupt keinen Schluß: Nach den zitierten Passagen macht er noch einmal weiter, kommt zur Enkelgeneration und landet schließlich wieder beim Bundespräsidenten, der 1008 Hühner und 22 Hunde kauft – und damit bricht er ab.

Mit der Orientierung am Glück hat der kleine Poet einen richtigen, ja den wichtigsten Ausgangspunkt fürs Märchen gewonnen. Glück kann moralisch unterfüttert sein (und ist es in vielen Fällen), aber es muß nicht. In vielen Fällen ist der Held oder die Heldin unmoralisch und hat doch Glück. Ich denke dabei nicht nur an die Fälle, in denen aus verschiedenen historischen Schichten Verwerfungen entstehen, welche die klaren Moralfronten verwischen und die Bewertung verwirren und verdecken, also etwa an die Froschkönigepisode, in welcher der Frosch entgegen allen tierfreundlichen Prinzipien an die

Wand geknallt wird. Auch wo die Maßstäbe relativ einschichtig, einsichtig und eindeutig sind, und selbst dort, wo der Erzähler durchaus Wert legt auf den moralischen Akzent, hält die moralische Abpolsterung oft nicht bis zum Schluß – zum glücklichen Schluß! – durch.

Ernst Meier veröffentlichte 1852 in seinen »Deutschen Volksmärchen aus Schwaben« die Geschichte vom kranken König und seinen Söhnen, die ihm in der Ulmer Gegend erzählt worden war: Ein König von England ist viele Jahre krank, kein Doktor kann ihm helfen. Eines Tages träumt er von einem Garten in einem fremden Land, in dem Früchte wachsen, die ihn gesund machen könnten. Er erzählt das seinen Söhnen, und die sind sofort bereit aufzubrechen – einer nach dem andern. Von der Reise des ersten Sohnes heißt es in der von Meier niedergeschriebenen Fassung:

Nach einiger Zeit kam er in einen großen Wald; da begegnete ihm ein alter Mann und bat um eine kleine Gabe, weil er so arg Hunger leide und kein Geld habe. Der Prinz aber schalt ihn aus und wies ihn fort, ohne ihm etwas zu geben, und ritt immer tiefer in den Wald hinein. Als er nun schon mehrere Tage lang keinen Menschen mehr gesehen hatte, traf er plötzlich mitten im Walde ein großes Gasthaus und stieg ab; da konnte er von dem Wirte alles bekommen, was er nur wünschte. Und als er nun durch Essen und Trinken sich erquickt hatte, traten einige wunderschöne Mädchen ins Zimmer, die brachten ein Kartenspiel mit und forderten ihn auf, zum Zeitvertreib mit ihnen ein Spiel zu machen. Ja, das war ihm ganz recht.

Was hier ausgemalt wird, erinnert unmittelbar an das Bild vom breiten und schmalen Weg, das um jene Zeit in sehr vielen christlichen Haushalten – zumal in den pietistischen – hing. Wirtshaus, Mädchen, Kartenspiel: das ist der breite Weg, der in die Hölle führt. Der Hörer des Märchens wußte: Das kann nicht gutgehen. Tatsächlich dauert es nicht lange, bis der älteste Königssohn sein Geld verspielt hat, und er wird eingesperrt, weil er seine Schulden nicht bezahlen kann. Dem zweiten geht es ähnlich, und erst der dritte, der jüngste, kommt zum Ziel. Auch ihn nötigte der Wirt, wie es heißt, »mit schönen Worten, daß er doch einkehren und sich ein wenig ausruhen möchte; allein er ließ sich nicht verleiten und aufhalten, sondern setzte ohne Unterbrechung seine Reise fort.«

Der moralische Akzent ist unverkennbar. Nur wer sich von weltlichen Freuden nicht verführen läßt, nur wer konsequent seine Aufgabe verfolgt, kommt zum Ziel. Aber so eindeutig diese Bewertung auf die beiden ältesten Söhne und ihr Versagen zutrifft – der jüngste, der sich durch die schönen Worte des Wirts nicht von seiner Reise abbringen läßt, geht keineswegs geradlinig und moralisch unbedenklich auf die geheimnisvollen Früchte aus, die seinen Vater heilen könnten. Er sucht alle möglichen Abenteuer, kommt in ein Affenland mit einem kuriosen »Affenkönig«, der ihm gute Ratschläge gibt, und schließlich sieht er in einem prächtigen Schloß ein schönes Mädchen, das er auf den ersten Blick liebt und das er sogleich schwängert – wodurch er aber das schöne Fräulein, ohne dies zu ahnen, erlöst. Moral ist also hier weder ein durchgängiger Charakterzug, noch ist sie eine sichere Erfolgsgarantie. Moralische Forderungen gelten, aber sie werden – wie im Leben auch – nicht immer eingehalten, und ein Verstoß gegen solche Forderungen bedeutet – wie im Leben auch – noch lange nicht, daß damit der Anspruch auf Glück verspielt wäre.

In einem anderen Märchen der gleichen Sammlung geht es um den Sohn eines Kohlenbrenners, der immer wieder zur Unzeit seinen Arbeitsplatz verläßt und dadurch Schaden anrichtet. Die moralische Bewertung, auch durch ihn selbst, ist eindeutig. Er nimmt sich vor: »Von jetzt an will ich ein anderer Mensch werden und mich bessern!«, aber nie hält er lange durch, er landet wieder im Wirtshaus. »Aus dem Stündchen aber, das er hier bleiben wollte, wurden bald zwei, endlich drei und vier Stunden.« Danach schleicht er sich zu seinem Schatz, wird auch eingelassen; er »plauderte und scherzte nun mit ihr bis zum hellen Morgen. Als er jetzt endlich zu seinem Kohlenhaufen zurückkam, da war alles verbrannt und verdorben und ein großer Aschenhaufen geworden«. Die Weichen scheinen damit gestellt; es kann eigentlich nur abwärts gehen.

Aber blättert man acht Seiten weiter, dann findet man den leichtsinnigen Burschen in Glück und Glanz eines »Vizekönigs von Böhmen«, und diesem Aufstieg geht nicht etwa eine zerknirschte moralische Umkehr voraus, sondern eine Folge von Abenteuern, ein bunter Wechsel von Glück und Unglück.

Das glückliche Ende kommt also nicht zustande, weil er moralisch handelt, sondern – weil er Glück hat. Das ist eine tautologische Feststellung, unsinnig auf den ersten Blick. Aber sie verweist auf ein wichtiges Strukturelement des Märchens: Das Glück, zumindest die Glücksverheißung, ist von Anfang an im Besitz dessen oder deren, die am Ende den besten Teil für sich haben. In einzelnen Märchen ist dies versinnbildlicht. Im »Teufel mit den drei goldenen Haaren« (einem weniger bekannten Grimm-Märchen) bringt eine arme Frau ein Kind zur Welt. Der kleine Junge hat eine Glückshaut um, und ihm wird prophezeit, daß er mit 14 die Tochter des Königs zur Frau nehmen wird. Der König verfolgt das Kind deshalb, aber die Leute denken, es werde schon zu seinem Besten ausschlagen – und die Hörer oder Leser denken, ja, wissen das auch. Eine Glückshaut, das ist Vollkasko, und tatsächlich geht alles gut, wie vorhergesagt. Im übertragenen Sinne aber haben alle, fast alle Märchenhelden eine Glückshaut.

Unser kindlicher Märchenerzähler hat auch dies verstanden. Seinem märchenhaften Karrieristen ist das Glück, ist der Erfolg in die Wiege gelegt. Schon am Sandkasten ist er der »Bestimmer«, wie Kinder sagen, und er bleibt tonangebend. Was der kleine Dichter nicht verstanden hat, ist das Kontrastprinzip, in das Glück grundsätzlich eingebunden ist. Die »Ökonomie der Wunscherfüllung«, wie dies Paul Groth in seiner schon 1930 veröffentlichten Dissertation genannt hat. Das Glück muß über Prüfungen, gegen Hindernisse und Schwierigkeiten errungen werden. Es gibt das Sprichwort: »Glück und Unglück tragen einander auf dem Rücken« – soll heißen: keins von beiden ist von ewiger Dauer, keins tritt allein in Erscheinung. Diese Ausgewogenheit visiert das Märchen nicht an. Es gibt im Märchen Schwierigkeiten, die eine nach der anderen überwunden wird – bis zum triumphalen Schlußakkord, in dem Heldin oder Held zu sich selbst kommen, in dem aber auch das Glück zu sich selbst kommt, das Unglück von seinem Rücken abwirft und sich spielerisch auf Dauer etabliert.

»Und der Prinz nahm das schöne Mädchen zu seiner Frau.« Ein Kind, das die weiß Gott nicht unbegründete Frage stellt, was denn dann geschah, wie sich also nach der glücklichen Heirat die Ehe entwickelt hat, ist mit der Gattung Märchen noch nicht vertraut. Indem das Märchen einen strikten Schlußpunkt setzt, vermittelt es eine Ahnung ungebrochenen, reinen Glücks, gibt es die Zuversicht, daß alle Schwierigkeiten sich irgendwann auf Dauer überwinden lassen.

Aber ist das nicht eine falsche, eine verlogene Zuversicht? Die Kritik am Märchen setzt bei verschiedenen Punkten an. Gegen die grausamen Züge des Märchens wandte man sich (die bösen Schwestern, denen am Ende die Augen ausgehackt werden!), gegen die bürgerliche Moral (»und weiche nicht vom Wege ab!«), aber auch gegen das Glücksversprechen der Märchen. Was die Kritik zumindest relativiert, ist das Abrücken des Märchens von der ganz konkreten Wirklichkeit. Gelegentlich werden die am Kiosk verkauften Liebesromane als moderne Märchen bezeichnet. Das ist insofern verständlich, als auch sie über irgendwelche Konflikte und Verwicklungen unweigerlich auf ein *happy end* zuführen. Aber es ist falsch, weil diese Erzählungen so präsentiert werden, als seien sie realistisch, als seien sie aus dem wirklichen Leben gegriffen. Das Märchen tut nicht so, als vermittle es Wirklichkeit. Es kleidet wirkliche Belange in eine eher symbolische Sprech- und Darstellungsweise.

Viele Märchen gehen aus von einer Situation der Not, der Enge, der scheinbaren Ausweglosigkeit. Sie erzählen vom Aufbruch und Ausbruch der Heldin oder des Helden. Der König: »Es jagte einmal ein König in einem großen Wald und jagte einem Wild so eifrig nach, daß ihm niemand von seinen Leuten folgen konnte.« – Der Königssohn: »Ich will in die weite Welt gehen, da wird mir Zeit und Weile nicht lang, und ich werde wunderliche Dinge genug sehen.« – Der Jäger: »Herr, ich will's auf meine Gefahr wagen, von Furcht weiß ich nichts.« – Der Bauernjunge: »Da machte er sich auf und ging immerzu, immer gerade ohne abzuweichen, über Berg und Tal.« – Es ist diese Aufbruchstimmung, die das Märchen entfernt von bloßer Konformität, so verniedlicht und sentimental das Milieu auch manchmal gezeichnet sein mag.

Es gibt sicherlich nicht *die* Botschaft *des* Märchens – dazu sind die Märchengeschichten zu vielfältig und auch zu widersprüchlich. Aber *eine* wichtige Botschaft, die durch Märchen vermittelt wird, ist die, daß es Ausweglosigkeiten nicht gibt oder nicht geben sollte, daß es jedenfalls sinnvoll ist, gegen Beengungen und Schwierigkeiten anzugehen. Der Mut dazu aktiviert auch Hilfen. Sie kommen im Märchen von außen, in Gestalt mythischer Wesen, freundlicher Tiere, zauberkräftiger Dinge. Aber diese hilfreichen Gestalten und Instrumente stehen auch für die inneren Kräfte, die mobilisiert werden – in der Sicherheit, daß am Ende das Glück steht.

Was ist das für ein Glück? Glück ist in unserem Alltagsverständnis und in unserer Alltagssprache relativ und hat eine große Spannweite. Fast jeden Tag denke oder sage ich ein paarmal: Da habe ich Glück gehabt – wenn nämlich die Ampel im richtigen Moment auf Grün schaltet oder wenn das Grün lange genug anhält. Glück fängt bescheiden an und reicht mitunter sehr weit. Es gibt ein Kontinuum von drei Richtigen bis zu sechs Richtigen. Wenn jemand einen großen Lottogewinn macht, setzt das »Märchendenken« ein: Niemand, fast niemand fragt, wie lange der Gewinn anhält und was danach kommt. Aber Märchenglück ist das nicht. Das Märchen kennt im Endeffekt keine Enttäuschung; seine Patronin ist nicht die Fortuna auf dem Rad oder mit der Kugel, sondern eine *fortuna stabilis*.

Ich will hier nicht detailliert auf die Verzweigungen der *Felicitologie* eingehen. Aber festzuhalten ist, daß es einen Unterschied gibt zwischen Glück und Glück. Friedrich Nietzsche stellt immer wieder dem billigen kleinen Glück das große Glück gegenüber, das bei ihm freilich menschenverachtende Züge annimmt. Richtig ist aber, daß unser alltägliches »Da hab ich nochmals Glück gehabt« mit dem großen Glück wenig zu tun hat. Von Hermann Hesse gibt es einen autobiographischen Essay über Glück. Er feiert zunächst die Gestalt des Wortes Glück – man brauche nur ein flaches, müdes Nickel- oder Kupferwort neben das goldene zu stellen, etwa *Gegebenheit* oder *Nutzbarmachung* neben *Glück*, dann sei alles klar. Danach schildert er das banale Glück des Alltags, eine Empfindung der Zufriedenheit über befriedigte Bedürfnisse. Das große Glück aber – so Hesse – sei eine absolute Befriedigung, nicht an einzelne Bedürfnisse gebunden, ein »wunschloses Wohlsein, das nach keiner Änderung, keiner Steigerung verlangt«. Hesse sucht das zu vermitteln über ein Kindheitserlebnis, die sinnliche Anschauung, das Erleben eines Sommermorgens. Er konstatiert sogar, Glück sei nur in der Kindheit erlebt worden.

Mehr als ein Jahrhundert vorher hat Johann Gottfried Herder über Glück nachgedacht. Er kommt zu einem Ergebnis, das der Erfahrung Hesses entspricht, aber ohne daß er Glück für Kinder reserviert. Wirkliches Glück liegt für Herder in der subjektiven Fähigkeit, »in sich ruhend eines Seins zu genießen, dem Begegnendes nichts anhaben kann«. Das Märchen, so meine ich, vermittelt eine Ahnung von diesem großen Glück, das im Märchen zwar materiell ausgedrückt wird, das sich aber nicht im Materiellen erschöpft.

Vor einem Vierteljahrhundert machte Neil Postman Furore mit einem Buch, das in der deutschen Ausgabe den Titel »Das Verschwinden der Kindheit« trägt und das zeigt, wie schützende Barrieren der Kindheit weggrasiert wurden durch technische Modalitäten. Tatsächlich sind Kinder heute sehr viel stärker in die Erwachsenenwelt hineingezogen als noch vor einem halben Jahrhundert. Allerdings wird im allgemeinen wenig reflektiert, daß es stets zur Sehnsucht der Kindheit gehörte, die Mauern der Schutz- und Schonräume zu überspringen. Das Verschwinden der Kindheit – ist das nicht auch ein Thema, vielleicht sogar das Thema des Märchens? Aber im Märchen ist dieses Überwinden kein Verlustgeschäft. Ein Sein, dem Begegnendes nichts anhaben kann – dies scheint mir eine ziemlich genaue Beschreibung der Märchenexistenz, die sich auch dem das Märchen Aufnehmenden vermittelt.

Das Schöne am Märchen ist, daß es keine komplizierten Zugangswege fordert – es ist für Analphabeten so verständlich wie für Gebildete, für Erwachsene so gut wie für Kinder. Alle können die Ahnung von einem Glück brauchen, das über die Jagd nach mehr, über quantitative Steigerungen hinausführt. Wenn Menschen – Erwachsene oder

Kinder – offen sind fürs Märchen, gibt es ihnen von seinem wichtigsten Bestandteil ab, von seinem Glück.

Ich habe einmal formuliert, das Märchen sei »vom Anfang an durch sein Ende bestimmt«, nämlich eben durch das Glück. Als ich vor einiger Zeit Kleists großartigen Essay über das Marionettentheater wieder las, ist mir eine andere Umschreibung oder Annäherung eingefallen. Kleist schildert, wie Marionetten aus einem Schwerpunkt bewegt werden und wie sich daraus die Sicherheit und Leichtigkeit ihrer Bewegung ergibt. Das Glück, so könnte man vielleicht sagen, ist der unsichtbare Schwerpunkt des Märchens. Kleist nennt die Marionetten »antigrav«, leicht, schwerelos. Schwerelos ist auch das Märchen. So schwer und gewichtig seine Inhalte sein mögen – es ist immer unterwegs zum Glück. Es ist nur bedingt eine Gebrauchsanweisung fürs tägliche Leben (als solche ist es immer wieder überschätzt, manchmal auch unterschätzt, jedenfalls mißverstanden worden); aber es vermittelt unbedingt die Erfahrung wunschloser Heiterkeit.

Ursula Heindrichs

Die Suche nach dem verlorenen Paradies »Kindheit«

Paradies – welch ein Wort! Glücksvorstellungen klingen an und die Ahnung von ungetrübtem Leben, obwohl in unseren Tagen erschreckende Euphemismen dieses Wort mißbrauchen und degradieren: Heute spricht man vom Ferien-, Einkaufs-, Reinigungs- und Sportparadies.

Die Vorstellung vom Paradies ist den ältesten uns bekannten Mythen eigen. Das Wort kommt aus dem Alt-Iranischen, dem Avestischen; *pairi-daéza* bedeutet im Avestischen soviel wie eingezäunter Park oder Garten; spätbabylonisch *pardisu* wird hebräisch *pardes* und später griechisch *paradeisos*. Verbunden mit der Vorstellung vom Paradies ist der Gedanke von der Unsterblichkeit des Menschen bzw. von dem mißlungenen Versuch, die ersehnte Unsterblichkeit zu gewinnen. Im akkadischen Adapa-Mythos, auch im sumerisch-babylonischen Gilgamesch-Epos und schließlich im Alten Testament wird vom Verlust des Paradieses erzählt und damit von der Vergeblichkeit der Suche des Menschen, die ersehnte Unsterblichkeit zu gewinnen. Der Sündenfall der ersten Menschen, von dem die Schöpfungsgeschichte der Genesis erzählt (1. Buch Moses, Genesis 3, 1–24), führt zur Vertreibung Adams und seiner Frau Eva. Dort heißt es: »Gott, der Herr, schickte ihn aus dem Garten von Eden weg, damit er den Ackerboden bestellte, von dem er genommen war. Gott vertrieb den Menschen und stellte östlich des Gartens von Eden die Cherubim auf und das lodernde Flammenschwert, damit sie den Weg zum Baum des Lebens bewachten.«

Der griechische Dichter Hesiod erzählt um 700 v. Chr. von den fünf Weltzeitaltern, und am Anfang steht für ihn das goldene Zeitalter; diese Zeit war sorglos und glücklich (nicht etwa reich an Gold). Vergil entdeckt Arkadien, die bukolisch-pastorale Landschaft, und auch die Erzählung von den goldenen Äpfeln der Hesperiden gehört zu den vielfältigen Vorstellungen paradiesischen Glücks. In den Mythen aller

Völker gibt es den glücklichen Anfang, die Geschichten von der »Kindheit« des Menschengeschlechtes.

Heinrich von Kleist (1777–1811) spricht in seinem Aufsatz »Über das Marionettentheater« vom Verlust der Grazie und der Unschuld, »seitdem wir von dem Baum der Erkenntnis gegessen haben ... das Paradies ist verriegelt und der Cherub hinter uns; wir müssen die Reise um die Welt machen und sehen, ob es vielleicht von hinten irgendwo wieder offen ist.« Die Grazie, die Unschuld des Anfangs ist verloren, aber sie begegnet dem Dichter, als er einen Knaben sieht, der in einer unwillkürlichen Bewegung – also sich selber unbewußt – der Plastik des berühmten Dornausziehers gleicht; als dieser Sechzehnjährige die Bewegung aber bewußt zum zweiten Mal herbeiführen will, kann er nur Verzerrungen hervorbringen. Kleist sagt, daß von diesem Augenblick an jener junge Mensch all seine Reize verloren habe, ja, daß er »seine Unschuld verloren und das Paradies derselben, trotz aller ersinnlichen Bemühungen, nachher niemals wiedergefunden« habe.

Kleist weiß, »welche Unordnungen in der natürlichen Grazie des Menschen das Bewußtsein anrichtet«. Grazie findet sich nur da, wo gar kein Bewußtsein ist, also bei der Puppe, der Marionette – oder da, wo ein unendliches Bewußtsein ist. »So findet sich auch, wenn die Erkenntnis gleichsam durch ein Unendliches gegangen ist, die Grazie wieder ein; so, daß sie, zu gleicher Zeit, in demjenigen menschlichen Körperbau am reinsten erscheint, der entweder gar keins oder ein unendliches Bewußtsein hat, das heißt in dem Gliedermann oder dem Gott.« Kleist verlangt, daß wir »wieder von dem Baum der Erkenntnis essen, um in den Stand der Unschuld zurückzufallen«, und das nennt er »das letzte Kapitel von der Geschichte der Welt«. Grazie, Unschuld und Paradies liegen im Anfang, in der Kindheit des einzelnen Menschen und auch im Anfang der Menschheit. Die Suche nach dem Paradies ist uns aufgegeben, und nur durch »Maximierung« des Bewußtseins, durch höchste Erkenntnis, ja durch die Vergöttlichung des Menschen ist es erneut zu finden.

Kleists Zeitgenosse Novalis (1772 – 1801) ist als Dichter und Philosoph erfüllt von der Vision eines »goldenen Zeitalters«, das kommen wird, das aber auch im Anfang war. In seinem »Heinrich von Ofterdingen« lesen wir davon, und sein berühmt gewordenes Gedicht aus dem Roman faßt die Utopie dieses goldenen Zeitalters zusammen.

> Wenn nicht mehr Zahlen und Figuren
> sind Schlüssel aller Kreaturen,
> wenn die, so singen oder küssen,

mehr als die Tiefgelehrten wissen,
wenn sich die Welt ins freie Leben
und in die Welt wird zurückbegeben,
wenn dann sich wieder Licht und Schatten
zu echter Klarheit werden gatten
und man in Märchen und Gedichten
erkennt die wahren Weltgeschichten,
dann fliegt vor einem geheimen Wort
das ganze verkehrte Wesen fort.

»Alle Märchen sind nur Träume von jener heimatlichen Welt, die überall und nirgends ist«, so lautet eines seiner berühmten Fragmente. Wenn Novalis auf die Frage »Wo gehen wir hin?« antwortet: »Immer nach Hause!«, dann also führt unser Lebensweg in jene »heimatliche Welt«, von der die Märchen wissen. Das Märchen selbst ist danach paradies-entsprungen; ist es auch eine Quelle für unsere Suche nach dem Paradies?

»Wo Kinder sind, da ist ein goldenes Zeitalter«, schreibt der Dichter an anderer Stelle; Kinder offenbaren für Novalis also den ungetrübten, glücklichen Anfang der Schöpfung.

Friedrich Schlegel sagt: »Die romantische Poesie ist eine progressive Universalpoesie« (»Fragmente und Ideen«). Sowohl Novalis als auch Kleist verstehen den Weg »nach Hause« nicht als Zurückfallen in ein vorbewußtes Dasein, sondern im Schlegelschen Sinne progressiv, als ein Vorwärtsschreiten um die »ringförmige Welt« (Kleist). Wer auf unserem Planeten in gleicher Richtung »fortschreitet«, findet endlich – im gekrümmten Raum – zu seinem Ausgangspunkt zurück. – Für Novalis ist Paradieserfahrung möglich auch in der Liebe. Eines seiner schönsten Fragmente heißt: »Jeder geliebte Gegenstand ist der Mittelpunkt eines Paradieses.«

Die Gedichte des Lyrikers Ernst Meister (1911 – 1979) sind erfüllt von Verlust-, ja von Todeserfahrung. Sein Lebensgefühl läßt sich verkürzt vielleicht so umschreiben: Erst der Verlust eines kostbaren Gegenstandes macht dessen Kostbarkeit bewußt; auf eine spirituelle Weise wird das Verlorene aus diesem Bewußtsein indessen neu geschaffen – im Gedicht; so offenbart die »Abwesenheit« höhere, eigentliche »Gegenwart«. Meister beruft sich in einem Brief an Wilhelm Lehmann vom 7. 1. 1965 auf Kleists »Marionettentheater«, und in diesem Zusammenhang gehört ebenfalls das Gedicht »Im Namen Heinrich von Kleists«.

»Allerdings«, antwortete er:
»das ist das letzte
Kapitel
von der Geschichte der Welt« –

also werde
Erkenntnis gegessen
neuer Unschuld zuliebe.

Laßt sie stehn, die
Diebe der Dinge,
Asche regnet
stetig auf sie.

Noch ganz verloren:
ICH!

Aber
hinter dem gläsernen Berge
bauen wir Hütten,
freundliche Sonne
des Tods auf den Poren
bei dem Scheinen
der Schmetterlinge.

An Kleists Postulat vom Weg um die ringförmige Welt müssen wir auch bei den folgenden Versen Meisters denken:

Ich will weitergehn –
zu Berge fallen,
zu Tale steigen,
ich will weitergehn.

Ist der Gedanke von der wiedergewonnenen Unschuld des Anfangs, dieser geistige, existentielle Weg um die ringförmige Welt überhaupt möglich? Ohne Frage gehört dieser Wunsch zu den Utopien, und so wird das »verlorene Paradies« neu ersehnt, imaginiert, in der Dichtung und ihren Utopien. Ingeborg Bachmann (1926–1973) war in unseren Tagen die Verkünderin einer Utopie, die das Wiederfinden des verlorenen Paradieses möglich machen könnte. In ihrer Rede zur Verleihung des Hörspielpreises der Kriegsblinden von 1953 sagt sie: »Innerhalb der Grenzen haben wir den Blick gerichtet auf das Vollkommene, das Unmögliche, Unerreichbare, sei es der Liebe, der Freiheit oder jeder reinen Größe. Im Widerspiel des Unmöglichen mit dem Möglichen erweitern wir unsere Möglichkeiten. Daß wir es erzeugen, dieses Spannungsverhältnis, an dem wir wachsen, darauf, meine ich, kommt es an; daß wir uns orientieren an einem Ziel, das freilich, wenn wir uns nähern, sich noch einmal entfernt.« Die Dichterin ist ausgerichtet auf ein fernes, utopisches Ziel, das vielleicht vergleichbar ist mit dem, was Novalis meint: auch sie ist ausgerichtet auf »ein Wort«, ein Gedicht, ein Kunstwerk, auf das »geheime Wort« des Anfangs, das in utopischer Zukunft neu gefunden sein wird und wodurch »alles verkehrte Wesen« fortfliegt.

Der Wissenschaftler und Mythenforscher Edgar Dacqué hat seine umfassenden Studien und Visionen in dem (leider längst vergriffenen) Buch »Das verlorene Paradies« formuliert. Dacqué weiß um die »ahnende Erinnerung«; Ursprung des Menschen ist für ihn die urbildhafte Welt; das Wesentliche der Schöpfung ist paradiesischer Natur. Das »Gattungsgedächtnis« der Menschen bewahrt alles auf, was je geschehen ist, also auch das Wissen um ein Paradies, das indessen verloren ist. Er sagt: »Es gibt ein uraltes Wissen im Menschen über sich selbst, über seinen Anfang und seine eigentliche Natur.« Dacqué spricht von der »Zeit des unmittelbaren Schauens« in frühester Menschheit. »Die unmittelbare mythische Schau gehörte in das goldene Zeitalter ... Die übersinnliche Naturwirklichkeit wurde in der Seelenschicht des goldenen Zeitalters lebendig unmittelbar geschaut und erlebt. Im silbernen wurde davon gedichtet und gesungen, sie war dort vollbegriffener bewußter Mythos; im ehernen Zeitalter wurde sie religiös-dichterischer Stoff; sie wurde rationalisiert und endlich nicht mehr verstanden im eisernen Zeitalter.« Mit W. Otto sind für Dacqué die Mythen nicht Zeugnisse des Ehemaligen, sondern des Immerwährenden. »Es hat sich zugetragen, aber es ist immer«, lesen wir bei ihm. Dacqué spricht von einer letzten Weltzeit und der Erfüllung, »es kommt zur Apokalypse, das ist zur Enthüllung des Verhüllten ... im Schauen«: eine grandiose Vision vom wiedergewonnenen Anfang, von der Kindheit des Menschen.

Der Theologe und Psychologe Peter Schellenbaum legt 1998 sein Buch »Die Spur des verlorenen Kindes« vor. Schellenbaum weist den Weg zum Ursprung der individuellen menschlichen Existenz und zur Kindheit; sie ist der Ort der größten Offenheit für Kommendes; das verborgene Kind in jedem Menschen ist der Quell für ein glückliches Leben. In seinem Buch verarbeitet er unter anderem eine Erzählung aus dem Talmud, die allerdings den Zugang zum Anfang des Lebens erschwert. Ein jüdisches Märchen erzählt: »Solange das Kind im Mutterleibe ist, brennt eine Lampe oberhalb seines Hauptes, und sein Blick schweift von einem Ende der Welt bis zum anderen Ende. Hier genießt der Mensch die schönsten Tage seines Lebens. Hier wird ihm auch die ganze Thora beigebracht. Sobald er aber an die Luft der Welt tritt, versetzt ihm ein Engel einen Schlag auf den Mund, und der Neugeborene hat sogleich die ganze Thora vergessen.« Nach dieser Erzählung läßt sich der Urzustand des Kindes verstehen als seine Paradieseszeit, es genießt im Leibe seiner Mutter »die schönsten Tage seines Lebens«. In Schellenbaums Version wandert gar ein Bote, der Engel, mit dem Ungeborenen »vom Morgen zum Abend und läßt es jeden Ort sehen, den seine Fußsohle betreten wird … und hernach läßt er es die Welt der Guten und der Bösen sehen … Da es hervorgeht (aus dem Leibe seiner Mutter), schlägt es der Bote unter die Nase und verlöscht das Licht, das über seinem Haupte war … da vergißt es alles, was es gesehen hat.«

Er-Innerung tut uns not: Alles ist geschaut im Anfang; aber das Paradies der Frühe ist verlassen worden, und so haben wir vergessen, was wir geschaut haben.

In Marcel Prousts Roman »Auf der Suche nach der verlorenen Zeit« (Erster Teil / In Swanns Welt) lesen wir von der Vergeblichkeit, Vergangenes zu erinnern: »Ebenso ist es mit unserer Vergangenheit. Vergebens versuchen wir sie wieder heraufzubeschwören, unser Geist bemüht sich umsonst. Sie verbirgt sich außerhalb seines Machtbereichs und unerkennbar für ihn in irgendeinem stofflichen Gegenstand (oder der Empfindung, die dieser Gegenstand in uns weckt).« Und dann erzählt Proust, wie er »in einer Sekunde«, als er eine Madeleine, in Tee getunkt, ißt, mit dem Kuchengeschmack ein »unerhörtes Glücksgefühl« erfährt: Die Erinnerung an eine Situation aus seiner Kindheit an einem Sonntagmorgen im Combray war mit einem Mal wieder lebendig, sobald er »den Geschmack jener Madeleine« wiedererkannt hatte, die seine »Tante ihm, in Lindenblütentee eingetaucht, zu verabfolgen pflegte«. Vergessenes wird plötzlich präsent, und das Glücksgefühl der Kindheit erfüllt den Dichter.

In »Adam und Eva« erzählt Marie Luise Kaschnitz (1901–1974) von dem ersten Menschenpaar, nachdem es das Paradies hatte verlassen müssen. Als Adam erlebt, daß ein prachtvoller Stier aus seiner Herde plötzlich tot umfällt, wird ihm bewußt, daß auch er sterben muß. Eva dagegen lebt so, als gäbe es keinen Tod für sie, und ihre Unbekümmertheit bringt Adam zur Verzweiflung; so sagt er ihr eines Nachts: »Wir müssen sterben.« Spöttisch antwortet Eva: »Große Neuigkeit! Das weiß ich schon lang.« Sie ist voller Optimismus: »Wir gehen zurück in den Garten.« Alle Kostbarkeiten, die Reben, die Zwiebel der Feuerlilie, den funkelnden Stein haben ihr die Engel, die mit dem Flammenschwert das Paradies bewachen, über die Mauer des

Paradieses zugeworfen: sie hat nie die Verbindung mit dem Anfang, mit dem Paradies verloren. Darum kann sie Adam trösten und sagen: »Wenn wir kommen, rufe ich die Engel, und dann öffnen sie mir das Tor.« Die wunderschöne Erzählung der Kaschnitz nimmt die Vertreibung aus dem Paradies als furchtbare Wahrheit ernst, aber die Dichterin ist sich dessen gewiß, daß die Menschen – nach dem Weg um die »ringförmige Welt« – das Paradies neu gewinnen werden.

Viele Märchen kennen die Suchwanderung; die Suche nach dem verlorenen, oft durch Tabubruch zerstörten Glück ist ein Weltmotiv. Nicht nur das europäische Glücksmärchen erzählt von jener Sehnsucht, die den Menschen ungeachtet aller Schwierigkeiten ausziehen läßt. Ein Märchen der Zhuang, eines Randvolkes in China, heißt »Das Brokatbild«. Eine Brokatweberin, Witwe und Mutter von drei Söhnen, webt aus Sehnsucht nach einer paradiesischen Landschaft, die eine Vorlage ihr zeigt, ihr Brokatbild. Es ist ihr Leben, aber die Himmelsjungfrauen vom Sonnenberg entführen es nach Osten, und die Weberin ist durch diesen Verlust dem Tode nah. Nur der jüngste Sohn ist bereit zur Suchwanderung in das jenseitige Reich, bereit zu stummem Leiden im Feuerberg und im Eismeer, nur er erreicht den Himmel. Er gewinnt das kostbare Bild seiner Mutter zurück, aber er ahnt nicht, daß eine der Himmelsjungfrauen, die Rotgekleidete, sich selber in das Bild seiner Mutter eingewebt hat. Als er daheim ankommt, wird die im Sterben liegende Mutter beim Anblick des zurückgebrachten Brokatbildes gesund, und als sie es vor ihrem Hause ausbreitet, wird das Bild alsbald zur lebendigen Wirklichkeit: Die Landschaft des Bildes erfüllt die ganze Ebene, ein Paradies mit goldenem Haus, Blumen und Obstgarten, reich an Feldern und Tieren, wird lebendig, und die rotgekleidete Himmelsjungfrau steht an dem Fischteich, wo sie die Blumen betrachtet: Vor Sehnsucht, im Lande dieses Bildes zu leben, ist das Himmelsmädchen zu den Menschen gekommen und mit ihm das Paradies. Die heilige Hochzeit zwischen dem jüngsten Sohn, dem Retter und Heilbringer, und der Himmelsjungfrau beendet das schöne Märchen. – In dieser Erzählung kommt das Paradies zu den Menschen, und die Permanenz des erreichten Glückszustandes läßt uns ewige Dauer ahnen.

Das Märchen vom »Wasser des Lebens« (KHM 97) – mit seinen vielen Varianten in den Märchen aller Völker – erzählt vom »verwünschten Schloß«, in dessen Hof die Kostbarkeit zu finden ist, die den todkranken König allein gesund machen kann. »Es quillt aus einem Brunnen in dem Hofe eines verwünschten Schlosses, aber du dringst nicht hinein, wenn ich dir nicht eine eiserne Rute gebe und zwei Laiberchen Brot. Mit der Rute schlag dreimal an das eiserne Tor des Schlosses, so wird es aufspringen: inwendig liegen zwei Löwen, die den Rachen aufsperren, wenn du aber jedem ein Brot hineinwirfst, so werden sie still, und dann eile dich und hol von dem Wasser des Lebens, bevor es zwölf schlägt, sonst schlägt das Tor wieder zu und du bist eingesperrt.« Das sind Worte und Gabe des Zwerges, dem der jüngste Königssohn auf seiner Suchwanderung begegnet. Das Schloß, welches das Lebenswasser birgt, ist verwünscht, es ist »ver-schlossen«, und es wird »bewacht« von zwei Löwen, nicht – wie der Garten Eden – von den Engeln mit dem Flammenschwert. Das Lebenswasser aber schenkt ewige Jugend und Gesundheit. Kaum hatte der König »davon getrunken, so fühlte er seine Krankheit verschwinden und war stark und gesund wie in seinen jungen Tagen.« Wer im Schloß mit dem Wasser des Lebens wohnt, ist im Paradies, wo es keinen Tod gibt, keine Krankheit, sondern nur ewige Jugend, selige Unsterblichkeit. Die Suchwanderung des Märchens erweist sich als Suche nach dem verschlossenen, verlorenen Paradies, das nur der gewinnt, der es reinen Herzens sucht.

Viele Dichter wissen um das Paradies »Kindheit«; Klaus Groth (1819–1899) sehnt sich danach:

> O zeigt mir doch den Weg zurück
> den lieben Weg zum Kinderland!
> Vergebens such ich nach dem Glück –
> ringsum ist öder Strand!

Franz Werfel (1890 – 1945) besucht das Haus seiner Kindheit und spricht in einem großen Gedicht, 1927 im Alter von 37 Jahren geschrieben, seine große Enttäuschung aus: Nichts ist so wie ehedem, nichts vom Glück der Kindheit ist zu wiederholen, und die Suche nach dem verlorenen Paradies läßt den Erwachsenen traurig zurück:

> Noch nie war mir so dumm.
> Mich hält ein Schwindel fest.
> Und wie vom Wind gepreßt,
> kehr ich verwunschen um.
> In frischer Straßenluft
> renn ich ein gutes Stück.
> Das Kind in seiner Gruft
> bleibt steif und scheu zurück.

Ludwig Uhland (1787–1862) sucht Heilung und Rettung aus irdischer Qual im Anschauen des Kindes, das ihm Unschuld und das Heil des Anfangs offenbart:

> Aus der Bedrängnis, die mich wild umkettet,
> hab ich zu dir mich, süßes Kind, gerettet,
> damit ich Herz und Augen weide
> an deiner Engelfreude,
> an dieser Unschuld, dieser Morgenhelle,
> an dieser ungetrübten Gottesquelle.

Ein Gedicht von Heinz-Albert Heindrichs (geboren 1930) trägt den Titel »Wär ich ein Kind«: Es beschwört zunächst konjunktivisch, dann aber ebenso indikativisch vergangenes Glück der Kindheit, und das Zusammenfallen von möglicher Zukunft und erlebter Vergangenheit gibt dem Gedicht eine nahezu paradiesische Zeitlosigkeit (siehe hierzu S. 41 im selben Band). Ein anderes Gedicht beschwört das Paradies wörtlich:

> Wie Sonne
> Wolken durchbricht
> jäh über Felder läuft
> und Schatten um Schatten aufhebt
>
> also leuchten Erinnerungen
> unsere Kindheit aus
> und verklären
> was war
>
> und ob wir sie wirklich sahn
> die verrätselten Bilder
> oder sie träumten
>
> je ferner
> gerückt ins Gedächtnis
> je näher ist uns das Paradies

Die Paradoxie, die der Schluß dieses Gedichtes ausspricht, muß erstaunen; solche Erfahrung aber kann gewiß nur aus der Ferne, im Alter gemacht werden: Verklärte, entfernte Kindheit ist lebendig und wird erfahren als Paradies.

Der holländische Dichter Cees Nooteboom (geboren 1933) nennt seinen ersten Roman von 1954 »Das Paradies ist nebenan«.

Sie ist alt, die Geschichte vom Paradies. Wir kennen sie alle sehr gut; und das ist nicht verwunderlich, denn die einzige wirkliche Begründung für unser

Dasein ist die Hoffnung, wiederum in dieses Paradies zu kommen ... Wir können ihm ganz nahe kommen, näher als die Leute glauben ... Wie leben ständig der eigenen Göttlichkeit entgegen ... Wir sind geboren, um Götter zu werden, und zugleich, um zu sterben; das ist verrückt. Das zweite ist nur für uns schrecklich, weil wir dadurch das erste nie erreichen können ... Stets bleiben wir irgendwo stecken; es fällt schwer, das zugeben zu müssen.«

Nootebooms Worte erinnern an den Anfang unserer Überlegungen: Kleist postuliert in seinem Aufsatz »Über das Marionettentheater« eigentlich die Vergöttlichung des Menschen, wenn er verlangt, daß »die Erkenntnis gleichsam durch ein Unendliches gegangen« sein muß, damit die Grazie, die paradiesische Unschuld sich wieder einstelle; er verlangt ein unendliches Bewußtsein, das nur dem Gotte eignet.

Mag sein, daß der einzelne Mensch, ja daß die Menschheit auf ihrem Weg um die ringförmige Welt, noch einmal vom Baume der Erkenntnis essend, die Unschuld des Anfangs wieder erreicht: »Wir müssen die Reise um die Welt machen und sehen, ob es (das Paradies) vielleicht von hinten irgendwo wieder offen ist.«

Benutzte Literatur

Die Bibel. Einheitsübersetzung der Heiligen Schrift, Altes und Neues Testament. Augsburg: Pattloch Verlag 1990.

Brüder Grimm: *Kinder- und Hausmärchen.* Hrsg. von Heinz Rölleke, 3. Bd. Stuttgart: Reclam 1991, 1994, 1995.

Tibetische Märchen – Märchen, Mythen und Legenden aus Tibet und anderen Ländern des Fernen Ostens. Hanau: Verlag Werner Dausien 1974.

Yan Ga und das Drachenmädchen. Märchen und Erzählungen der Randvölker Chinas. CH-Wald: Verlag im Waldgut 1986.

Jüdische Märchen. Frankfurt a. M.: Fischer (Taschenbuch 1759) 1986.

Bachmann, Ingeborg: *Werke.* Hrsg. von Christine Koschel, Inge von Weidenbaum, Clemens Münster, 4. Band. München: Piper 1978.

Dacqué, Edgar: *Das verlorene Paradies.* München/Berlin: Oldenburg 1952.

Heindrichs, Heinz-Albert: *Zauber Märchen Gedichte.* Rheine 1997.

Kaschnitz, Marie Luise: *Eisbären. Erzählungen.* Frankfurt a. M.: Insel 1972.

Kindheit im Gedicht. Deutsche Verse aus acht Jahrhunderten. Gesammelt, herausgegeben und kommentiert von Dieter Richter. Frankfurt a. M.: Fischer 1992.

von Kleist, Heinrich: *Sämtliche Werke und Briefe.* Hrsg. von Helmut Sembdner, 2 Bände, 6. ergänzte und revidierte Auflage. München: Carl Hanser Verlag 1977.

Nooteboom, Cees: *Das Paradies ist nebenan,* st 1867. Frankfurt a. M.: Suhrkamp 1982.

Novalis: *Werke, Tagebücher und Briefe Friedrich von Hardenbergs.* Hrsg. von Hans-Joachim Mähl und Richard Samuel, 2 Bände. München/Wien: Carl Hanser 1978.
Proust, Marcel: *Auf der Suche nach der verlorenen Zeit*, Bd. 1, st 644. Frankfurt a. M.: Suhrkamp 1981.
Schellenbaum, Peter: *Die Spur des verborgenen Kindes.* München: dtv 1998.
Schlegel, Friedrich: *Fragmente und Ideen. Kritische Friedrich-Schlegel-Ausgabe*, Bd. 2. Hrsg. von E. Behler. Paderborn: Ferdinand Schöningh Verlag 1967.

Weiterführende Literatur

Eliade, Mircea: *Die Sehnsucht nach dem Ursprung.* Wien: Europa Verlags-AG 1973; dort vor allem »Paradies und Utopie«, S. 115 – 141.
Heidegger, Martin: *Der Feldweg.* Frankfurt a. M. 1953.
Manthey, Jürgen: *Die Unsterblichkeit Achills. Vom Ursprung des Erzählens.* München/Wien: Carl Hanser Verlag 1997.
Das verlorene Paradies. Katalog zur Ausstellung Paul Gauguin, Museum Folkwang Essen. Köln: DuMont Buchverlag 1998; hier vor allem: Klaus Börner: »Paradiesvorstellungen«, S. 12, und Werner Hofmann: »Gauguin malt das Paradies und das Wissen um seinen Verlust«, S. 38.
Petrignani, Sandra: *Teddybär und Schaukelpferd – eine Reise durch die Spielzeugwelt.* München 1991.

Zu den Autorinnen, Autoren und Herausgebern

BAUSINGER, PROF. DR. HERMANN (*1926)
Germanist und Volkskundler. Professor und Direktor des Ludwig-Uhland-Instituts in Tübingen. Zahlreiche volkskundliche Veröffentlichungen zur Erzählforschung. Mitherausgeber der *Enzyklopädie des Märchens* (EM).

BETZ, PROF. DR. OTTO (*1927)
1964-85 Prof. für Allgemeine Erziehungswissenschaft und Religionspädagogik an der Universität Hamburg; zahlreiche Veröffentlichungen zur Märchenthematik, zuletzt *Märchen als Weggeleit* (Würzburg 1998); Märchenpreisträger 1987.

BÜCKSTEEG, THOMAS (*1962)
Diplom-Theologe; seit 1990 bei der Europäischen Märchengesellschaft im Schloß Bentlage (Rheine) tätig. Vortragstätigkeiten in verschiedenen Bildungseinrichtungen. Mitherausgeber der Reihe der *Veröffentlichungen der Europäischen Märchengesellschaft* (VEMG). Mitausrichter des Kongresses *Kindermärchen – Märchenkinder* (1998) in Troisdorf.

DICKERHOFF, DR. HEINRICH (*1953)
Studium der Theologie, Geschichte und Judaistik. Seit 1978 Dozent und stellvertretender Leiter der kath. Akademie Kardinal von Galen in Stapelfeld bei Cloppenburg, 1981 Promotion. Seit 1995 Vizepräsident der Europäischen Märchengesellschaft. Märchenerzähler mit den Erzähl- und Interessensschwerpunkten nordische und keltische Märchen, vorrationales Welt-Innewerden im Märchen, die religiöse Dimension der Märchen. Veröffentlichung zahlreicher Beiträge im Bereich Theologie und Märchen. Mitherausgeber der Reihe VEMG. Mitausrichter des Kongresses *Kindermärchen – Märchenkinder* (1998) in Troisdorf.

HEINDRICHS, PROF. HEINZ-ALBERT (*1930)
Prof. für Musik und ihre Komposition an der Universität und an der Folkwangschule Essen; wissenschaftliche Schwerpunkte: Interpretation und Analyse; künstlerische Schwerpunkte: Kompositionen, Bilder, Gedichte.

HEINDRICHS, DR. URSULA (*1928)
1982-89 Vizepräsidentin, seit 1989 Präsidentin der EMG; Forschungsschwerpunkt: Märchen und neuere Dichtung; Ausrichtung von fünf Gelsenkirchener Kongressen sowie Herausgabe (mit H.A. Heindrichs) von fünf Bänden der Reihe VEMG: *Tod und Wandel im Märchen – Die Zeit im Märchen – Märchen und Schöpfung – Das Märchen und die Künste – Zauber Märchen.*

HORN, KATALIN (*1934)
Bibliothekarin und Erzählforscherin; gebürtige Ungarin, lebt in Basel, seit 1972

Zu den Autorinnen, Autoren und Herausgebern

Schweizer Bürgerin; Mitarbeiterin und Autorin bei deutschen, französischen, österreichischen und schweizerischen Verlagen, Zeitschriften, Institutionen (u.a. Fabula und EM); Märchenpreisträgerin der Märchenstiftung Walter Kahn 1998.

KNOCH, LINDE (*1940)
Bibliothekarin, seit 1984 Ausbildung zur Märchenerzählerin und zur Seminarleitung. Seminare in zahlreichen Bildungseinrichtungen. Seit 1995 Vizepräsidentin der EMG. Veröffentlichungen: Aufsätze zur Märchenkunde und zum Erzählen im *Märchenspiegel* (MSP) und in der Reihe VEMG.

LUTKAT, SABINE (*1970)
1998 Abschluß des Magister-Studiums in den Fächern Erziehungswissenschaft, Psychologie und Germanistik an der Freien Universität Berlin; Magisterarbeit zum Thema *Das Märchen im Leben von Kindergartenkindern. Eine Befragung von Erzieherinnen und Müttern.* Zur Zeit freiberufliche wissenschaftliche Mitarbeiterin an der Humboldt-Universität zu Berlin, nebenberuflich im Bereich der Erwachsenenbildung tätig.

MÖCKEL, MARGARETE (*1928)
Märchenerzählerin, Seminarleiterin zu theoretischen Märchenthemen (Schwerpunkte: Entwicklungsprozesse der Märchenhelden – Symbol- und Archetypenlehre – Strukturen und Varianten) und praktische Übungsleiterin für Erzählerinnen und Erzähler. Vizepräsidentin der EMG 1989-1995. Mitausrichterin des Kongresses *Spiel, Tanz und Märchen* (1993). Mitherausgeberin der Reihe VEMG.

RÖHRICH, PROF. DR. LUTZ (*1922)
Em. Direktor des Instituts für Volkskunde der Universität Freiburg und des Deutschen Volksliedarchivs; Mitherausgeber der EM; Buchveröffentlichungen: *Märchen und Wirklichkeit – Lexikon der sprichwörtlichen Redensarten (3 Bde.) – Sage und Märchen. Erzählforschung heute – Der Witz. Figuren, Formen, Funktionen – Wage es den Frosch zu küssen.* Märchenpreisträger 1991.

RÖLLEKE, PROF. DR. HEINZ (*1936)
Prof. für Germanistik und Volkskunde an der Universität Wuppertal; die vielfachen kritischen Editionen Grimmscher Märchenausgaben sind Grundlagen der gesamten Märchenforschung; Preise und Auszeichnungen (u.a. Hessischer Staatspreis 1985 und Brüder-Grimm-Preis der Universität Marburg 1999).

SOLMS, PROF. DR. WILHELM (*1937)
Prof. für neuere deutsche Literatur und Mediendidaktik an der Philipps-Universität Marburg. Zahlreiche Veröffentlichungen zu Goethe, zur deutschen Gegenwartsliteratur, »Zigeuner«-Bildern in der deutschen Literatur und zu Märchen der Brüder Grimm, hierzu: *Die Moral von Grimms Märchen.* Herausgeber von *Das selbstverständliche Wunder,* Mitherausgeber in der Reihe VEMG von *Tiere und Tiergestaltige im Märchen – Phantastische Welten.* Mitausrichter des gleichnamigen Kongresses (1991); 1989–93 Vizepräsident der EMG.

WARDETZKY, PROF. DR. KRISTIN (*1942)
Prof. für Spiel- und Theaterpädagogik an der Hochschule der Künste Berlin. Forschungsschwerpunkte: Theater- und Märchenrezeption von Kindern – dazu

zahlreiche Veröffentlichungen, auch als Mitherausgeberin und Autorin in der Reihe VEMG. Mitausrichterin des Kongresses *Märchen in Erziehung und Unterricht heute* (1996) in Weingarten. Schwerpunkt der Lehre: Didaktik des Erzählens.

WIENKER-PIEPHO, PD DR. HABIL. SABINE (*1946)
Studium der Fächer Germanistik, Anglistik, Geschichte und Politologie. Promotion in Volkskunde an der Universität Freiburg, Habilitation an der Universität Göttingen. Erzählforscherin mit Schwerpunkt Märchen, Sage, Witz und Schwank sowie erzählendes Lied (Ballade). Mitarbeit u.a. am Deutschen Volksliedarchiv und an der EM. Nach Lehraufträgen im Ausland (Israel, Litauen, Weißrußland) und in Freiburg und Münster, derzeit Lehrverpflichtungen an den Universitäten Innsbruck und München.

WÖLLER, HILDEGUNDE (* 1938)
Evangelische Theologin, seit 1977 Lektorin im Kreuz Verlag Stuttgart. Vorher Tätigkeiten in der kirchlichen Rundfunkarbeit und im SFB. Freiberufliche Tätigkeiten in Publizistik und Erwachsenenbildung. Veröffentlichungen im Bereich christlicher Glaube, feministische Theologie, Tiefenpsychologie und Märcheninterpretation.

ZITZLSPERGER, HELGA (* 1941)
Diplom-Pädagogin, Hochschullehrerin an der Pädagogischen Hochschule Weingarten für das Fach Deutsch und seine Didaktik. Verschiedene Veröffentlichungen zum Thema Märchen, Schwerpunkt Pädagogik/ Didaktik. Mitherausgeberin der Reihe VEMG. Mitausrichterin der Kongresse *Witz, Humor und Komik im Volksmärchen* (1990) in Freiburg und *Märchen in Erziehung und Unterricht heute* (1996) in Weingarten.

Abkürzungen von Literaturangaben

AaTh   Aarne, Antti/Thompson, Stith: *The Types of the Folktale. A Classification and Bibliography.* Helsinki 1928, 2. Aufl. 1961.

BP   Bolte, Johannes/Polivka, Georg: *Anmerkungen zu den Kinder- und Hausmärchen der Brüder Grimm* Bd. 1–5. Leipzig 1913–1932, Nachdruck Hildesheim 1963.

EM   *Enzyklopädie des Märchens. Handwörterbuch zur historischen und vergleichenden Erzählforschung.* Hrsg. von Kurt Ranke u.a. Berlin, New York 1977 ff.

FFC   *Folklore Fellows Communications* (Schriftenreihe). Helsinki 1907 ff.

HDA   Hoffmann-Krayer, E. und Bächtold-Stäubli, H.: *Handwörterbuch des deutschen Aberglaubens* Bd. 1–10. Berlin/Leipzig 1927–1942, Nachdruck Berlin 1986.

HDM   *Handwörterbuch des deutschen Märchens* Bd. 1–2. Hrsg. von Lutz Mackensen. Berlin/Leipzig 1930–40.

KHM   Brüder Grimm: *Kinder- und Hausmärchen.* Zitiert nach der Großen Ausgabe von 1857; verschiedene Ausgaben sind genannt.

MSP   *Märchenspiegel.* Zeitschrift für internationale Märchenforschung und Märchenpflege. Hrsg. von der Märchen-Stiftung Walter Kahn. Bayersoien 1990 ff.

VEMG   *Veröffentlichungen der Europäischen Märchengesellschaft.* Kassel 1980 ff, seit 1998 München (Diederichs).

Veröffentlichungen
der Europäischen Märchengesellschaft

Lieferbare Bände, alle gebunden mit Schutzumschlag:

Märchenerzähler Erzählgemeinschaft
Herausgegeben von Rainer Wehse
Band 4, 184 Seiten

Hessen - Märchenland der Brüder Grimm
Herausgegeben von Charlotte Oberfeld und Andreas C. Bimmer
Band 5, 176 Seiten

Die Welt im Märchen
Herausgegeben von Jürgen Janning und Heino Gehrts
Band 7, 190 Seiten

Schamanentum und Zaubermärchen
Herausgegeben von Heino Gehrts und Gabriele Lademann-Priemer
Band 10, 216 Seiten

Liebe und Eros im Märchen
Herausgegeben von Jürgen Janning und Luc Gobyn
Band 11, 218 Seiten

Märchen in der dritten Welt
Herausgegeben von Charlotte Oberfeld, Jörg Becker und
Dieter Röth
Band 12, 200 Seiten

Wie alt sind unsere Märchen?
Herausgegeben von Charlotte Oberfeld
Band 14, 252 Seiten

Tiere und Tiergestaltige im Märchen
Herausgegeben von Arnica Esterl und Wilhelm Solms
Band 15, 238 Seiten

Tod und Wandel im Märchen

Herausgegeben von Ursula Heindrichs, Heinz-Albert Heindrichs
und Ulrike Kammerhofer
Band 16, 200 Seiten

Witz, Humor und Komik im Volksmärchen

Herausgegeben von Wolfgang Kuhlmann und Lutz Röhrich
Band 17, 288 Seiten

Phantastische Welten

Märchen, Mythen, Fantasy
Herausgegeben von Thomas Le Blanc und Wilhelm Solms
Band 18, 254 Seiten

Märchen und Schöpfung

Herausgegeben von Ursula Heindrichs und
Heinz-Albert Heindrichs
Band 19, 244 Seiten

Spiel, Tanz und Märchen

Herausgegeben von Margarete Möckel und Helga Volkmann
Band 20, 230 Seiten

Das Märchen und die Künste

Herausgegeben von Ursula Heindrichs und
Heinz-Albert Heindrichs
Band 21, 290 Seiten

Zauber Märchen

Herausgegeben von Ursula Heindrichs und
Heinz-Albert Heindrichs
Band 23, 320 Seiten